49

新世纪心理与心理健康教育文库
Xinshiji Xinli Yu Xinlijiankangjiaoyu Wenku

生涯发展与辅导

Shengya Fazhan Yu Fudao

杜毓贞 ◆ 主编 辛颖 ◆ 副主编
Du Yuzhen Xin Ying

开明出版社

总 序

Sequence

早在上个世纪 70 年代就有专家预言：21 世纪是心理学的世纪。21 世纪人类所面临的最大挑战，不是其他，而是心理困惑和心理问题。

进入新世纪，我国社会主义物质文明、政治文明、精神文明建设不断加强，综合国力大幅度提高，人民生活显著改善。同时，我们也要看到，我国已进入改革发展的关键时期，经济体制深刻变革，社会结构深刻变动，利益格局深刻调整，思想观念深刻变化。这种空前的社会变革，给我国发展进步带来巨大活力，也必然带来这样那样的矛盾和问题。例如，城乡、区域经济社会发展很不平衡；就业、收入分配、社会保障、教育、医疗、住房等方面关系群众切身利益的问题比较突出；一些社会成员诚信缺失、道德失范；一些领域的腐败现象比较严重等。这些矛盾和问题让人们感到心理困惑，时刻冲击着人们的心理承受能力。

2006 年，中共中央《关于构建社会主义和谐社会若干重大问题的决定》明确指出：我们必须坚持以人为本。要注重促进人的心理和谐，加强人文关怀和心理疏导，引导人们正确对待自己、他人和社会，正确对待困难、挫折和荣誉。要加强心理健康教育和保健，塑造自尊自信、理性平和、积极向上的社会心态。心理和谐是构建和谐社会的心理基础和重要标志。胡锦涛同志指出："科学发展观，第一要义是发展，核心是以人为本。"以人为本就必须重视人、尊重人、关心人、爱护人，就必须重视人的心理发展。加强心理健康教育和心理保健，不断提高人们的心理素质，帮助人们形成积极心理品质，为和谐社会建设奠定和谐的心理基础已经成为举国上下的共识。

促进人的心理和谐需要有科学心理学指引，加强心理健康教育需要有合适的教材。近年来，国内虽然也陆续出版了一些心理学或心理健康教育方面的图书，但不够系统，缺乏总体规划。正因为如此，我们组织了一批心理学专家、学者，编写了这套反映我国心理学发展及心理健康教育理论成果的“新世纪心理与心理健康教育文库”。

“新世纪心理与心理健康教育文库”具有系统性。文库参照心理学学科体系和我国现实需要，分为基础理论、应用理论和技术与实践三个系列。

“新世纪心理与心理健康教育文库”具有权威性。文库是国家出版基金资助项目；文库撰稿人的选择面向全国，每一本图书都由该领域的专家学者撰稿；文库的统稿工作由国内权威心理学家和心理健康教育专家负责完成。

“新世纪心理与心理健康教育文库”具有前沿性。文库在全国范围选聘心理学和心理健康教育领域的专家学者撰稿，既可以吸收心理学与心理健康教育的权威理论和最新研究成果，也可以保证所选内容资料贴近时代、贴近生活、贴近实际。

“新世纪心理与心理健康教育文库”具有实用性。文库在强调系统性、理论性、科学性的同时，更加强调实用性。力求做到理论联系实际，给出的理论实用，给出的技术可行，给出的方法可操作。

“新世纪心理与心理健康教育文库”理论性、实用性、资料性、工具性兼备，是心理学与心理健康教育的“百科全书”。它可以作为从事心理与心理健康教育工作的管理者和研究者的参考书、工具书；可以作为心理健康教育教师继续学习、自我提高的自修图书；可以作为心理健康教育教师的培训用书；可以作为师范院校心理与心理健康教育专业的教材或参考书。

我们相信，“新世纪心理与心理健康教育文库”对于从事心理与心理健康教育工作的人士会有所帮助；对于我国的心理与心理健康教育工作会起到推动促进作用；对于促进人的心理和谐、促进社会心理和谐会发挥一定作用。

我们希望，这套文库能够得到广大心理与心理健康教育工作者的认可、接纳。

郑日昌

于京师园

前 言

Preface

当今社会，挑战与机遇并存，随着世界经济全球化进程的加快，思想文化教育也进一步融合。社会给青年人带来了更多的发展机会和选择方向，同时各种误区甚至陷阱也随之而生。为了进一步了解自己和社会，并对个人未来发展进行正确定位，每个人都需要对自己的人生及早进行规划。

中学阶段是价值观形成的关键阶段，也是确定未来职业发展方向的重要阶段，个体在中学阶段的定位将影响未来人生的走向。作为教育工作者，我们在和学生共同成长的过程中深感中学阶段的生涯规划十分必要。

对高中生进行生涯规划方面的教育，在我国还处于起步阶段，与社会的现实需求还有很大的差距。一些高中生不清楚社会需要什么样的人，也不了解自己的个性特征，不知道自己将来要过什么样的生活，适合做什么，能做什么。学生在了解了自己的性格、兴趣、气质以及能力的基础上，再去了解不同的职业类型和社会现实，就能够客观地分析自己所长，选择自己的努力方向，从而少走弯路，不断进步。每个人都是独立的个体，都有自己的特长和优势。当我们让学生深入地了解自己的内在资源时，就为学生打开了另一扇心窗。当学生的认识发生改变的时候，他的态度和行为就会改变。

通过我们多年的实践、反思、修订和完善，我们发现这项工作不仅十分必要，而且大受学生欢迎。学生了解自己的职业兴趣，就会向自己喜欢的方向努力和进取，这种动力是一种来自于个体内在的力量。学生能够提早做好自己的生涯规划，就犹如在大海的航行中找到了一盏明灯，可以引领他们人生航行的方向，为创造美好的未来作准备。生涯规划是一项综合性的工作，包含了解自我、了解环境和科学规划。

确切地讲，这项工作不仅应贯穿学生整个高中三年的学习生涯，而且应该根据学生的心理特点和需求在三年中设计不同的主题和活动，以满足学生的需要。此外，学校还应提供一定的平台，给学生提供实践、验证、完善其自我规划的机会。因此，我们特别推出这本《生涯发展与辅导》，这是我们多年工作经验的积累和反思，也是我们感悟生存、感悟生命、享受生活、参与生涯规划指导的真实写照。

我们热切希望能将这份经验传播出去，让众多教育工作者能有一个工作的起始点和参考。我们希望这本书能起到抛砖引玉的作用，让我们共同将高中生的生涯规划指导工作做得更好！

杜毓贞

目 录

Contents

第一章　生涯规划概述

【本章提要】

生涯是生活中各种事件的演进方向和历程，统合了人一生中的各种职业和生活角色，由此表现出个人独特的自我发展形态。而生涯规划就是对影响我们生涯发展的经济、社会、心理、教育、生理等各种因素的选择和创造。在社会竞争日趋激烈的今天，生涯规划显得十分重要，对正处在生理和心理不断发育成熟、为未来的发展打基础并即将面临升学与就业压力的阶段的高中生而言更是如此。基于此，本章首先介绍了生涯的概念及特点与生涯规划的概念，接着介绍了生涯发展的阶段、任务和原则，以及生涯规划具体实施的相关要点，最后阐释了高中生生涯规划的必要性、中心理念和具体步骤，旨在为高中生了解生涯发展、进行生涯规划指明方向。

【学习重点】

1. 了解生涯的概念及特点，了解生涯规划的概念和心理需求层次理论。

2. 了解生涯发展的阶段和任务，了解个人在生涯发展中担任的不同角色，明确生涯发展的原则。

3. 明确生涯规划的要素、步骤和内容以及生涯文案的具体内容。

4. 了解高中生生涯规划的必要性以及高中生生涯规划的中心理念、具体步骤。

第一节　生涯规划

一、什么是生涯

生涯的英语是“career”，“生”，即“活着”；“涯”，即“边界”。广义上理解，“生”，自然是与一个人的生命相联系；“涯”，则有边际的含义，即人生经历、生活道路和职业、专业、事业。人的一生，包含少年、成年、老年几个阶段，成年阶段无疑是最重要的时期。这一时期之所以重要，是因为这是人们从事职业生活的时期，是追求自我、实现自我的重要人生阶段，是人生全部生活的主体。

著名生涯学者舒伯将生涯定义为：生涯是生活中各种事件的演进方向和历程，它统合了人一生中的各种职业和生活角色，由此表现出个人独特的自我发展形态。生涯就纵向而言，所关注的范围从出生到退休甚至死亡，也就是人一生中的各个阶段；就横向而言，其范围包括一个人一生中所充当的各种角色，比如父母、子女、配偶、公民、学生、教师、工人等。可见生涯是生命、生活、职业事项（职业、事业、创业等）的复合体，它整合了人生发展的所有阶段。通常人们在生活中提及的“生涯”指的是“职业生涯”。实际上，生涯也包括“职业生涯”之前的“成长”阶段和之后的“衰退”阶段。生涯是以人为中心的，只有在个人寻求它的时候，它才存在。

资料：不同学者对生涯的界定

• 杨朝祥——生涯是一个人在其职前、职业及退休后的生活中所拥有的各种重要职位、角色的总和。

• 林幸台——生涯是一个人一生中所从事的工作，以及其担任的职务、角色，但同时也涉及其他非工作、职业的活动。

• 金树人——“生涯”一词涵盖了以下三个重点：生涯的发展是一生当中连续不断的过程；生涯包括个人在家庭、学校和社会中与工作活动有关的经验；这种经验塑造了独特的生活方式。

• 卡西欧——生涯是一个人所从事的职位、工作或职业的顺序。

• 霍尔赫古达——生涯是一个人在其生命时段内与工作有关的经验、活动方面的态度与行为顺序。

• 伦敦和史登夫——生涯是工作、职位与职责、挑战的互动过程。

• 麦克丹尼斯——生涯是一种生活方式的概念，包括了一生当中工作与休闲的活动。

• 麦克法兰德——生涯是指一个人根据心中的长期目标所形成的一系列巩固、选择和相关的教育或训练活动，是有计划的职业发展历程。

于是，“生涯”不仅是“工作”或“职业”，还包含了个人的生活风格与个人在一生中所从事的所有活动。

由于在人们的生涯历程中，工作占据了相当漫长的时间，许多心理学家即认为工作是人生的重要核心，能达成多重目的。生涯学者霍尔和克莱默（Herr & Cramer）将工作可能达成的目的归纳为经济的、社会的和心理的层面，如表1-1所示。

表 1-1　工作可能达成的目的

经济的	社会的	心理的
物质需求的满足	一个和人们会面的地方	自我肯定
体能资产的获得	潜在的友谊	角色认定
对未来发展的安全感	人群关系	秩序感
可用于投资或延长满足感的	工作者和其家庭的社会地位	可信赖感

（续表）

经济的	社会的	心理的
流动资产	受他人重视的感受	主控或胜任
购买休闲时间和自由时间的	责任感	自我效能感
资产	受他人需要的感觉	投入感
购买商品和服务		个人评价
成功的证据		

这些工作所能达成的目的相当程度上反映了心理学家马斯洛（Maslow）的需要层次理论，意即生存需求、安全需求、爱与归属需求、尊重需求及自我实现需求。经济层面的工作目的所满足的是个人对他人的关爱、肯定和团体归属感的期待，达成与否的程度取决于他人的评价。心理层面的工作目的，是为了达成个人的自我肯定和自我实现，超脱了经济利益和社会名望，只为了让自己对自己这个人、这一生感到满意，只为了自在快乐，此生无憾。

人是一种不断需求的动物，除了短暂的时间外，极少得到完全的满足状态。一个欲望满足后往往便会有新的愿望的产生，人似乎总是在需求什么，这甚至是贯穿人一生的。那这欲望到底有没有规律呢？马斯洛在其《人类动机理论》中指出，欲望也是有层次的，对于不同层次的欲望，我们所需要的态度也是不一样的。

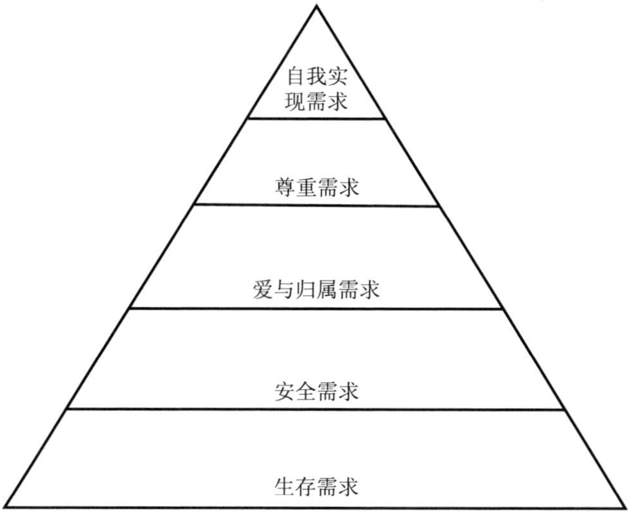

图 1-1　心理需求层次理论示意图

马斯洛将欲望分成了最基本的五个层次，最底层的是生理需要，但生理需要同样是最优先的也是最脆弱的。无论人的需要层次达到哪种程度，只要最底层的生理需求受到威胁，那么他就会立刻返回到这一需求上。当一个人在一无所有的情况下，他的主要动机就是生理需要。人对生理上的需求往往要比其他的需求更强烈。饥饿是生理需求中最典型的代表。生存永远是最重要的。

如果生理需要得到满足，安全的需要就会产生。在我们的文化中，所有健康、正常、幸福的人在安全需要方面大都已经得到满足，而对于儿童和婴儿来讲这种需求表现得更简单更明显。正常人中也有一些常见的现象体现了人们对安全的需要，例如，人们通常渴望得到一份比较稳定的工作，储备积蓄，喜欢选择一些熟悉而不是陌生的事情，而在战争、灾难、疾病等特殊情况下安全的需要则起到积极、支配的作用。女生往往还会在男生那里寻求一定量的安全感，这也是对安全需求的体现。

处于中间层次的是爱的需要，也是学生所追求的需要。爱的需要包括给予爱和接受爱两方面。当生理需要和安全需要得到满足后，个人就会产生爱、情感和归属的需要，并且在此时爱的需要起着支配作用，他渴望朋友、爱人、团体中同事之间的亲密关系，并为达到这个目标而努力。除了接受爱以外，个体还有给予爱的需求，例如母亲给予子女的爱，普通人给予其他人的同情等，最为典型的便是情人之间互相对爱的需求的满足。这其实从本质上讲也是人的一种普遍的欲望。爱的缺失对学生而言其实是一个需求型缺陷。

当一个人满足了爱的需求的同时，相对高层次的对尊重的渴求便出现了。社会上所有人都渴望获得尊重。这种需要分为两类，一方面是自尊，即在面临的环境中，希望有实力、有成就、能胜任、有信心以及独立和自由；另一方面是他尊，即别人对自己的尊重，要求有名誉和威望、赏识、高度评价等。尊重需要的满足使人感到自信，如若受挫，便会产生自卑情绪。学生学习的目的便是为了在日后获得社会上的尊重，学生应该努力学习，为满足心理需求而努力。

最后处于金字塔尖端的需求便是自我实现的需要。“是什么样的角色就应该干什么样的事”，马斯洛把这种需要称为自我实现。画家必须画画，音乐家必须演奏。自我实现需要的产生，有赖于前面几种需要得到满足，当基本需要满足后，人们就有可能出现自我实现的需要，即促使他的潜在能力得以实现的趋势。这种趋势可以说成是希望自己越来越成为自己所期望的人物，完成与自己的能力相称的一切事情。这是需要层级中最高的层次。自我实现并非为所欲为，它是让一支玫瑰花成为更加怒放盛开的玫瑰，却不是将玫瑰变成百合。它让人能够展现他的内在本质，按照自己的方式活得更健康，更加充实。简单讲，就是使人们成为他自己。我们常常会陷入一种对自身的盲目，感觉我所干的不是我爱的，感觉自己在追寻成功的路上走得不是那么如意，不是自己想要的成功。人生被父母、社会所逼迫。青少年所需要的及最重要的事便是找到自己所爱的与真正需要成功的需求，满足自我实现的需求。

从心理学角度来看，正是人类的欲望促进了社会的发展，我们所需要做的便是控制欲望的方向。马斯洛哲学中的“存在”与“成为”其实不是矛盾。脑中存在的迟早会成为现实。

这样，工作的最终目的是为了自我实现，因此，为自己规划一个能充分自我实现的生涯历程是青少年阶段最重要的发展任务之一。而一个能充分自我实现的生涯历程则取决于我们对自己在周遭环境中的定位，即自我认定。

二、生涯的几个特点

我们认为舒伯的定义比较全面和成熟，根据舒伯的定义，生涯具有以下几个特点。

1. 生涯具有独特性，每个人的生涯发展是独一无二的。如果以类似的顺序经历着类似的职位或角色，不同的人可能有相似的生涯发展，但每个人的生涯发展又是各有其特点的，因为人们在每一个职位或角色上的表现方式都不尽相同。人有个体差异，有的羞涩文静，有的活泼外向；有的喜欢舞文弄墨，有的好操作器械；有的善于开拓和冒险，有的偏于保守和追求安稳。生涯必须适合每个人的个体差异，才会是美满成功的。

2. 生涯是一个变化的过程，生涯的发展是一生当中连续不断的过程。“生涯”比较具体的定义是“一生当中依序发展的各种位置的综合体”。这个定义虽然不十分准确，却掌握了生涯的基本元素——时间性，它是纵贯一生的发展。从过去、现在到未来，个体的生涯发展历程是踏在接二连三的“状态”上前进：每一个现在的“状态”都受到过去“状态”的影响，也是为未来的“状态”预先准备，这些“状态”是“依序”发展的。每个人的成长都是一个过程。在此过程中我们不断调试和选择，不断制订各种目标和计划，并不断地进行身份转换，如从学有所成的学生转变成一个精通业务的技术工人，从父母的孩子成长为孩子的父母……这些都是一个过程，持续发生，随时间流动。

3. 生涯具有方向性，它是生活里各种事态连续演进的方向。一个人一生的生涯发展，就像在茫茫大海中破浪前进的航道，虽然“看不见”，却仿佛有方向可循。至于这个方向是沿着哪条路径前进，什么是“内心中自己的引导者”，不同的理论有不同的解释，不同的文化影响下的个体也会有不同的引导者，可能是一些自我认识，也可能是生命的意义或价值，也可能是追求某种需求的满足，也可能是某些特质，如兴趣和能力，甚至仅仅是某些贴近社会的趋势。

4. 生涯具有空间性，除了个体在某个阶段的主要生涯角色外，生涯还包括其他与工作、生活相关的角色。从生涯在不同年龄发展阶段的横切面看，它会同时呈现不同的角色。这些角色不全是职业，但又都与职业活动有直接或间接的关系。以“学生生涯”为例，主要的生涯角色是学生；以中年女性“教师生涯”为例，相关的生涯角色经验可能包括人妻、人母、人师等。有人认为生涯是生活的同义词，其实不然。生涯的范围并非大到无所不包。舒伯为了将两者作一区分，将生涯中的“生活”限定为“一个人在其就业前、就业时、离业后的生活”。按照舒伯的原意，生涯是一种生活，但不等于生活的全部。因此，就其空间性观之，虽然生涯锚会在不同的角色间浮动，生涯发展必定伴随着许多与其有关的角色发展，这些角色发展的经验又不能割离于生涯经验之外。生涯涵盖了人一生中的各种角色，其中伴随着职业角色而来的生活经验是最重要的。成年之后，职业身份和社会声望等对个体的发展具有重要的意义和价值。

5. 生涯具有现象性，只有在个人追求它的时候，它才存在。生涯不等于生命，生命可以是客观的存在，生涯的存在却是个人主观意识所认定的存在。当一个人开始思考自己的未来时，生涯才开始“如影随形”。所以说，生涯是一种对客观“状态”的主观知觉。生涯中的每一个状态都是客观的现实，但是每个人对每个状态的知觉完全是主观的。前者是“人如何完成自己的任务”，后者是“人如何看待自己的任务”，以至于“人如何从任务中看自己”。生涯定义了人如何在完成任务的过程中“看”自己——可以从过去的成功或失败看，可以从现在的能力或才干看，也可以从未来进一步的计划看。因此人生的意义可以在生涯发展过程中得以彰显，得以完成，不仅是由于这个人达到了什么高位，而是由于这个人做了什么大事，即主观的自我实现。

6. 生涯具有主动性，人是生涯的主动塑造者。生涯只有在个人寻求它的时候它才存在，这隐含着人是生涯的主动塑造者的含义。生涯的原意是冒险和奋进，在个人的生涯发展中，遗传条件、社会阶层、政策拟定甚至机会因素都会影响到个人的生涯发展。然而，过去二十年心理学的发展，已经将人的行为机制由被动的地位提升至主动的地位。换句话说，心理学发现人不是被动地受环境的制约，而是能主动地去思考、去计划，进而改变环境、创造环境。生涯可以主动塑造，主要通过生涯转换过程中的生涯决定来完成。

三、什么是生涯规划

在市场经济中，社会竞争日趋激烈，“预则立，不预则废”，生涯规划显得十分重要，其前提是正确认识自我。因此，客观上要求中学生在高考之前就应当制订符合自身实际情况的生涯规划，选择满足社会发展需要和自己感兴趣的专业，上大学以后还要重新认识自我，调整自己的生涯规划，并积极作好知识、技能、思想、心理诸方面的准备，努力实施生涯规划。

生涯规划简单来说，就是对影响我们生涯发展的经济、社会、心理、教育、生理等各种因素的选择和创造。它通常建立在个体对自我全面、深刻的认识的基础之上，需要结合职业发展的一般特点。生涯规划是一个人尽其所能地规划未来生涯发展的历程，在考虑个人的智能、性向、价值以及阻力和助力的前提下，作妥善的安排，并借此调整和摆正自己在人生中的位置，使自己能适得其所。生涯规划分知己、知彼、解己、抉择与行动四个步骤，如图 1-2 所示。

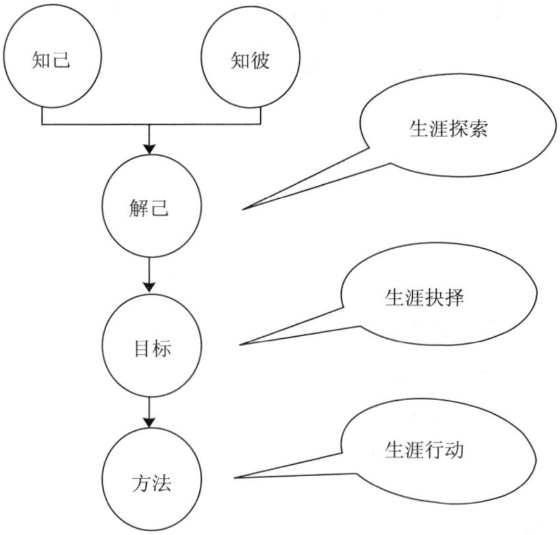

图 1-2 生涯规划的步骤

（一）知己

生涯规划的首要工作就是了解自己，它包含了对自己的兴趣、能力、人格特质、价值观、生涯信念与追求等的了解。人们可以通过自己的反思、他人的反馈以及自己在学校和职场的表现来了解自己。平时，可以经常问一问自己“我到底喜欢什么”、“我究竟想拥有一个什么样的未来”、“我以后要做什么工作”、“我有什么优缺点”等和自己切身相关的问题。只有能清楚地了解自己，才能在人生旅途上攻克各种难关，进而实现自己梦寐以求的理想。

（二）知彼

在了解自己之后，还必须认识自己生存和发展的外在环境，只有这样才能完整地评估自己的生涯规划。知彼可分为“信息积累”和“个人与环境的关系”两个部分。

1. 信息积累：信息积累所包含的内容非常丰富。对专业的探究、职业的认知，对未来就业机会和职业发展趋势的了解，对国家发展形式的分析，具体到经济、文化、政治的策略预测，都是其中的重要组成部分。我们可以通过网络、访谈、亲身体验等方式获得这些信息。

2. 个人与环境的关系：个人的生涯与政治、经济、文化、社会、教育、家庭等诸多因素紧密地联系在一起。这些因素都会对个人的生涯发展产生不同程度的影响，这就意味着，个人的生涯绝不是孤立的。因此，是否能够掌握时代发展的规律和趋势，审慎评估环境因素的利弊，对生涯规划具有重要的意义和价值。

（三）解己

充分了解自己和认识外在的环境之后，就要进入生涯探索的重要阶段——解己。所谓解己就是通过知己、知彼的分析，充分发挥逻辑思维功能，找出自己在发展过程中的优势、劣势、机会以及挑战，逐步解决问题。实际上，解己就是让自己成为问题解决者的实践过程。

（四）抉择与行动

知己、知彼、解己之后，接下来就要开始行动，为自己的生涯寻找适当的定位、作出合理的判断和抉择。人的一生常常会面临许多选择，比方说决定所学的专业、从业的地点、选择交往的对象等，而每一次的决定将对我们的生涯产生相应的影响。通常我们可以使用假设的方法思考不同的选择可能导致的结果，从而作出适合自己的选择。另外，我们必须清醒地认识到，既然作出了选择，就要敢于面对和承担这一选择带来的后果。尽管每一次选择都是有风险的，但我们可以通过不断的学习和历练，提升选择的能力，从而降低风险。

第二节　生涯发展

一、生涯发展的阶段和任务

个体的发展要经历不同的人生阶段。每个阶段个体都会面临一些来自社会环境的要求或任务，比如入学问题、就业问题、婚恋问题等。这些要求或任务与个体身心特征的交互作用推动着个体的发展。舒伯主要根据发展心理学的这一基本观点提出了生涯发展的观点。他认为，生涯就是终其一生不同时期不同角色的组合；个体生涯的发展是由生命广度和生活空间交织而成的一个复杂过程；生涯规划就是在这个纵横交织的生涯发展框架中展开的，目的在于帮助个体成功地应对各阶段发展的任务；在应对过程中形成必备的身体、情感和认知特征，为下阶段更高一级的生涯规划作好准备，推动生涯的发展。

舒伯将人的一生发展历程分为五个阶段：成长阶段、探索阶段、建立阶段、维持阶段和衰退阶段。每个阶段有不同的发展任务。

（一）成长期（1—14 岁）

在这一时期，儿童经由和家庭或学校中重要他人认同而发展自我概念，需求与幻想是这一时期最主要的特征。随着年龄增长，社会参与及现实考验逐渐增加，兴趣与能力也逐渐重要。这一时期的主要生涯发展任务是发展自我形象以及发展对工作世界的正确态度并了解工作的意义。

成长期还可以分出三个比较重要的时期：

1. 幻想期（4—10 岁）：需求占决定性因素，角色扮演在这个阶段很重要。

2. 兴趣期（11—12 岁）：喜欢是明确抱负和所从事活动的主要原因。

3. 能力期（13—14 岁）：能力占的比重比较大，但也会考虑工作要求的条件。

（二）探索期（15—24 岁）

在这一阶段，成长中的青少年需要在学校、各种休闲活动以及各种学生工作经验中进行自我反思、角色试验以及职业探索，考虑个人的需要、兴趣、能力及机会，作出暂时性的决定，并在想象、讨论、课业及工作中加以尝试；然后进入就业市场接受专业训练，试图将一般性的选择转化为特定的选择，以实现自我概念，并尝试使其成为长期职业的可能性。

这一阶段也可区分为三个不同的时期：

1. 试探期（15—17 岁）：会考虑自己的需求、兴趣、能力、价值与机会，并会通过幻想、讨论、课程、工作作试探性的选择。此时的选择会缩小范围，但因仍对自己的能力、未来学习与就业的机会不是很确定，所以这时的一些选择以后并不一定都会采用。

2. 过渡期（18—21 岁）：会考虑现实的情况，并试图使自我概念符合现实。

3. 初步尝试期（22—24 岁）：已经确定了一个似乎比较适当的领域，找到一份入门的工作，并尝试将它作为维持生活的工作。此阶段所选择的工作范围会更缩小，只会选择可能提供重要机会的工作。

（三）建立期（25—44 岁）

在这一时期，发展成熟的工作者，需在某一适当的职业领域中确立其角色职位，并逐步建立稳固的地位。此时大部分人处于最具创造力的顶峰状态，身负重任、表现优良。

这一阶段的两个重要时期是：

1. 尝试期（25—30 岁）：原以为适合的工作，后来可能发现不太令人满意，于是会有一些改变，此阶段的尝试是定向后的尝试，不同于探索阶段的尝试。

2. 稳定期（31—44 岁）：当职业的形态都很明确后，便力图稳定，努力在工作中谋取一个安定的位子。

（四）维持期（45—64 岁）

在这一时期，个人已逐渐在职场上取得相当的地位，担负相当的责任，具有一定的权威，并致力于维持既有的地位与成就；对自身条件的限制较能坦然接受，但因需面对年轻人的挑战而必须兢兢业业。

（五）衰退期（65—晚年）

这一阶段，个人的身心状况已逐渐衰退，必须从原有工作退休，开拓新的生活，发展新的角色。有更多时间从事休闲活动或完成自己一直想做而未做的事，可能从事业务或志愿服务工作，淡泊名利、与世无争。

此阶段也可以分为两个时期：

1. 减速期（65—70 岁）：工作速度变慢，工作责任或性质也发生改变，以适应逐渐衰退的体力与心理。许多人会找一份代替全职的兼职工作。

2. 退休期（71—死亡）：有些人能很愉快地适应完全停止工作，尽情享受生活；有些人则适应困难、郁郁寡欢甚至老迈而死。

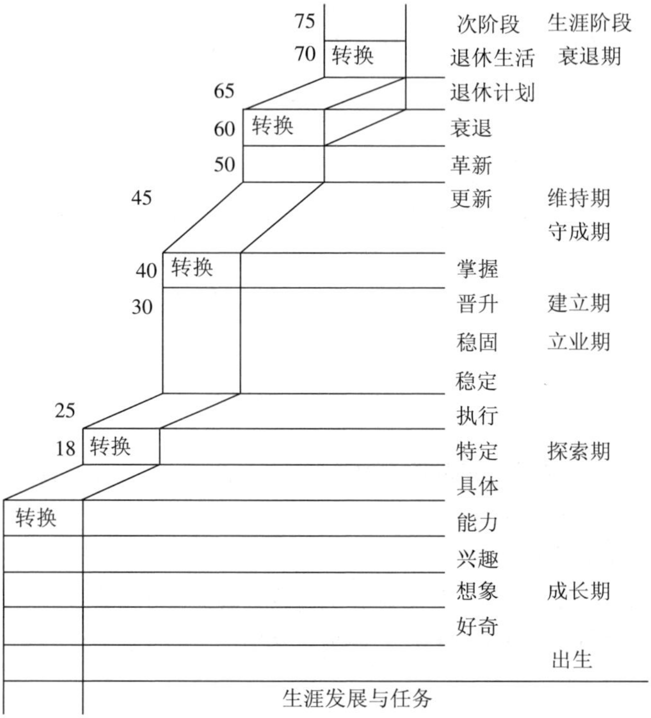

图 1-3　生涯发展与任务示意图

表 1-2　高中阶段生涯发展的任务

成长期（出生—14 岁）	探索期（15—24 岁）
经过与家庭或学校中重要的他人认同而发展自我概念，需求与幻想为此时期最主要的特征，社会参与及现实考验逐渐增加，兴趣与能力也逐渐重要。	在学校、休闲活动及各种工作经验中进行自我反省、角色试验和职业探索

（续表）

成长期（出生—14 岁）	探索期（15—24 岁）
1. 幻想期（4—10 岁） 以幻想游戏中的角色扮演为主。 2. 兴趣期（11—12 岁） 个人喜好是理想抱负和活动的主要决定因素。 3. 能力期（13—14 岁） 能力逐渐具有重要性，并能考虑工作所需条件（包括训练）。	1. 试探期（15—17 岁） 考虑需要、兴趣、能力及机会，作出暂时性的决定，并在想象、讨论、课业及工作中加以尝试，思考可能的职业领域和工作层级。 2. 转换期（18—21 岁） 进入就业市场或专业训练，更重视现实的考虑，并试图实现自我概念，将一般性的选择转为特定的选择。 3. 试验并稍作承诺期（22—24 岁） 初步确定职业选择，并考虑其成为长期职业的可能性。对投入该职业的承诺仍是暂时性的。
任务： 1. 发展自我形象； 2. 发展对工作世界的正确态度，并了解工作的意义。	任务： 1. 职业偏好逐渐具体化； 2. 职业偏好的特定化； 3. 实现职业偏好； 4. 发展符合现实的自我概念； 5. 学习开创较多的机会。

表 1–3　我的高中生涯规划蓝图

环境适应方面	学业发展方面
现状： 目标： 1. 2. 途径： 1. 2.	

（续表）

成长期（出生—14岁）	探索期（15—24岁）
人际交往方面	社团活动方面
身心健康方面	休闲生活方面

二、生涯发展中的不同角色

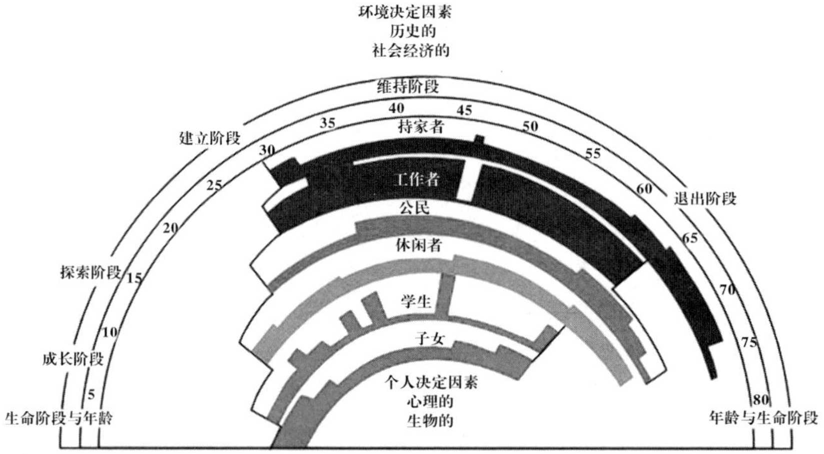

图 1-4　生涯彩虹图

1976—1979年间，舒伯在英国进行了为期近四年的跨文化研究，之后，他提出了一个更为广阔的新观念——生活广度、生活空间的生涯发展观。除了原有的发展阶段理论之外，较为特殊的是舒伯加入了角色理论，并根据生涯发展阶段与角色彼此间交互影响的状况，描绘出了一个多重角色生涯发展的综合图形。这个生活广度、生活空间的生涯发展图形，舒伯将它命名为"生涯彩虹图"。

生涯彩虹图具体表现了人生各个发展阶段和个体所扮演的主要角色。在生涯彩虹图中，第一个层面代表横跨一生的生活广度，又称为"大周期"，包括生涯发展的主要阶段——成长期、探索期、建立期、维持期、衰退期。第二个层面代表纵观上下的生活空间，由一组角色和职位所组成，包括儿童、学生、休闲者、公民、工作者、家庭照顾者等主要角色。

（一）横贯一生的彩虹——生活广度

在生涯彩虹图中，横向层面代表的是横跨一生的生活广度。彩虹的外层显示人生主要的发展阶段和大致估算的年龄：成长期（约相当于儿童期）、探索期（约相当于青春期）、建立期（约相当于成人前期）、维持期（约相当于中年期）以及衰退期（约相当于老年期）。在这五个主要的人生发展阶段内，各个阶段还有小的阶段，舒伯特别强调，各个时期的年龄划分有相当大的弹性，应依据个体不同的情况而定。

（二）纵贯上下的彩虹——生活空间

在生涯彩虹图中，纵向层面代表的是纵贯上下的生活空间，由一组职位和角色组成。舒伯认为，人在一生当中必须扮演六种主要角色：子女、学生、休闲者、公民、工作者、持家者。

综上所述，人一生的生涯发展，包括了发展阶段、生活空间以及生活方式等多方面内涵。

舒伯还认为，人的行为方向受到三种时间因素的影响：一是对过去成长痕迹的“审视”；二是对目前发展状况的“审视”；三是对未来可能发展方向的“展望”。这三种因素是相互影响的，过去是现在的成因，现在又是未来的基础。生涯辅导时，发展学生对未来的时间透视能力较为重要，而生涯彩虹图则为我们提供了一个最佳的透视工具。通过生涯彩虹图，我们可以帮助学生具体而清晰地了解不同的角色是如何构建其个人特有生涯类型的，不同的角色如何在不同的发展阶段出现，角色的组合如何合理安排才能达到最佳的自我实现。

绘制生涯彩虹图时，特别需要强调以下几点：

1. 不同角色的交互影响交织出个人独特的生涯类型。

2. 角色活跃于四种主要的人生舞台：家庭、社区、学校和工作场所。

3. 各种角色先后或同时在人生的舞台上层现叠出，直至退休，退休之后仍有几种角色延续到生命的终结。

4. 角色之间是交互作用的，某一个角色上的成功，可能带动其他角色的成功；反之，某一角色的失败，可能导致其他角色的失败；为了某一角色的成功付出太大的代价，也可能导致其他角色的失败。

5. 彩虹图中的阴影部分表示角色的互相替换、盛衰消长，它除了受到年龄增长和社会对个人发展任务期待的影响外，往往跟个人在各个角色上所花的时间和感情投入的程度有关。

6. 各个时期有一个或若干个“显著角色”，如成长阶段最显著的角色是“子女”，探索阶段（特别是 15—20 岁）是“学生”，建立阶段（特别是 30 岁左右）是“持家者”和“工作者”；维持阶段（尤其是 45 岁左右）“工作者”的角色突然中断，又恢复“学生”角色（再学习），同时“公民”与“休闲者”的角色比重逐渐增加。

三、生涯发展的特点

1. 生涯发展是完成自我观念的过程

生涯发展的过程主要是发展和完善自我观念，包括个人的兴趣、价值、能力的整体配合，并借由生涯选择、生涯规划以及生涯目标的追寻，使每个人都有成功美满的生涯。

2. 生涯发展是一个持续变化而逐渐发展的过程

人一生从幼年到老年的过程，随着生理的成熟、经验能力和自我观念的成长，个人对工作情况的认识和判断、对职业的选择及决定，也不断地适应和发展。

3. 生涯发展是一个配合的过程

生涯发展随时配合个人和社会环境的影响力，一方面发展个人特长，另一方面配合社会需求的趋势，以达到人尽其才、适才适所的境界。

4. 生涯发展是一个增加选择机会的过程

各种职业都有特殊的条件，需要各种不同的能力和个性的人员。此外，一个人也可能适合多种不同的职业。个人在职业上的发展，就是探求工作世界里的更多合适的机会。

第三节　生涯规划的要素、步骤与内容

一、生涯规划的基本原则

1. 可操作性：生涯规划是需要具备事实基础的，并非是美好的虚构和想象，否则我们的规划只能是一种假想，无法得以实现。

2. 明确性：生涯规划的目标和达到该目标的措施要非常清晰。

3. 时间性：生涯规划的事实策略和行动方案应该附有明确的时间表，以便及时调整和修正。

4. 过程性：未来有很强的不确定性，所以规划需有必要的弹性，能随着条件的变化作出调整。

5. 持续性：生涯规划要顾及生涯发展的整个过程，各个发展阶段需能顺利衔接。

资料：霍兰德职业倾向测验

霍兰德职业倾向测验量表

本测验将帮助你发现和确定自己的职业兴趣和能力特长，从而更好地作出求职择业的决策。如果你已经考虑好或选择好了自己的职业，本测验将使你的这种考虑或选择具有理论基础，或向你展示其他合适的职业；如果你至今尚未确定职业方向，本测验将帮助你根据自己的情况选择一个恰当的职业目标。请根据自己

目前的实际情况作出回答。测验共有七个部分，每部分测验都没有时间限制，但请你尽快按要求完成。

第一部分　你心目中的理想职业（专业）

对于未来的职业（或升学进修的专业），你应当早作规划，它可能很抽象、很朦胧，也可能很具体、很清晰。不论是哪种情况，现在都请你把自己最想干的三种工作或最想读的三种专业，按顺序写下来。

1. ________________________________
2. ________________________________
3. ________________________________

第二部分　你感兴趣的活动

下面列举了若干种活动（你可能做过，也可能没做过），请就这些活动判断你的好恶。喜欢的，请在“是”栏里打√；不喜欢的，请在“否”栏里打√。请按顺序回答全部问题。

R：现实型活动

1. 装配修理电器或玩具　　是□　否□
2. 简单地修理自行车　　是□　否□
3. 用木头做东西　　是□　否□
4. 开汽车或摩托车　　是□　否□
5. 用机器做东西　　是□　否□
6. 参加木工技术学习班　　是□　否□
7. 参加制图描图学习班　　是□　否□
8. 驾驶汽车或拖拉机　　是□　否□
9. 参加机械和电气学习班　　是□　否□
10. 装配修理机器　　是□　否□

统计“是”一栏得分（每题 1 分），合计______分

I：研究型活动

1. 阅读科技图书和杂志　　是□　否□
2. 在实验室工作　　是□　否□
3. 改良水果品种，培育新型水果　　是□　否□
4. 调查了解土壤和金属等物质的成分　　是□　否□
5. 研究自己选择的特殊问题　　是□　否□
6. 解算术题或玩数学游戏　　是□　否□

7. 上物理课 是□ 否□
8. 上化学课 是□ 否□
9. 上几何课 是□ 否□
10. 上生物课 是□ 否□

统计“是”一栏得分（每题 1 分），合计______分

A：艺术型活动

1. 素描/制图或绘画 是□ 否□
2. 参加话剧/戏剧排演 是□ 否□
3. 设计家具/布置房间 是□ 否□
4. 练习乐器/参加乐队 是□ 否□
5. 欣赏音乐或戏剧 是□ 否□
6. 看小说/读剧本 是□ 否□
7. 从事摄影创作 是□ 否□
8. 写诗或吟诗 是□ 否□
9. 参加艺术（美术/音乐）培训 是□ 否□
10. 练习书法 是□ 否□

统计“是”一栏得分（每题 1 分），合计______分

S：社会型活动

1. 参加学校或社区组织的正式活动 是□ 否□
2. 参加某个社团或俱乐部的活动 是□ 否□
3. 帮助别人解决困难 是□ 否□
4. 照顾儿童 是□ 否□
5. 出席晚会、联欢会、茶话会 是□ 否□
6. 和大家一起出去郊游 是□ 否□
7. 想获得关于心理方面的知识 是□ 否□
8. 参加讲座会或辩论会 是□ 否□
9. 观看或参加体育比赛和运动会 是□ 否□
10. 结交新朋友 是□ 否□

统计“是”一栏得分（每题 1 分），合计______分

E：企业型活动

1. 说服鼓动他人 是□ 否□
2. 卖东西 是□ 否□

3. 谈论政治 是□ 否□
4. 制订计划、参加会议 是□ 否□
5. 以自己的意志影响别人的行为 是□ 否□
6. 在社会团体中担任职务 是□ 否□
7. 检查与评价别人的工作 是□ 否□
8. 结交名流 是□ 否□
9. 指导有某种目标的团体 是□ 否□
10. 参与政治活动 是□ 否□

统计“是”一栏得分（每题1分），合计______分

C：传统型活动

1. 整理桌面和房间 是□ 否□
2. 抄写文件和信件 是□ 否□
3. 为领导写报告或公务信函 是□ 否□
4. 检查个人收支情况 是□ 否□
5. 参加打字培训班 是□ 否□
6. 参加算盘、文秘等实务培训 是□ 否□
7. 参加商业会计培训班 是□ 否□
8. 参加情报处理培训班 是□ 否□
9. 整理信件、报告、记录等 是□ 否□
10. 撰写商业贸易信函 是□ 否□

统计“是”一栏得分（每题1分），合计______分

第三部分 你擅长或胜任的活动

下面列举了若干种活动，对于其中那些你能做或大概能做的事，请在“是”栏里打√；反之，请在“否”栏里打√。请按顺序回答全部问题。

R：现实型能力

1. 能使用电锯、电钻和锉刀等木工工具 是□ 否□
2. 知道万用表的使用方法 是□ 否□
3. 能简单地修理自行车或其他机械 是□ 否□
4. 能使用电钻床、磨床或缝纫机 是□ 否□
5. 能给家具和木制品刷漆 是□ 否□
6. 能看懂建筑设计图 是□ 否□
7. 能修理简单的电气用品 是□ 否□
8. 能修理家具 是□ 否□

9. 能修理收录机 是□ 否□
10. 能简单地修理水管 是□ 否□

统计“是”一栏得分（每题1分），合计______分

I：研究型能力

1. 了解真空管或晶体管的作用 是□ 否□
2. 能够列举出三种富含蛋白质的食品 是□ 否□
3. 理解铀的裂变过程 是□ 否□
4. 会使用计算尺、计算器、对数表 是□ 否□
5. 会使用显微镜 是□ 否□
6. 能在天空中找到三个星座 是□ 否□
7. 能独立进行调查研究 是□ 否□
8. 能解释简单的化学现象 是□ 否□
9. 理解人造卫星为什么不会落地 是□ 否□
10. 经常参加学术性的讨论或会议 是□ 否□

统计“是”一栏得分（每题1分），合计______分

A：艺术型能力

1. 能演奏乐器 是□ 否□
2. 能参加二部或四部合唱 是□ 否□
3. 能独唱或独奏 是□ 否□
4. 能扮演剧中的角色 是□ 否□
5. 能创作简单的乐曲 是□ 否□
6. 会跳舞 是□ 否□
7. 能绘画、素描或写书法 是□ 否□
8. 能雕刻、剪纸或做泥塑 是□ 否□
9. 能设计板报、服装或家具 是□ 否□
10. 写得一手好文章 是□ 否□

统计“是”一栏得分（每题1分），合计______分

S：社会型能力

1. 有向各种人说明解释的能力 是□ 否□
2. 常参加社会福利活动 是□ 否□
3. 能和大家一起友好合作 是□ 否□

4. 善于与年长者相处　　是□　否□
5. 会邀请人、招待人　　是□　否□
6. 能简单易懂地教育儿童　　是□　否□
7. 能安排会议等活动顺序　　是□　否□
8. 善于体察人心和帮助他人　　是□　否□
9. 能帮助护理病人和伤员　　是□　否□
10. 能安排社团组织的各种事务　　是□　否□

统计"是"一栏得分（每题1分），合计______分

E：企业型能力

1. 担任过学生干部并且干得不错　　是□　否□
2. 工作上能指导和监督他人　　是□　否□
3. 做事充满活力和热情　　是□　否□
4. 能有效利用自身的做法调动他人　　是□　否□
5. 销售能力强　　是□　否□
6. 曾作为俱乐部或社团的负责人　　是□　否□
7. 常向领导提出建议或反映意见　　是□　否□
8. 有开创事业的能力　　是□　否□
9. 知道怎样做能成为一个优秀的领导者　　是□　否□
10. 健谈善辩　　是□　否□

统计"是"一栏得分（每题1分），合计______分

C：传统型能力

1. 会熟练地打印中文　　是□　否□
2. 会使用复印机或英文打字机　　是□　否□
3. 能快速地记笔记和抄写文章　　是□　否□
4. 善于整理保管文件和资料　　是□　否□
5. 善于从事事务性的工作　　是□　否□
6. 会用算盘　　是□　否□
7. 能在短时间内分类和处理大量文件　　是□　否□
8. 能使用计算机　　是□　否□
9. 能搜集数据　　是□　否□
10. 善于为自己或集体做财务预算　　是□　否□

统计"是"一栏得分（每题1分），合计______分

第四部分　你喜欢的职业

下面列举了多种职业，请逐一认真地阅读，如果是你有兴趣的工作，请在“是”栏里打√；如果是你不太喜欢、不关心的工作，请在“否”栏里打√。请按顺序回答全部问题。

R：现实型职业

1. 飞机机械师　是□　否□
2. 野生动物专家　是□　否□
3. 汽车维修工　是□　否□
4. 木匠　是□　否□
5. 测量工程师　是□　否□
6. 无线电报务员　是□　否□
7. 园艺师　是□　否□
8. 长途公共汽车司机　是□　否□
9. 机械制图员　是□　否□
10. 电工　是□　否□

统计“是”一栏得分（每题 1 分），合计______分

I：研究型职业

1. 气象学或天文学者　是□　否□
2. 生物学者　是□　否□
3. 医学实验室的技术人员　是□　否□
4. 人类学者　是□　否□
5. 动物学者　是□　否□
6. 化学学者　是□　否□
7. 数学学者　是□　否□
8. 科学杂志的编辑或作家　是□　否□
9. 地质学者　是□　否□
10. 物理学者　是□　否□

统计“是”一栏得分（每题 1 分），合计______分

A：艺术型职业

1. 乐队指挥　是□　否□
2. 演奏家　是□　否□

3. 作家　是☐　否☐
4. 摄影家　是☐　否☐
5. 记者　是☐　否☐
6. 画家、书法家　是☐　否☐
7. 歌唱家　是☐　否☐
8. 作曲家　是☐　否☐
9. 电影电视演员　是☐　否☐
10. 室内设计师　是☐　否☐

统计“是”一栏得分（每题1分），合计______分

S：社会型职业

1. 街道、工会或妇联干部　是☐　否☐
2. 小学、中学教师　是☐　否☐
3. 精神病医生　是☐　否☐
4. 婚姻介绍所工作人员　是☐　否☐
5. 体育教练　是☐　否☐
6. 福利机构的负责人　是☐　否☐
7. 心理咨询师　是☐　否☐
8. 共青团干部　是☐　否☐
9. 导游　是☐　否☐
10. 国家机关工作人员　是☐　否☐

统计“是”一栏得分（每题1分），合计______分

E：企业型职业

1. 厂长　是☐　否☐
2. 电视制片人　是☐　否☐
3. 公司经理　是☐　否☐
4. 销售员　是☐　否☐
5. 不动产推销员　是☐　否☐
6. 广告部负责人　是☐　否☐
7. 体育活动主办者　是☐　否☐
8. 销售部负责人　是☐　否☐
9. 个体工商业者　是☐　否☐

10. 企业管理咨询人员 是□ 否□

统计“是”一栏得分（每题1分），合计______分

C：**传统型职业**

1. 会计师 是□ 否□
2. 银行出纳员 是□ 否□
3. 税收管理员 是□ 否□
4. 计算机操作员 是□ 否□
5. 簿记人员 是□ 否□
6. 成本核算员 是□ 否□
7. 文书档案管理员 是□ 否□
8. 打字员 是□ 否□
9. 法庭书记员 是□ 否□
10. 人口普查登记员 是□ 否□

统计“是”一栏得分（每题1分），合计______分

第五部分　你的能力类型简评

下面两张表是你在六个职业能力方面的自我评定表。你可以先与同龄者比较出自己在每一方面的能力，然后经斟酌后对自己的能力作出评估。请在表中适当的数字上画圈。数字越大，表示你的能力越强。注意，请勿全部圈同样的数字，因为人的每项能力不可能完全一样。

表 A

R 型	I 型	A 型	S 型	E 型	C 型
机械操作	科学研究	艺术创作	解释表达	商业洽谈	事务执行
7	7	7	7	7	7
6	6	6	6	6	6
5	5	5	5	5	5
4	4	4	4	4	4
3	3	3	3	3	3
2	2	2	2	2	2
1	1	1	1	1	1

表 B

R 型	I 型	A 型	S 型	E 型	C 型
体育技能	数学技能	音乐技能	交际技能	领导技能	办公技能
7	7	7	7	7	7
6	6	6	6	6	6
5	5	5	5	5	5
4	4	4	4	4	4
3	3	3	3	3	3
2	2	2	2	2	2
1	1	1	1	1	1

第六部分　统计和确定你的职业倾向

请将第二部分至第五部分的全部测验分数按前面已统计好的六种职业倾向（R 型、I 型、A 型、S 型、E 型和 C 型）得分填入下表，并作纵向累加。

测试	R 型	I 型	A 型	S 型	E 型	C 型
第二部分						
第三部分						
第四部分						
第五部分 A						
第五部分 B						
总　分						

请将上表中算出的六种职业倾向总分按照高低顺序（从最高到最低）依次从左到右排列：

______型、______型、______型、______型、______型、______型

请记住上述排列顺序，后面我们还会用到它。

第七部分　你所看重的东西——职业价值观

这一部分测验列出了人们在选择工作时通常会考虑的九种因素（见所附工作价值标准）。现在请你在其中选出最重要、次重要、最不重要、次不重要的因素（各选两项），并将序号填入下边相应的空格上。

最重要：______；次重要：______；最不重要：______；次不重要：______

附：工作价值标准

1. 工资高、福利好

2. 工作环境（物质方面）舒适
3. 人际关系良好
4. 工作稳定有保障
5. 能提供较好的受教育机会
6. 有较高的社会地位
7. 工作不太紧张、外来压力小
8. 能充分发挥自己的能力特长
9. 社会需要与社会贡献大

（全部测验完毕）

测验结果及解释

六大类型简介

现在，请将你测验得分最高的职业类型找出来，对照下面的解释，判断一下适合自己的职业类型。

R（现实型）	
兴趣特点	现实型的人喜爱具体明确、需要动手操作的工作环境。他们通常情绪稳定、忍耐力强，给人的印象是诚实、谦和、节俭、脚踏实地。喜欢用实际行动代替言语表达，重视现在胜于重视未来。对于操作机械、修理仪器等需要技术、体力的活动表现出浓厚的兴趣。喜欢从事机械、电子、建筑、农事等方面的工作，比较不喜欢需要社交、与人接触为主的活动。
性格特征	重视物质　顺从　温和　实际　自然　坦白 有恒心　害羞　谦虚　诚实　稳定　节俭
工作环境	现实型的工作场合较多运用到身体的实际操作。通常需要运用到某些特殊的技术，以便进行机器的修理、电子器材的维护、汽车的驾驶或动物的畜养等。在这类工作环境中，处理与物接触的问题比处理人际问题还重要。现实型的工作环境比其他的工作环境容易造成生理伤害或意外事件，如高楼建筑工地等。
I（研究型）	
兴趣特点	研究型的人擅长运用心智能力去观察、分析、推理，喜欢与符号、概念、文字、抽象思考有关的活动。他们个性独立、温和、谨慎、保守、内向，头脑聪明，思考理性，有逻辑。在工作上，表现出优异的科学能力，能提出新的想法和策略。喜欢从事理化、生物、医药、程序设计等需要动脑的研究工作，较不喜欢领导、竞争等需要企业能力的工作。
性格特征	重视方法　分析　独立　温和　谨慎　智慧 精细　好奇　批判　内向　理性　保守

（续表）

I（研究型）	
工作环境	研究型的工作场合通常需要运用复杂抽象的思考能力。在这些工作环境里的人常常采用数学或科学的知识来寻求问题的解决。例如：计算机程序设计师、医生、数学家、生物学家等。在大型企业里，研究发展部门也属于这类工作场所。这类环境不太需要处理复杂的人际关系，大多数情况下，必须独立解决工作上的问题。
A（艺术型）	
兴趣特点	艺术型的人喜欢自由自在、富有创意的工作环境。他们喜欢借助文字、声音、动作或色彩来表达内心的想法和对美的感受。个性热情、冲动，有丰富的想象力和创造力。在工作上，乐于独立思考、创作，不喜欢受人支配。他们对美的事物有着敏锐的直觉，喜欢从事音乐、文学、戏剧、舞蹈、美术等艺术气息浓厚的工作，较不喜欢从事文书处理等方面的传统性工作。
性格特征	崇尚理想　不从众　有创意　复杂　无条理　富幻想 善于表达　直觉强　情绪化　不实际　独立　冲动
工作环境	艺术型的工作场合非常鼓励创意以及个人的表现能力。这一类型的环境提供了开发新产品与创造性解答的自由空间。例如：艺术家、音乐家、自由文字工作者等。这些人可以无拘无束地进行创作，没有上下班时间的束缚，来去自如。这类工作环境鼓励感性与情绪的充分表达，不要求逻辑形式；经常使用到的工具也是为了传达内心的情绪或创意，如琴棋书画等。
S（社会型）	
兴趣特点	社会型的人喜欢从事与人接触的活动。他们个性温暖、友善，乐于助人，容易与人相处。对人慷慨、仁慈，喜欢倾听和关心别人，能够敏锐地察觉别人的感受。在团体中，乐于与人合作，有责任感，喜欢和大家一起完成工作，不爱竞争。他们关心人胜于关心与物接触，喜欢从事教师、辅导、护理、宗教等与帮助他人有关的工作，较不喜欢从事需要技术、体力等机械操作方面的工作。
性格特征	令人信服　社会化　助人　敏锐　善解人意　能同理 宽宏　温暖　仁慈　友善　有责任心　合作
工作环境	社会型的工作场合鼓励人和人之间的和谐相待、互相帮助、和睦相处。工作场所中充满了有教无类的经验指导与交流、心理的沟通、灵性的扶持等。例如：各级学校的教师、婚姻咨询师、咨询心理学家、牧师、精神科医生等。社会型的工作氛围强调人类的核心价值，如理想、仁慈、友善和慷慨等。
E（企业型）	
兴趣特点	企业型的人喜爱冒险、竞争，通常精力充沛、生活紧凑，个性积极、有冲劲。他们的社交能力强，是沟通协调的高手。在工作上表现出强烈的野心，希望拥有权力、受人注意并成为团体中的领导者。做事有组织、有计划，喜欢立刻采取行动，领导人们达成工作目标、赚取利益。喜欢销售、管理、法律、政治方面的活动，不喜欢花太多时间做科学研究。

（续表）

E（企业型）	
性格特征	精力充沛　冒险　武断　外向　善于表达　野心 引人注意　冲动　自信　乐观　社交　热情
工作环境	企业型的工作场合需要工作者经常管理与鼓舞其他的人，力图达成组织或个人的目标。工作场所中充满了权力、金融或经济的议题，甚至为了达成预期的绩效，不惜冒点风险。例如：企业经营、保险业务、政治活动、证券市场、公关部门、营销部门、房地产销售等。企业型的工作氛围重视升迁、绩效、权力、说服力与推销能力；非常强调自信、社交手腕与当机立断。
C（传统型）	
兴趣特点	传统型的人个性保守谨慎，注重细节，有责任感。做事按部就班、精打细算、清清楚楚。他们喜欢安定，奉公守法，不喜欢改变、创新和冒险。在工作上，表现出有秩序、做事仔细、有效率、尽本分、值得信赖。他们喜欢在别人的领导下工作，乐于配合和服从。喜欢从事会计、秘书、银行文员等数字计算和文书数据处理方面的工作，较不喜欢从事艺术活动。
性格特征	缺乏弹性　守本分　顺从　抑制　节俭　保守 缺乏想象力　有良知　有条理　谨慎　有恒心　有责任感
工作环境	传统型的工作场合注重组织与规划。大多数传统型的工作场所包括了办公室的基本工作，如档案管理、数据记录、进度管控等；此外，也需要运用到数字与人事行政的能力，典型部门包括秘书处、人事部门、会计部门、总务部门等。

职业索引

——职业兴趣代号与相应的职业对照表

下面，介绍与你排在前三位的职业兴趣类型一致的职业表，对照方法如下：首先，根据你的职业兴趣代号排列顺序，在下表中找出相应的职业。例如，你排在前三位的职业兴趣代号是R、I、A，那么RIA（牙科技术员、陶工等）就是适合你兴趣的职业；然后，寻找与你的职业兴趣代号相近的职业，比如你的职业兴趣代号是RIA，那么，其他由这三个字母组合成的编号（RAI、IRA、IAR、ARI、AIR）对应的职业，也比较适合你的兴趣。

请注意，由于本部分的内容源自测验的美国版本，鉴于中西方在文化背景方面的差异较大，以下结果仅供参考。

RIA：牙科技术员、陶工、建筑设计员、模型工、细木工、制作链条人员。

RIS：厨师、林务员、跳水员、潜水员、染色员、电器修理、眼镜制作、电工、装玻璃工人、纺织机器装配工、服务员、发电厂工人、焊接工。

RIE：建筑和桥梁工程、环境工程、航空工程、公路工程、电力工程、信号工程、电话工程、一般机械工程、自动工程、矿业工程、海洋工程、交通工程技术人员、制图员、管工、家政经营人员、计量员、农民、农场工人、农业机械操作、清洁工、工具仓库管理员、无线电修理、汽车修理、手表修理、线路装配工。

RIC：船上工作人员、接待员、杂志保管员、牙医助手、制帽工、磨坊工、石匠、机器制造、机车（火车头）制造、农业机器装配、汽车装配工、缝纫机装配工、钟表装配和检验、电动器具装配、鞋匠、锁匠、货物检验员、电梯机修工、托儿所所长、钢琴调音员、装配工、印刷工、建筑钢铁工作、卡车司机。

RAI：手工雕刻、玻璃雕刻、制作模型人员、家具木工、制作皮革品、手工绣花、图画雕刻、手工钩针纺织、排字工作、印刷工作、装订工。

RSE：消防员、交通巡警、警察、门卫、理发师、房间清洁工、屠夫、锻造工、开凿工人、管道安装工、出租汽车驾驶员、货物搬运工、送报员、勘探员、娱乐场所的服务员、起卸机操作工、灭害虫者、电梯操作工、厨房助手。

RSI：纺织工、编织工、农业学校教师、职业课程教师（诸如艺术、商业、技术、工艺课程）。

REC：抄水表员、保姆、实验室动物饲养员、动物管理员。

REI：轮船船长、航海领航员、大副、试管实验员。

RES：旅馆服务员、家畜饲养员、渔民、渔网修补工、水手长、收割机操作工、搬运行李工人、公园服务员、救生员、登山导游、火车工程技术员、建筑工作、铺轨工人。

RCI：农业工程技师、化学工程技师、民用工程技师、石油工程技师、资料室管理员、矿工、建筑工、探矿工、煅烧工、烧窑工、保养工、磨床工、取样工、样品检验员、纺纱工、炮手、漂洗工、电焊工、锯木工、刨床工、制帽工、手工缝纫工、油漆工、染色工、按摩工、木匠、农民、电影放映员、测量员、勘测员、仪表操作员。

RCS：公共汽车驾驶员、一等水手、游泳池服务员、裁缝、石匠、烟囱修建工、混凝土工、电话修理工、爆炸手、邮递员、建筑工、矿工、裱糊工人、纺纱工。

RCE：打井工、吊车驾驶员、农场工人、邮件分类员、铲车司机、拖拉机司机。

IAS：普通经济学者、农场经济学者、财政经济学者、国际贸易经济学者、实验心理学者、工程心理学者、心理学者、哲学研究者、内科医生、数学研究者。

IAR：人类学者、天文学者、化学研究者、物理研究者、医学病理学者、动物标本剥制者、化石修复者、艺术品管理者。

ISE：营养学研究者、饮食顾问、火灾检查员、邮政服务检查员。

ISC：侦察员、电视播音室修理员、电视修理服务员、验尸室人员、编目录者、调查研究者、医学实验定技师。

ISR：水生生物学者、昆虫学者、微生物学者、配镜师、矫正视力者、牙科医生、骨科医生、细菌学研究者。

ISA：目标学者、实验心理学者、普通心理学者、发展心理学者、教育心理学者、社会心理学者、临床心理学者、皮肤病学者、精神病学者、妇产科医生、眼科医生、五官科医生、医学实验室技术专家、民航医务人员、护士。

IES：细菌学家、生理学家、化学专家、地质专家、地理物理学专家、纺织技术专家、医院药剂师、工业药剂师、药房营业员。

IEC：档案保管员、保险统计员。

ICR：质量检验技术员、地质学技师、工程师、法官、图书馆技术辅导员、计算机操作员、医院听诊员、家禽检查员。

IRA：地理学家、地质学家、声学物理学家、矿物学家、古生物学家、石油学家、地震学家、声学物理学家、原子和分子物理学家、电学和磁学物理学家、气象学家、设计审核员、人口统计学家、数学统计学家、外科医生、城市规划家、气象员。

IRS：流体物理学家、物理海洋学家、等离子体物理学家、农业科学家、动物学家、食品科学家、园艺学家、植物学家、细菌学家、解剖学家、动物病理学家、作物病理学家、药物学家、生物化学家、生物物理学家、分子生物学家、细胞生物学家、临床化学家、遗传学家、质量控制工程师、地理学家、兽医、放射性治疗技师。

IRE：化验员、化学工程师、纺织工程师、食品技师、渔业技术专家、材料和测试工程师、电气工程师、土木工程师、航空工程师、地质工程师、陶瓷工程师、原子核工程师、电力工程师、冶金专家、口腔科医生、牙科医生、行政官员。

IRC：飞机领航员、飞行员、物理实验室技师、文献检查员、生物技师、动植物技术专家、农业技术专家、照相机修理、工具设计者、工程技术员、纺织品检验员、仪器维修工、编计算程序者、工商业规划者、矿藏安全检查员、油管检查员。

CRI：簿记员、会计、计时员、铸造机操作工、打字员、按键操作工、复印机操作工。

CRS：仓库保管员、档案管理员、缝纫工、讲述员、收款人。

CRE：实验室技工、广告管理员、自动打字机操作工、电动机装配工、缝纫机操作工。

CIS：记账员、顾客服务员、报刊发行员、土地测量员、保险公司职员、会计师、估价员、邮政检查员、外贸检查员。

CIE：打字员、统计员、支票记录员、订货员、校对员、办公室工作人员。

CIR：校对员、工程职员、海底电报员、检修计划员、发报员。

CSE：接待员、通讯员、电话接线员、卖票员、旅馆服务员、私人职员、商学教师。

CSR：运货代理商、铁路职员、交通检查员、办公室通信员、簿记员、出纳员、银行财务员。

CSA：秘书、图书管理员、办公室办事员。

CER：邮递员、数据处理员、办公室办事员。

CEI：推销员、经济分析家。

CES：银行会计、记账员、法人秘书、速记员、法院报告人。

ECI：银行行长、审计员、信用管理员、地产管理员、商业管理员。

ECS：信用办事员、保险人员、各类进货员、海关服务经理、售货员、采购、会计。

ERI：建筑物管理员、工业工程师、农场管理员、护士长、农业经营管理人员。

ERS：仓库管理员、房屋管理员、货栈监督管理员。

ERC：邮政局长、渔船船长、机械操作领班、木工领班、瓦工领班、驾驶员领班。

EIR：科学、技术和有关周期出版物的管理员。

EIC：专利代理人、鉴定人、运输服务检查员、安全检查员、废品收购人员。

EIS：警官、侦察员、交通检验员、安全咨询员、合同管理者、商人。

EAS：法官、律师、公证人。

EAR：展览室管理员、舞台管理员、播音员、驯兽员。

ESC：理发师、裁判员、政府行政管理员、财政管理员、工程管理员、职业病防治、售货员、商业经理、办公室主任、人事负责人、调度员。

ESR：家具售货员、书店售货员、公共汽车驾驶员、日用品售货员、护士长、自然科学和工程的行政领导。

ESI：博物馆管理员、图书馆管理员、古迹管理员、饮食业经理、地区安全服务管理员、技术服务咨询员、超级市场管理员、零售商品店店员、批发商、出租汽车服务站调度。

ESA：博物馆馆长、报刊管理员、音乐器材售货员、导游、（轮船或班机上的）事务长、空姐、船员、法官、律师。

ASE：戏剧导演、舞蹈教师、广告撰稿人、报刊专栏作者、记者、演员、英语翻译。

ASI：音乐教师、乐器教师、美术教师、管弦乐指挥、合唱队指挥、歌星、演奏家、哲学家、作家、广告经理、时装模特。

AER：新闻摄影师、电视摄影师、艺术指导、录音指导、丑角演员、魔术师、木偶戏演员。

AEI：音乐指挥、舞台指导、电影导演。

AES：流行歌手、舞蹈演员、电影导演、节目主持人、舞蹈教师、喜剧演员、模特。

AIS：画家、剧作家、编辑、评论家、时装艺术大师、新闻摄影师、演员、文学作者。

AIE：花匠、皮衣设计师、工业产品设计师、剪影艺术家、复制雕刻品大师。

AIR：建筑师、画家、摄影师、绘图员、环境美化工、雕刻家、包装设计师、陶器设计师、绣花工、漫画工。

SEC：社会活动家、退伍军人服务官员、工商会事务代表、教育咨询者、宿舍管理员、旅馆经理、饮食服务管理员。

SER：体育教练、游泳指导。

SEI：大学校长、学院院长、医院行政管理员、历史学家、家政经济学家、职业学校教师、资料员。

SEA：娱乐活动管理员、国外服务办事员、社会服务助理、一般咨询者、宗教教育工作者。

SCE：部长助理、福利机构职员、生产协调人、环境卫生管理人员、戏院经理、餐馆经理、售票员。

SRI：外科医师助手、医院服务员。

SRE：体育教师、职业病治疗者、体育教练、专业运动员、房管员、儿童家庭教师、警察、引座员、传达员、保姆。

SRC：护理员、护理助理、医院勤杂工、理发师、学校儿童服务人员。

SIA：社会学家、心理咨询者、学校心理学家、政治科学家、大学农业教师、大学法律教师、大学工程和建筑课程的教师、大学教育学教师、大学或学院的系主任、研究生助教、大学数学/医学/物理/社会科学和生命科学的教师、成人教育教师。

SIE：营养学家、饮食学家、海关检查员、安全检查员、税务稽查员、校长。

SIC：描图员、兽医助手、诊所助理、体检检查员、监督缓刑犯的工作者、娱乐指导者、咨询人员、社会科学教师。

SIR：理疗员、救护队工作人员、手足病医生、职业病治疗助手。

SAC：理发师、指甲修剪师、包装艺术家、美容师、整容专家、发型设计师。

SAI：听觉病治疗者、演讲矫正者。

SAE：学前教师、幼儿园教师、小学教师、中学教师、师范学院教师、智力障碍人的教师、盲人的教师、聋哑人的教师、图书馆管理员、学校护士、牙科助理、飞行指导员。

补充说明：

1. 美国心理学家、职业指导专家霍兰德在 1971 年首先发表了霍兰德职业兴趣理论。他认为，在现代社会中，不同的行业和职业的数量有成百上千种，往往很难在数以千计的职业中，来确定哪种职业最适合自己。因此一个比较可行的方法，是首先将众多庞杂的职业归为数量有限、划分合理的职业群，然后从这几个职业群中去发现自己最感兴趣的职业群，并从中寻找比较适合自己的职业领域。

霍兰德的职业兴趣理论，其核心假设是：人可以分为六大类，即现实型（R）、研究型（I）、艺术型（A）、社会型（S）、企业型（E）、传统型（C），职业环境也可以分成相应的同样名称的六大类，当我们就业择业的时候，我们的人格与职业环境的匹配是形成职业满意度、成就感的基础。

2. 霍兰德所划分的六大类型，并非是一字排开、有着明晰边界的。他以六边形标示出六大类型的关系，如下图所示：

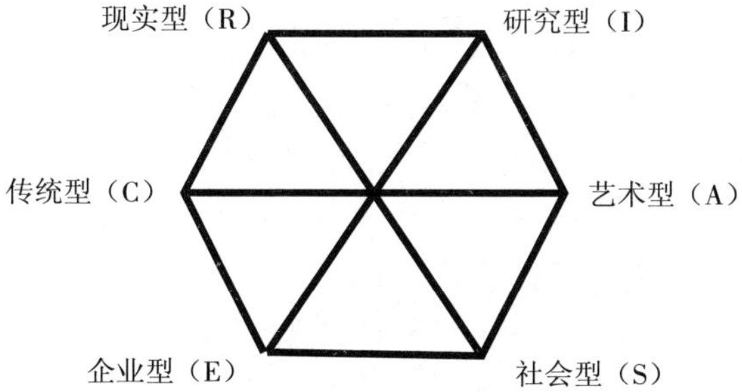

图中可以看出：每种类型与其他类型之间存在着不同程度的关系，大致可描述为三类。

（1）相邻关系：R-I、I-A、A-S、S-E、E-C、C-R。属于这种关系的两种类型的个体之间共同点较多，比如，现实型（R）和研究型（I）的人就都不太偏好人际交往，这两种职业环境中也都较少有机会与人接触。

（2）相隔关系：R-A、R-E、I-C、I-S、A-R、A-E、S-I、S-C、E-A、E-R、C-I 及 C-S。属于这种关系的两种类型个体之间共同点较相邻关系的少。

（3）相对关系，在六边形上处于对角位置的类型之间即为相对关系：R-S、

I-E、A-C、S-R、E-I及C-A。相对关系的人格类型共同点少，因此，一个人同时对处于相对关系的两种职业环境都兴趣很浓的情况较为少见。

人们通常倾向于选择与自我兴趣类型匹配的职业环境，比如具有现实型兴趣的人希望在现实型的职业环境中工作，可以最好地发挥个人的潜能。但在职业选择中，我们并非一定要选择与自己兴趣完全对应的职业环境。

一是因为我们大多数人都是多种兴趣类型的综合体，单一类型显著突出的情况不多，因此评价一个人的兴趣类型时，也时常以其在六大类型中得分居前三位的类型组合而成，组合时根据分数的高低依次排列字母，构成其兴趣组型，如RCA、AIS等。

二是因为影响职业选择的因素是多方面的，不能完全依据兴趣类型，还要参照社会的职业需求以及获得职业的现实可能性。

因此，职业选择时会不断妥协，转而寻求相邻的职业环境，甚至相隔的职业环境，在这种环境中，我们需要逐渐适应工作环境，但如果我们寻找的是相对的职业环境，意味着所进入的是与自我兴趣完全相左的职业环境，则可能难以适应，或者难以做到乐业。

3. 本量表呈现的是各种职业人格得分的高低排列，主要看得分前三位的职业人格特征，因为这基本代表了你所拥有的主要人格特征。前三种职业人格相对应的典型职业可以作为你求职的参考。拥有这样的职业人格特征说明你在这些职业中拥有优势，比较容易成功和获得满意感，并不是说明你在其他职业上不容易成功。

4. 此量表并不是对每个人都绝对准确，故仅作为参考。如果你的艺术型与现实型和传统型的得分较接近（相差少于8分），则说明本测验不太适合你，建议另做一套职业倾向测验，综合参考。

5. 得分最高的职业类型意味着最适合你的职业。比方说，你在研究型上得分最高，说明你适合做自然科学方面的研究工作，如气象研究、生物学研究、天文学研究等，或科学杂志编辑，其余类推。

如果最适合你的职业类型和你心目中的理想工作之间不太一致，或者在各种类型的职业上，你的能力和兴趣不相匹配，那么请你参照第七部分——你的职业价值观来作出最佳选择。

比如，在兴趣方面，你在研究型上的得分最高；但在能力方面，你在艺术型上的得分最高，那么就请参考你最看重的因素来作出选择。假如你最看重的是“能充分发挥自己的能力特长”或“工作环境舒适”，那么艺术型的工作最适合你；假如你最看重的是“能从事自己感兴趣的工作”或“工作稳定有保障”，那么研究型的工作最适合你。

6. 测评过程中应按照你的第一感觉进行答题，不要过多地思考。依照你在现实生活中的实际想法和做法如实回答，才能让你的测评结果更加准确。

7. 报告结果没有好坏之分，只有适合与不适合。另外，迄今为止，尚没有哪一种理论能够完全地描述一个人。本测评同样也不能对你进行全面的描述。

二、生涯规划的具体步骤

（一）自我评估

首先要弄清楚自己的优势，做生涯规划的第一步就是要进行一个尽可能全面的自我分析，弄清楚自己擅长什么、不擅长什么，在哪些方面能力比较突出，哪些方面能力差强人意。自我分析的目的是深入了解自身，根据过去的经验和积累，推断、选择未来可能的发展方向和机会，从而清楚地得出“我能干什么”的答案。此外，进行自我分析的一个重点，就是要找准自己的特点，并将这种与他人的不同进行“附值”处理，让其能够成为你的“招牌”，让自己的才华更好地为人所认识。但对自己的认识和分析一定要全面、客观、深刻，绝不回避缺点和短处。

其次要找到自己的不足，认真分析自身性格的缺憾。卡耐基说：“人性的弱点并不可怕，关键要有正确的认识，认真对待，尽量寻找弥补、克服的方法，使自我趋于完善。”每个人都有弱点，这种弱点会影响到我们的发展，以至于我们无法回避。但这些弱点我们是有可能加以克服的。其对我们每个人的影响都是可以最小化的，所以我们务必要安下心来，多跟父母、朋友、同学、老师交流，从中观察自己的不足进而完善自己。这些人就好比一面镜子，让你看到自己的样子。

作为教师，我们帮助学生认识自己、对自己进行全面的分析的方法大致有：

1. 通过进行一些自我感悟的小活动，来帮助学生了解自己，认识自己，如直觉的我、内心独白等小活动；

2. 通过亲朋好友的描述与自己自身的对照，完成自我反省，如照镜子活动等；

3. 接受标准化的心理测验，通过专业的测验结果客观地了解自己，如各种能力测验，气质测验，兴趣测验等。

（二）外部环境分析

社会在变革，作为高中生应该善于把握社会发展的主流，这就需要对社会环境进行分析，例如当前政治、经济、文化的发展趋势，国家社会职业门类的划分、布局以及需求情况，自己所选择的职业在目前与未来社会中的地位情况，所学专业在社会上的需求形势，自己所选择的单位所处的行业的未来发展趋势及其组织文化建设如何等。对这些社会发展大趋势问题的正确认识，有助于把握社会需求，找到自己与社会的融合点，进而使自己的职业选择与时俱进。

（三）目标确定

在全面了解了学生们的潜能之后，我们就该帮助他们将潜能、职业目标和主客观条件进行最佳的匹配了，也就是我们常说的职业选择。职业选择正确与否将直接关系到人生事业的成败，因此，一定要考虑到个人主观条件与职业的匹配如何。

与个人生涯规划相关的个人客观条件主要包括：自己的兴趣、爱好、性格、能力、气质等。职业定位过程中要考虑自身气质与职业的匹配、性格与职业的匹配、特长与职业的匹配、专业与职业的匹配等。

世界上的职业可以说有千万种，看似千头万绪，杂乱无章，但心理学家已通过多年的研究，发现了将这些职业归类的方法，比如有些职业要求从业者喜欢与人打交道，像企业中的公关人员，而如果一个公关人员偏喜欢整天在家做学问，那他很有可能做不好这个职业；有些职业要求从业者喜欢钻研思考，像科研人员；有些职业要求从业者喜欢感性创造，如画家等。那么，我们可以把职业活动兴趣分成以下九个方面，老师们可以通过这几个方面来帮助学生进行人职匹配。

1. 喜欢使用工具：喜欢运用技能、操作方法和工具、机器打交道。典型职业有机械师、电脑组装与维护人员等。

2. 喜欢感性创造：喜欢想象，并加以具体化地制作或创造某种东西，具有创造力。典型职业有画家、作家、建筑师等。

3. 喜欢表现自己：喜欢引人注目，展示自己的特长。典型职业有演员、模特、主持人等。

4. 喜欢控制与影响：喜欢管理或经营活动，对事件或他人形成影响。典型职业有企业顾问、销售人员等。

5. 喜欢帮助别人：喜欢帮助他人，为他人提供支持。典型职业有护士、教师等。

6. 喜欢计划与细节：喜欢有计划和规则，希望遵照既定的安排完成工作任务，关注细节或数据。典型职业有会计、审计师等。

7. 喜欢挑战冒险：喜欢接受有挑战性、有风险的活动，典型职业有警察、登山运动员等。

8. 喜欢与人打交道：喜欢与人沟通、与人接触的活动。如公关人员，人事主管等。

9. 喜欢钻研思考：喜欢运用分析与推理，花工夫进行思考和深度研究。典型职业有哲学家、投资分析家等。

（四）实施策略

生涯规划主要是通过生涯各个阶段的目标实现得以实施的。制订一个长远的规划是有必要的，但是仅仅是一个长远的规划又显得不太实际，因为社会发展的速度远远超出了我们的想象。所以把理想目标分解成若干个可以操作的小目标，灵活规划自我是可行的，并且是值得提倡的。

另外，需要强调的是，制订生涯规划的时候，高中生还要注意以规划中出现的问题为参照，不断对自我进行修正和调整（这是一个反馈的过程），进而把生涯规划与完善自我完美地结合起来。具体来说，这个过程要注意以下几个方面。

1. 做到勤学善思。在校期间，要针对自身缺点和不足，确定具体的学习方案和实施计划，并尽全力将其落到实处。

2. 要加强实践体验。主动参加各类学生活动，如暑期社会实践活动、志愿活动、勤工俭学活动等，接触不同类型的人群，全身心、有针对性地锻炼自己能力欠缺的方面。

3. 要善于从他人那里获得帮助。老师、同学、朋友、亲戚、家长都可以成为你的支持资源。

认真总结他人对自己的评价，吸收他人的经验和教训，深思他人对自己未来选择和道路发展的意见和建议都是我们在制订生涯规划时应予以考虑的。

（五）反馈评估

要使生涯规划行之有效，就要根据人生的发展阶段和环境的发展变化不断地对生涯规划进行评估与修订。修订的内容包括：职业的重新选择；职业生涯路线的选择；人生目标的修正；实施措施与计划的变更等。通过评估和修订，我们能使生涯规划更符合自身发展和社会发展的需要。生涯规划的评估与反馈过程是个人对自己和社会不断认识的过程，是使生涯规划最为有效的手段。

三、生涯规划文案具体内容

（一）标题

标题部分包括姓名、起止时期、规划年限和年龄跨度等。规划年限可以是一个季度、一年或者一个学年、三年、五年，甚至更长，视个人需要而定。

（二）方向和目标

发展方向和目标有所不同，职业方向是为了达到职业目标而选择的一种路径，而目标是自己拟定的期望达到的一个理想。

（三）个人分析结果

个人分析包括对自己的兴趣、性格、专业技能和价值观等方面的分析，同时也要考虑可能对自己的生涯发展有重要影响的一些人的建议和家庭情况等。

（四）环境分析结果

环境分析指对社会政治、经济、文化和职业、行业环境等所有外部社会环境的分析。

（五）目标分解与组合

分析确定、实现目标的主要影响因素，通过目标分解和目标组合的方法作出果断明确的目标选择。目标分解是根据观念、知识、能力、心理素质等方面的差距，将职业生涯中的远大目标分解为有一定时间规定的阶段性分目标；目标组合是将若干阶段性目标按照内在的相互关系结合起来，形成更为有利的可操作目标。

（六）实施方案

首先找出自身观念、知识、能力、心理素质等方面与实现目标要求之间的差距，然后制订具体方案逐步缩小差距以实现各阶段目标。

（七）修订和调整方案

设定衡量此规划是否成功的标准以及应对措施，如在实施过程中，无法达到制订的目标或要求时，应当如何修正和调整。

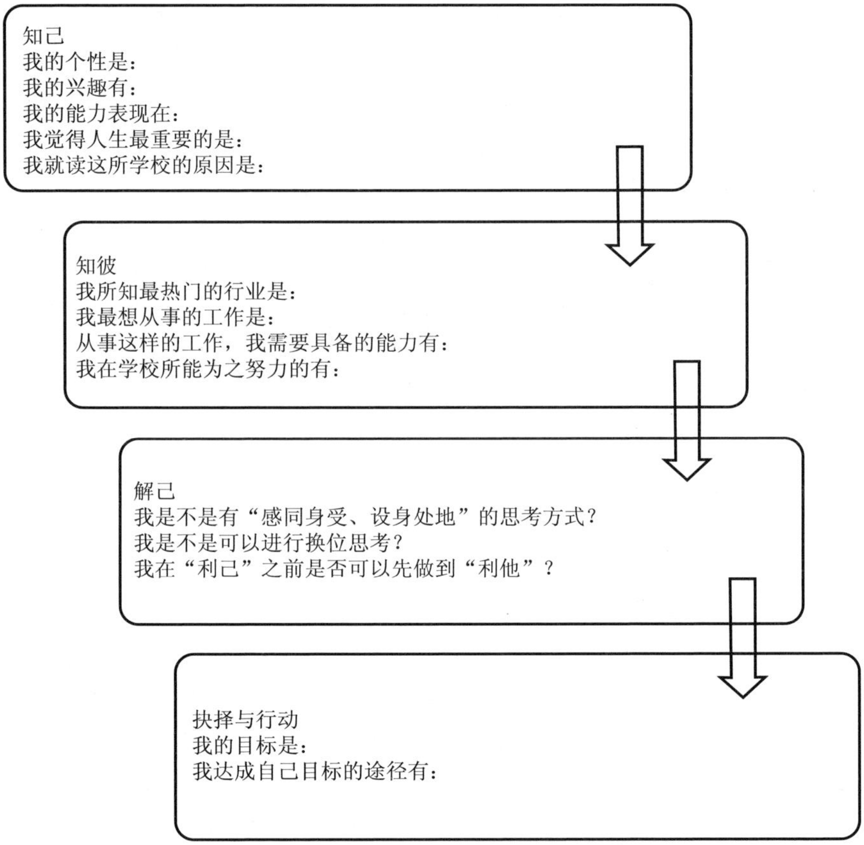

图 1-5　生涯规划流程图

根据上述分析，可以要求学生写出自己简要的生涯规划书，在完成之后与其他同学交流，以便进一步完善。

最后请学生拿出自己的生涯规划，征求一下身边人的意见，鼓励学生大胆地问问家长、老师和同学，看看这些了解他的人会怎么说。

表 1-4　征求意见表

爸爸说：
妈妈说：
老师说：
同学说：
自己说：

第四节　高中生生涯规划的必要性

国家的发展有发展计划，一个人的成长也需要有生涯规划。但不同的人其人生目标是不一样的，生存方式也是不一样的。在这个信息爆炸、让人无所适从的时代，中学生该怎样规划自己的人生，是一个需要冷静思考并用实践作出回答的严肃问题。西方有句谚语："如果你不知道要到哪儿去，那通常你哪儿也去不了。"当我们对未来感到迷茫时，应该驻足，澄清思想，把自己当做一个公司来经营。看看自己有什么样的优势、资源，未来的发展方向在哪里，然后分析市场的发展趋势，考虑应该怎样和它匹配，最后制订策略采取行动。规划好后，该如何行动呢？詹姆斯在接受一次采访时指出："用20%的时间处理眼前的紧要事情；而把80%的时间留给未来，去做那些暂时没有收益但以后会有的重要事情。"因此，我们要在平时注意培养实现目标所需要的素质和能力。

一、高中生生涯规划的必要性

（一）高中生自我定位的需要

在这三年里，我们应该努力把握自我，从思考中确立自我，在挑战中超越自我，明确奋斗方向，奠定事业基础。古人云："凡事预则立，不预则废。"高中与初中有很大的不同：1. 义务教育—非义务教育；2. 普通教育—精英教育；3. 强迫性教育—选择性教育；4. 教育依赖—自我管理、独立学习。如果没有一个目标，尤其在高中，做起事情来会一团糟。有的同学经常说："今天真无聊！"无聊是因为没有目标，不知道该做什么。

（二）有助于明确自我奋斗目标

西方有一个哲学命题：我是谁？我从哪里来？我要到哪里去？这一哲学命题会给我们的生涯规划以启示。我是谁？人要清醒地认识自己，必须排除外来的压力，比如父母的期望、师长的教诲、将来就业的压力等，要在完全放松的情形下，根据自己的爱好、特长、性情来正确地规划未来的生活。我从哪里来？这不需要从达尔文《物种起源》里寻找答案。从现实的角度来说，是要我们客观看待自己的过去，认清自己的知识水平、见识、人生经历等，给自己一个恰如其分的评价。做到这一点，就能心平气和地面对现状，不再怨天尤人，不再好高骛远。我要到哪里去？就是在真正明白自身条件和所处现状的基础上，合理地制订出自己的人生计划，并能够把长期计划和短期计划结合起来，长期计划为目标，短期计划为阶段，由此出发，一步步向目标靠近。孔夫子在总结人生成长的经验时说：三十而立，四十而不惑，五十而知天命。走过来的许多人认为这是人生不同阶段的标志，反映了一个人认知逐步成熟，也反映了人成长的一般经验，然而，面对今天的新时代、新形势，作为在校的中学生要回答“我的一生该如何度过”，并真正兑现自己的承诺，显然不是简单的问题，而是一个伴随人成长的知与行的超越过程。知，是理性认知。人生的目标、理想信念、把握方向、认清环境、明辨是非、寻求对策、确立自我，需要在理性的分析判断后作出选择；而行，则是面对现实中的问题，从认识到实践，是对待和解决问题能力的实现过程，把选择变为现实。规划和把握人生，就是知与行不断超越、循环往复向新目标前进的过程。这种超越和向新目标的攀登，是自我综合素质的一种质变。从高一开始的三年中学生活，其实也包含着这样的过程。人们常说，生活之树常青。能否把对人生的追求融于常青的生活之树中，是对人生选择是否成功的考验。人生的路应该这样规划：以崇高的境界规划，以勤奋的努力实践。这样向着光明努力奋斗，人生将会充实而美满。

（三）确保个人发展的可持续性和有效性

有人说：“垃圾是放错了地方的宝贝。”每个人都有自己天生的优势和局限。成功的生涯规划，就在于扬长避短，最大限度地发挥自己的优势。爱因斯坦在念小学和中学时，功课平常。教他希腊文和拉丁文的老师对他很厌恶，曾经公开骂他长大后肯定不成器，甚至曾想把他赶出校门。但他对数学、几何和物理方面有着浓厚的兴趣，凭借他在这些方面的优势，最终成为伟大的物理学家。还有许多在校成绩平平的同学，走向社会后却取得了惊人的成绩，这都是因为他们找到并最大限度地发挥了自己的优势。历史和现实中的例子告诉我们：只有善于经营自己长处的人，才能使自己的人生价值增值。

（四）未来成功的基础

人的一生，面临着很多选择，规划自己人生的过程也是一个作出选择的过程。而一旦作出了路线选择，重要的还在于坚持到底。很多时候，我们发现制订规划容易些，但实施起来会有一定的难度，有时甚至感到迷茫。这个时候，就需要我们学会坚持。当坚持达到一定的程度，成功就会悄悄来临。如果说规划是一座灯塔，而我们就是划船的人。一路上，我们可以欣赏两岸的风景，但同时一定要坚持不懈地努力向前划。

二、高中生生涯规划的核心理念

首先，了解自我。对自己进行深入的了解，从各层面认识自己。

其次，探索世界。认识世界，了解世界广泛与多元的可能性。

再次，整理相关资讯。对自我的了解与对世界的认识结合，对未来作出可能性评估，尝试可能的方向。

三、高中生生涯规划设计的六个步骤

（一）发现或搞清楚主要人生目标是什么

所谓主要人生目标，应该是一个学生终生所追求的固定的目标，学生生活中其他的一切事情都围绕着它而存在。对于一些学生来说，这个工作是一个自我发现的愉快的过程；但对于另一些人来说，它也许更是一个痛苦的过程。因为他们需要把其心绪拉回到年少的时代，在那个时候他们还没有对自己所怀抱的梦想产生疑惑。为了找到或找回学生的人生主要目标，可以引导学生问自己几个问题，比如，“我是谁”、“我想在我的一生中成就何种事业”、“临终之时回顾往事，一生中最让我感到满足的是什么”、“在我的日常生活中是哪一类的成功最使我产生成就感”等。

也许有的学生很快就可以知道自己的终极目标是什么，但是大多数人则不是这样的。他们在找到自己的终极目标之前往往需要在不同的场合对自己重复上面的这些或其他类似的问题。引导学生每一次向自己提出这样的问题的时候，随意地记下自己的所得。开始的时候，它们可能没有什么意义，但是，多次的累积会让学生茅塞顿开。

学习上幸福的人通常是这样的一类人，即他们的学习方式与学习目标相一致。比如，一个有着很强组织意识、文字天赋的人，就很可能从语文、英语等科目学习中得到最大满足。

（二）在清楚表达出自己的人生目标的基础上着手准备实现这个目标

在这方面，职业的选择就是学生所要着重考虑的问题。学历是一个工具，是帮助实现学生终极目标的工具。学生规划自己将来职业的重要性，就像将军筹划一场战役一样，也像一个足球教练确定一场重要比赛的作战方案一样。

引导学生问自己：“我的学习生活正在帮助我实现人生的最终目标吗？”如

果答案是否定的，那就要学习其他知识或者换种学习方式。倘若更换学校是不现实的，那学生可再进一步问一下自己："是否有一种途径可以让我现有的学习生活与我的人生基本目标一致起来？"对于第二个问题，答案常常是肯定的。例如，一个羞涩腼腆的学生为了将来能从事像新闻主播这样需要外向性格的职业，会在与同学的交往中注意培养自己与人沟通的能力。

我们也该切记：只要还没有到安享晚年的地步，任何时候开始生涯规划都不晚。无论学生是高一刚入校，还是高三即将结束高中生活，都是进行生涯规划的好时机。

（三）在明确学习将会帮助自己实现人生更大目标的基础上着手考虑学习生涯规划的具体细节

学生需要有一个详细的个人学业发展计划。这个计划可以是一个三年的计划，也可以是一学期的计划。不管是属于何种时间范围的计划，它至少应该能够回答如下问题：1. 我要在未来一学期或三年内实现什么样的个人学习的具体目标？2. 我要在未来一学期或三年内有什么样的学习方式？

对于这些问题的回答将给学生提供一份有关学生自己的短期目标的清单。在形成这些目标的过程中，不要纯粹地依靠逻辑思维。这一类的抉择，需要发挥学生的创造力，应该把学生的情绪、价值和信仰等因素全部调动起来。

（四）在形成了具体的短期目标之后策划如何去达成它们

比如，学生现在是一个班级学习中等的学生，学生的未来三年规划要求学生成为一个优秀学生。那么，怎么才有可能实现学生的目标呢？如果学生能够回答好如下的各项问题，那么就会知道自己该怎样做了。这些问题是：1. 我需要哪些科目的特别训练才能使我够资格做一名优秀学生？2. 我该增加哪些书本知识？3. 为使自己学习顺利，我需要排除哪些人际关系上的障碍？4. 我目前的老师在这方面能给我提供多大的帮助？5. 在目前的这个班级我最终成为优秀学生的可能性有多大？比起本班来，我在其他班级会是什么位置？6. 优秀学生的标准是什么样的？

（五）行动

这是所有步骤中最艰难的一步，因为要求学生停止梦想而切实地开始行动。我们知道良好的动机只是一个目标得以确立和开始实现的一个条件，但不是全部条件。如果动机不转换成行动，动机终归是动机，目标也只能停留在梦想阶段。要想实现人生的终极目标，有两个方面的陷阱需要谨慎避免，一个是懒惰，另一个是错误，哪怕是小的错误。懒惰是事业成功的天敌。

很多人不懈地奋斗一辈子都没有能够完美地实现自己的人生目标，更不用说懒惰者了。要想有一个无悔的人生，除了认准目标外，还要集中精力全力以赴。在实现人生终极目标的过程中，难免受到各种妨碍或各种诱惑，任何的闪失或偏差都会使学生远离既定目标。然而，人非圣贤，孰能无过？只是在通往理想的艰难跋涉途中，尽可能少犯错误，这样就可以尽可能快地达到学生的目标。

（六）不断地修改和更新人生发展目标

人生目标的确定往往是基于特定的社会环境和条件的。这样的环境和条件总在变化，确定了的目标也应该作出修改和更新，况且这样的目标虽然写出来了，但是并非板上钉钉，它的存在只是为学生的前进提供一个架构，指示一个方向。学生是它的创造者，可以在它看起来正把自己引向歧途的任何时候更改它。

高中阶段的教育有两个目的，一是升学，二是为未来职业发展作准备。而当前的教育环境过多地重视前者，只关心学生高考能不能拿高分，而对孩子适合选择什么学校什么专业和将来从事什么职业并没有足够的关注。

有关部门对近万名高考生和大学新生调查发现：有10%的高考生对自己所报考的专业“完全不了解”；有66%的在校大学生表示如果可能将改变专业。很多高分考生直到高考结束都不知道自己究竟适合什么专业，匆匆选择一个热门的、高薪的专业方向进了名校之门，然后才发现，那并不是自己想要的，从而限制了自身优势的发挥，最终只能在并不适合自己的岗位上平凡地度过一生。

表1–5　高中生个人生涯规划信息采集表

<table>
<tr><td>学校</td><td colspan="2"></td><td>班级</td><td colspan="2"></td></tr>
<tr><td>姓名</td><td></td><td>性别</td><td></td><td>年龄</td><td></td></tr>
<tr><td colspan="6">自我性格描述：</td></tr>
<tr><td colspan="6">未来发展中我的最大优势：</td></tr>
<tr><td colspan="6">未来发展中我的最大弱点：</td></tr>
<tr><td colspan="6">我曾经最崇拜的人物：</td></tr>
</table>

（续表）

我曾经最讨厌的人物：
我是怎样理解“成功”的：
自我阅读经历描述： 学前阶段： 小学阶段： 初中阶段：
自我人生目标描述： 学业目标： 职业目标： 生活目标：
今天我生命中最大的困惑是什么？
需要补充的话：

生涯规划不是一个点，而是一条线，是帮助学生树立理念，学会方法，它应当贯穿人的一生。生涯教育也并非仅仅是一门课程，它应当是学校教育必不可少的组成部分之一，是所有教师都应该承担的义务。生涯教育对教师来说，既是契机，也是非常大的挑战。教师先要制订自己的生涯规划，为学生树立良

好榜样。

首先，制订行动计划。无论学生毕业时选择走哪条路，都要详细地了解出路，制订科学的实施方案，并且坚决地执行下去。只有确定了生涯目标后，行动才能开始。如可以制订整个高中时期的行动方案；年度具体的学习、生活和实践目标与方案；月度具体的学习、生活和实践目标与方案；周计划的学习、生活和实践目标与方案；日计划的学习、生活和实践目标与方案。

其次，生涯规划评估。抓住重要的内容评估，找到新的突破点，关注最弱的地方，觉察自己的心理素质。

再次，生涯规划修正。生涯规划往往受环境和条件所制约，因此，即使是确定了生涯规划也应该进行修改和更新。修正和更新的内容主要体现在目的、内容和问题上，如自己的强项、发展机会、有待改进之处、毕业去向的重新选择、阶段性目标和生涯目标的修正以及自己的人生价值等。

总之，生涯规划是一个没有完结的漫长过程，虽然我们的高中学生会到达一个一个具体的目标，但总还在人生旅途上。人总是在学习、思考、规划和行动的，心灵空间的拓展是没有尽头的。

资料：生涯规划报告样本

1. 引言

亚里士多德曾经说过："人是一种寻找目标的动物，他生活的意义仅仅在于是否正在寻找和追求自己的目标。"目标像一座灯塔，对一个人今后的发展有着重要的意义。而生涯规划就是树立灯塔的过程。我们今后要做什么、怎么做才能实现人生的价值，需要我们对自己有一个明确的认识。生涯规划就是进行自我评估，借助于职业兴趣与性格测验，判断自己未来的发展方向，确定自己的职业选择，进行正确的职业生涯设计，然后便于制订出恰当的行动计划，认真执行，并且不断作出评估与反馈。虽然还在高中，但我们从现在开始就应该进行不断的完善和补充，渐渐使自己朝着目标发展，挖掘自身潜力，使自己能以更好的状态面对今后的挑战。

2. 自我分析

（1）生活、学习和职业兴趣

开放我	盲目我
女，17 岁，某高级中学学生 能力：创新，反省 爱好：侦探，行为心理学，睡觉 特长：观察人物，分析性格	慢吞吞的、时常欠人情、记性不太好

（续表）

隐藏我	潜在我
缺点：不够自信大方 愧疚：没有好好对待对我好的人 尴尬：不敢说不	不够乐观，没有毅力

（2）能力分析

<table>
<tr><th colspan="3">优势能力</th><th>能力缺陷</th></tr>
<tr><td rowspan="2">他人评价</td><td colspan="2">相比之下美术、音乐还可以有预见性和观察力</td><td>体育，交际，语言</td></tr>
<tr><td>表现</td><td>学乐器较快，玩身份推理游戏比较成功</td><td>体育成绩达不到良，学习语言相比之下不太轻松</td></tr>
<tr><td rowspan="2">自我评价</td><td colspan="2">空间想象能力
整理总结能力</td><td>记忆力不强，没有领导能力，不擅长大型活动中的社交</td></tr>
<tr><td>表现</td><td>写反思比较得心应手</td><td>不喜欢上台面对一大群人讲话</td></tr>
<tr><td>成因</td><td colspan="2">天生的</td><td>天生的</td></tr>
</table>

（3）个人特质分析

<table>
<tr><th colspan="2">个性优势</th><th>个性局限</th></tr>
<tr><td>他人评价</td><td>沉稳冷静
聪明伶俐</td><td>有点内向</td></tr>
<tr><td>自我评价</td><td>淡定</td><td>胆小，不乐观</td></tr>
</table>

（4）经验及习惯分析

学过画画、古筝、书法、吉他、陶艺……最长的坚持八年，最短两星期。做过小记者、交警等各类志愿者。当过语文、数学、英语、物理等科目的科代表及组织、宣传、劳动、纪律、财务委员。小时候参与了许多活动，去上海，去北京，幼儿园还参加了××节目得了一等奖，小学发表了一篇文章拿了十块钱稿费，参加过全国陶艺比赛，得了第二，这都是小学和幼儿园的事，初中以来没什么成就。小时候还喜欢探索，做点科技小制作什么的，到了初中就没时间了也没热情了。

（5）职业价值观分析

想当建筑设计师，在这方面有发展的可能，比较有兴趣，也不是太笨，能为国家作贡献，薪水也还可以。我叔叔想让我当插画师，这也可以考虑……

（6）自我小结

我应该再开朗、大方一点，把冷静用到学习上，把热情用到人际交往上。

3. 职业分析

(1) 家庭环境分析

家里是工薪阶层，没什么大起大落，生活比较有保障。父母都允许我向自己的兴趣发展（我的兴趣他们应该也还满意），家人希望我以后能养活自己，开心地生活就可以了。家庭比较民主，文化程度也不低。

(2) 学校环境分析

学校有很多社团活动，我报名侦探社，这和我未来职业发展没什么关系，纯属兴趣。在校的科目对我未来职业发展貌似也没什么直接帮助，但为了考大学没办法。

(3) 社会环境分析

中国现在正处于近两百年以来最好的历史时期。虽然社会上还有许多的体制弊端，还有许多没有解决的矛盾，但是政治上比较稳定，法制化进程已经开始，市场经济已经初步形成并步入正轨。21 世纪的中华大地充满各种人才成长发展的机遇。

建筑业是国民经济的重要物质生产部门，它与整个国家经济的发展、人民生活的改善有着密切的关系。中国政治稳定，经济持续发展，在全球经济一体化环境中扮演重要角色。中国经济发展有强劲的势头，建筑也将持续发展，基础设施需不断完善。所以需要大量建筑人才。

(4) 职业环境分析

目前国内房地产的持续强劲发展，使建筑行业又迎来了飞速前进的春天，大大推动了建筑业的发展。由于建筑设计人才短缺，高水平的建筑设计人才更是凤毛麟角，再加上行业人员的素质参差不齐，故市场人才需求空前旺盛。

(5) 职业分析小结

建筑业目前为我国四大支柱行业之一，而且个人认为，有人的地方就有房屋，有房屋的地方就会有房建。

(6) 职业发展定位

内部环境因素	外部环境因素
优势因素	机会因素
独特的设计	市场需求增长强劲，可快速扩张
弱势因素	威胁因素
资金，技术提高不容易	竞争激烈，等级晋升慢

4. 结论

我将来将从事建筑设计师职业，并努力成为一名有创造力的建筑设计师。

5. 未来生涯状态描述

希望十年后的我能有自己的工作室，设计的作品有特色且能被客户所接受，在同行中能有一席之地。希望能住在自己设计的房子里，画画图纸，生活自由。

6. 实施计划

计划名称	时间跨度	目标内容	内外困难	达成策略与行为管理措施
长期计划	十年	成为受客户喜爱的建筑设计师，年薪可以慢慢增长	低调过度，缺乏毅力；理科知识不够，缺乏此方面的艺术基础	加强文化艺术学习，参观交流；多结交志同道合的朋友
中期计划	三年	国内，同济大学	高考竞争激烈	每一阶段都要作好反思与调整
年度计划	一年	班级前十	学习方法上还存在问题	多向优秀的同学学习，坚持不懈
近期计划	一学期	班级前十六	缺少韧性与信心	监督自己按时保质保量地完成计划，及时反思与调整

结语：

梦想虽然暂时遥远，但只要执著地追求就一定可以实现。高中的学习不是人生的全部，但唯有把学习上的困难克服，才能更有把握地去面对人生。十年之后不管怎样，回想起来最美的还是这段奋斗的时光……

【问题与思考】

1. 什么是生涯规划？
2. 生涯发展中有哪些不同的角色？
3. 生涯规划的具体步骤是什么？
4. 高中生为什么要制订生涯规划？
5. 如何指导学生制订生涯规划？

第二章　我是高中生

——高一生涯规划的设计与实施

【本章提要】

高一年级是高中三年生活的基础和开端，是高中生活非常重要的一年，这一年，学生的身心都将发生很大的变化，是学生从初中时期的少年期向高中的青年期的过渡，他们将从依赖到独立，思想开始走向理性成熟，但是由于环境的改变、学习要求的提高和青春期的发育，使许多学生感到不适应，因而会出现许多特殊的心理特点和心理问题。因此，如何让学生在入学之初，就能感受到高中生活的愉悦和充实，感受到身心成长的快乐，是一个十分重要的问题，学校、老师、家长要高度重视。

适应环境、老师、同学及学习任务的变化，转变角色，正确定位，是高一新生开始高中生活的第一步；另外，不断探索自己，认识自己的兴趣、能力，逐渐形成正确的价值观；不断了解学校的历史、学校的课程、学校的各种社团都是十分必要的；最后，制订好自己三年的生涯规划，了解学校、年级和班级的目标并积极努力，奋发向上，树立远大理想……这些都是高一生活中重要的内容，它将关系到高中三年学生身心健康成长和今后事业的发展。

【学习重点】

1. 掌握高一阶段学生生涯规划的心理设计依据、注意事项。
2. 了解高一阶段学生如何尽快融入集体、了解学校。
3. 知道高一阶段学生怎样做好高中生涯规划。

第一节　融入集体

高一学生的身心特点大致有如下几点。

1. 新环境、新集体引起的新鲜感与怀旧感的冲突

来到新的校园，看到的不再是自己熟悉的环境，新鲜的事物冲击着兴奋的大脑，刺激着好奇的心灵，在感到新鲜好奇的同时会感到紧张不安。同时，由于缺乏与人交往的经验，面对新老师、新同学时，他们会感到渴望与人交往的开放性与自身内心封闭性的矛盾。所以，有的学生会焦虑、不安，于是他们会怀念母校，思念亲人，想念昔日的同学，甚至心情忧郁，精神不振，尤其是那些感觉不

好的环境就会使他们产生一种强烈的怀旧感。特别是进入高中后，不少学生开始住校。不少家庭条件好的学生，在家吃得好，住的是单人间，但是到了学校后，都是集体住宿，刚开始可能感觉很不习惯，觉得没有私人空间，也会出现一些同同伴交往问题。

2. 期望值与现实的落差较大

很多同学在初中可能都是班里的顶尖人物，学校里的佼佼者，被同学尊重，被教师捧着，享受的待遇优越，而且被亲朋好友视为聪明者，因此自己内心也有一种很强的优越感与高智感。但进入高中，尤其是重点高中后，情况发生了变化，面临的是如林“高手”的激烈竞争，“尖子”可能不“尖”了，原来是班级或校学生干部的，可能变成了“庶民”。面对角色的转变，不同的学生有着不同的心态，素质较好的学生会以自己不懈的努力来找到属于自己的适当位置，或许会从“庶民”再次成为“尖子”；但相当一部分高中学生开始失望，潜在的自卑感油然而生，开始怀疑自己，失去自信而产生失落和自卑感，甚至从此一蹶不振。

3. 自我松懈与现实压力的冲突

从初中到高中，学习要求的提高，学习内容、形式、方法的改变都会引起学生的心理变化。很多学生觉得好不容易熬过了紧张的初三，就想着高一可以不用太辛苦了，甚至有人觉得能够进入高中特别是重点中学就等于踏入大学的门，由此放松了自己，结果成绩马上就掉下来了。但高中阶段的学习与初中有很大不同，首先，与初中课程相比，高中课程以理性为主，相对初中课程以感性为主来说难度加深了。同时，学习的形式也由“搀扶式”变为“牵引式”，学生的角色由被动转为主动，更强调的是课前的预习，课内的思考，课后的复习巩固。而刚升入高中的新生没有意识到这些变化，仍沿用初中的学习方法，因而学习上显得被动，出现很多科目上课听不懂的现象，于是就表现出担忧、焦虑，甚至恐慌。而这时看到别人都在埋头苦学，自己一颗放松的心既放松不起来也集中不起来，玩得不痛快，学得不踏实；同时也在内心谴责自己没有好好学习，觉得对不起自己辛苦的父母，于是便有一种负罪感。

4. 青春期引起的心理变化

（1）中学生正处于青春发育期，他们更加关注自己的外貌形象。由于对“自我形象”期望值过高，一些身体的外貌特征，如个子的高矮、体态的胖瘦、生理的缺陷，甚至是皮肤的黑白、脸上的青春痘等都会引起他们的烦恼，常会为自认为的一些缺陷感到恐惧、羞怯、自卑。

（2）处于青春期的中学生渴望与异性交往，但男女间的相互吸引与好感多数还属于异性间朦胧感情的自然表露，他们对两性关系仍处于一种似懂非懂的状态，还分不清好感与初恋的区别，因此常造成情感上的困惑与苦恼。

（3）青春发育期的生理剧变，引起中学生情感上的激荡。一个微笑可以使他们情绪飞扬，彻夜兴奋，然而他们虽内心激动、高兴或苦恼、消沉，而表面上却表现得很平静；他们有话、有秘密想向别人倾吐，可无论遇到父母或老师却又缄默不言，这种情况得不到理解时，便会出现压抑心理，出现焦虑与抑郁。

当然，以上这些都是很正常的现象，是每一个同学都或多或少、或轻或重地在这一时期内存在着的，不需要太担心，这是一个自然的过渡阶段，但也不能被动地等待环境为我而变化，而应该主动咨询，找出原因，以积极的心态适应，而不是一味地埋怨与发牢骚。

总之，要想在高中的学习中，尽快完成从初中到高中的转变，需要做到以下几点。首先，要树立高中生的意识，了解高中阶段是人生关键的一步，要迈好这一步，需要师长的指点，更需要自己的不懈努力。其次，在心理上要摆正心态，找准位置；在学习上，培养自学能力，摸索合理学习方法；在生活上，要慢慢调整，适应食宿；在处事上，合理处理人际关系，先学如何做人。当然，积极主动和班主任、任课老师以及心理中心的老师沟通，也是十分必要的。

下面列举几个让中学生尽快融入集体的活动。

活动设计一

融入班集体

设计说明：人际交往，是指人与人之间相互传递信息、沟通思想和交流感情的联系过程，是人类活动的一种最基本的形式。生活中，人际交往随处可见，例如谈话、聊天、写信、打电话、发邮件、教学活动等。心理学的大量研究和人们的日常生活实践都已证明，正常的人际交流和良好的人际关系具有非常重要的意义，是人们心理正常发展、个性保持健康和生活幸福快乐的必要前提。

同学关系是学生人际关系中最基本的关系，特别是入学伊始，学生充满好奇与新鲜感，迫切想了解新的老师和新的同学，因此对高一新生进行交往辅导，尽快形成一个和谐融洽的集体，就显得尤为重要。怎样把一个自然状态下的班级，通过老师和学生的共同努力，变成一个风气良好、关系和睦、目标明确的集体，这是高一第一学期一个重要的德育目标；同时，在集体形成的过程中，让学生懂得交往的意义，在增进互相认识、互相了解的基础上，掌握交往的原则、技巧，认识到和谐的人际关系需要每个人努力去建立，也是非常重要的。

众所周知，新学期的第一次班会，一般人会选择要求每位同学简单介绍自己的情况，优点和缺点，性格和特长，还有取得的成绩，然后老师再说一些欢迎鼓励的话，再提出一些希望和要求等，这种做法当然无可厚非，但是显得形式死板，而且缺乏新意。因为学生都是刚入学，彼此之间都不认识，一下子也不可能记得住这么多人；另外，学生在入学之初，本身都是很谨慎的，一般不会有纪律的问题，如果教师上来就是一大堆的要求，也会让学生对高中生活美好的憧憬和想象打折扣。所以我想，只有活动，能让人与人之间尽快地熟识和了解，也只有活动，才能让学生切身感受到高中生活的快乐和美好；而且，由于都是刚刚入学，每一个人都希望把自己最美好的一面、最有能力的一面展示出来，这既能促进学生之间的熟悉，也能够为老师在活动中观察学生、物色干部人选提供很好的机会。

1. 意义及目的

(1) 意义：关注学生的心理健康，更好地解决青少年的心理问题，促进他们身心健康、全面协调地发展。

(2) 目的：了解学生的心理状态，解决他们在集体形成过程中遇到的各种心理问题，尽快融入集体，同时也为以后更好地学习、生活奠定基础。

2. 目标

在高中的新学期刚刚开始之际，来促进同学之间的熟识，为今后进一步形成团结融洽的班集体，及今后的生活、学习奠定良好基础。

3. 方法

(1) 主要以活动为主，亲身体验。

(2) 辅助以活动后的反思分享及语言交流。

(3) 地点：班级教室。

(4) 参加人员：全体同学及班主任教师。

4. 活动过程

活动设想及安排：以心理老师的心理辅导材料为主要依据，结合本班的一些具体情况，以学生参与为主，教师主要是引导讨论，让学生在活动中体会其中的道理，不需要进行大量讲解。

第一项活动：大风吹（破除坚冰）

方式及过程：让全班同学坐成一个圈，老师说："大风吹呀吹呀，吹到……"，然后老师说一个条件（例如：吹到戴眼镜的同学身上），符合这个条件的同学就必须站起来换个座位，并悄悄撤掉一把椅子，这样，就会有一名同学没有座位，他站在圈里，站在圈里的同学同样如此，循环几次。目的是活跃课堂气氛，打乱原有的小团伙，增强全班同学的交流互动。

分享交流：实际活动中，老师应亲身参加这个活动，目的是为了更好地与同学们融洽关系，尤其当老师"无座可坐"时，教室里的气氛会十分热烈，在笑声中，新同学之间的陌生感、拘谨感，以及因此形成的座位小团体被全部打乱，为下一步活动奠定了良好的基础。

第二项活动：有家可归

方式及过程：告诉学生要迅速找到一位同学做你的伙伴，即"抢人"。同时两人握好手。这时就会有一人没有伙伴。然后再三人拉手，五人拉手。每次都请没有伙伴的同学说说他的感受。

分享交流：同学们在拉上伙伴的手的同时，心里踏实了许多，同时也体会到伙伴的重要。而没有伙伴的同学则感到很沮丧。（特别说明：有的同学即使没有找到伙伴，被“空”出来了，但在分享和谈感受时，仍然会表现出无所谓等的样子，这时候，老师千万不要硬追问他，一定要他说出什么孤独等感受才觉得满意，而是要尊重他，其实他在内心还是很失落的，下面的活动会让他从内心感受到这一点。）

第三项活动：站报纸

方式及过程：分8组，每组6人，每组发一张报纸，同学们要做到一个不落地都站到报纸上，脚不能踩在报纸外。然后对折报纸，重复，再对折，再重复。如此，看哪一个组完成得好。在活动时，由于人数没有变，但报纸的面积越来越小，所以难度在逐渐加大，因此，老师向同学们提出站立时间应该相应缩短，否则无法完成就容易失去兴趣。另外，如果有的组人数比别的组人多，应该让他们踩更大一点的报纸。还有，这项活动最好男女生同组参与，可以进一步消除异性之间的羞涩拘谨感觉，对以后自然交流与相处也有好处，但如果有的组不愿意，不要强行要求。

分享交流：同学们发挥各自的聪明才智，积极踊跃，比如脱掉鞋子，相互抱着，大家一起喊口号等，大家都十分投入，场面也挺壮观，有的组完成得十分出色。在裁判讲评时，还请了做得好的组现场表演。

第四项活动：怪兽拼图

方式及过程：如果有n个人，就要求用n−1个脚站地，4只手着地，组成一个怪物，身体要相互连接，方法不限。每组还要为组成的怪物起一个名字。

分享交流：这个活动将班会推向高潮，同学们展示了丰富的想象力。全班共分了6个组，同学们都完成了任务，并起了好听有趣的名字，如蜗牛、孔雀开屏、水中捞月、推土机、叠罗汉等。做完以后，还要请每一组表演，同学们都非常踊跃，每个人都愿意为本组获得别人的赞美而奉献自己的力量，例如：趴在地上、被举起来、成为受力的主要支点，或者后仰，或者交叉等，不一而足。另外，最好要将同学精彩的创意拍照或者录像，保留下来。在同学们积极专注的讨论和设计中，他们体会了集体的力量和智慧，在活动中能感受到每个人的价值要通过集体去表现。

第五项活动：闯关

方式及过程：分男女两组，选出一位勇士，其他同学手臂环绕组成圆形人墙，勇士从外往内，也可以从内往外，以穿过人墙为胜利。给出1分钟。先练习一下，并请裁判给出结果。高中同学力量比较大，尤其是男生，因此这项活动前，老师要特别注意检查周围环境，有无坚硬的物体，并嘱咐相关同学注意安全。

分享交流：同学们将圆形人墙挤成实心的，结果勇士在规定的时间无缝可钻。这项活动要注意安全，这场面会很热闹，同学们会很兴奋。目的在于让同学们手挽手体会集体的力量。这个活动用的时间不多。

5. 课堂效果及课后反思

这次班会的原则：多观察、多倾听、少评价。通过活动同学们能获得触动和感想，班会的目的就达到了。从实际的效果看，还是很好的。

会后，要求每人写20字左右说说自己的感受。下面是其中的反馈：

（1）我们的班长说：今天的班会让我们认识到团结的重要性，在游戏中收获、成长。

（2）和同学们紧握双手，抱在一起，感觉真好。您这次做得不错。

（3）很轻松，很有趣，希望以后还有这样的活动。

（4）除了在幼儿园，再也没有上过这样舒服的课了。

（5）如果能用成绩来换取这宝贵的娱乐，我宁愿苦学一周。

（6）众人拾柴火焰高，我体会到只要团结一心，就能克服一切困难。

（7）上完班会后我才知道，友谊在合作中酝酿。

（8）缓解了压力，拉近了关系，在游戏中学习，在学习中游戏。

（9）加强了团队合作意识，达到了寓教于乐的效果。

（10）火热激情生，梦醒心飞扬；角逐竞相争，道是无惆怅。

（11）我有一种很美好的感觉，像是被阳光穿透了心。

（12）我的劳逸结合的愿望得到了满足，快乐之余学到了默契、团结互助的重要，尤其对于我们男女结合的一组，放开了羞涩，为了胜利，拼了！

（13）这是很好的增强班级凝聚力的方法，休闲属于努力工作的人。

（14）大家很开心，就是热了点，下次改在操场怎么样呢？

（15）这次活动让我感受到了集体中的团结。

（16）手拉着手，东倒西歪，一起快乐，我们是一个集体。

（17）当老师望着我时，我才明白，我不仅是我，更是那些还未能体味到这个新集体温暖之处的伙伴们的代表。

（18）仿佛又回到了童年，同小伙伴们游戏，如此单纯美好。

（19）游戏很热，也很快乐，快乐是人类应得的幸福，我感觉到了。

（20）好久没这样玩了，没想到高中还有这样的快乐，久违的童真。

（21）一件可爱的事，帮我多了解周围的人，与他们同想同做傻笑。让融合更快吧。

（22）原来我从未参加过这样的班会，它很新鲜有趣，既放松，又凝聚。

（23）班会这样上会比讲道理更有效果。

（24）很久没有这样灿烂地笑了，很久没有这样细致观察老师和同学们了。

（25）我感觉一个集体的快乐其实比个人乘以人数的快乐程度还要大很多。

……

活动设计二

订立班训班规

意义及目的：

进一步促进同学之间的熟识，进一步形成团结融洽的班集体，并为制订班训班规提供参考意见。

活动说明：

（1）时间：××年×月×日。

（2）地点：班级教室。

（3）参加人员：全体同学及班主任教师。

（4）班会形式：分组活动，分组展示。

（5）活动安排：结合本班的一些具体情况，以学生参与为主，教师主要是组织者，让学生在活动中体会道理，并思考班级工作的内容，参与班级工作的建设。

活动过程：略。

利用“头脑风暴”订立班训班规

方式：将全班同学分6组，每组8—9人，每组发一张大白纸、一盒彩笔，各组同学要充分发挥集体智慧，最后看哪一个组完成得好。

要求：

（1）时间为15分钟。超时者为违反规定。

（2）版面任意设计，没有限定。

（3）不可以批评和否定他人的意见。

（4）欢迎异想天开。

（5）我们要求的是数量而不是质量。

（6）我们寻求各种想法的组合和改进。

关于班规：

（1）尽量简洁，富有班级特色，不照搬学校的基本要求以及《中学生守则》。

（2）注意目标的个别性、明确性、可衡量性、实际性（可操作性）。

（3）尽量使用肯定句，少用或不用否定句。

（4）最好把本班的奋斗目标写在最前面。

分享：同学们发挥各自的聪明才智，积极踊跃。比如：脱掉鞋子、跪在地上、围成一圈等，大家都十分投入，有的组完成得十分出色，不仅时间准确，而且图文并茂，数量众多，十分有创意。

班会过程：

场面很热闹，同学们很兴奋。各组找到班级的一块地方，或坐或卧，或立或趴，千姿百态；或谈或思，或写或争，熙熙攘攘，有如闹市；最后有的组嫌地方小，干脆上了讲台，挥毫泼墨；或铺在地上，“只露尻尾”，半夜鸡叫……

时间到了以后，各组依序展示，用一条广告语概括的话，可谓：精彩无限，创意无限。

会后，要求每人写20字左右说说自己的感受。下面是其中的反馈：

(1) 展现青春活力，团结创造美妙。

(2) 激发了灵感，集中了创意，凝结成了年轻人的大智慧。

(3) 我真正感觉到了七班同学的团结和如岩间清泉般源源不断的创造力。

(4) 真心是在享受这节班会，在快乐中学习，在快乐中感悟。

(5) 也许我们的构思不算巧妙，画面不算精美，但看到她就像看到全组成员一起努力，跪在地上，奋笔疾书的模样，这就是我们眼中最好的模样。

(6) 团结，不知什么时候，七班的一切举动我都会立即想到这两个字。任何一次活动都让我觉得七班更团结。

(7) 真诚、阳光、快乐……多么好的班训呀。让阳光充满教室吧!

(8) 今天的班会，让我感到既紧张又兴奋。制作版面的过程，我明白了团结协作的重要性，各组展示的过程里，我体会到了种种不同思想交汇时产生新的碰撞，摩擦出新的火花的喜悦。在这里，团结、竞争、交流得到了体现，这才是我们热爱的班会。

(9) 创意，不可或缺的才能，效率，无法忽略的因素，合作，一切工作的源泉。

(10) 今天的班会，大家想班训班规，让我最开心的是老师忘了选评委（师注：其实我是故意的）。我最不喜欢什么事都要评比了，有时候有些东西是不需要第一的。

(11) 新奇、大胆、创新、仓促却涌动着智慧和闪光的才华。

(12) 简单的活动，锻炼了大家的创新能力，可以说也提高了大家的艺术修养。

(13) 当我们设计完成时，有一种自豪感，而且越看越美，觉得我们自己是最棒的。

(14) 以小组单位，以竞争为目的，往往能创造奇迹。

（15）一人有一种创意，两个人有三种创意，一组人便有千千万万的创意。

（16）只有我们班上的各位神仙尽显其能，才能团结合作，有所创新，把班级工作完成到极致。

……

第二节　探索自己

一、认识我自己：自己的兴趣、能力、价值观

有人说：20 世纪最伟大的发现，不是宇宙空间探索或别的，而是人类对自我的发现。在生活中，如果能够正确地认识自己，客观地评价自己，待人接物和处理问题就会得体和谐，自己的学习和生活也会顺利和幸福；相反，如果一个人不能正确评价自己，就会产生心理障碍，或者表现出对自我的不满和排斥，或者盲目自高自大，人见人厌。

高中时期正是确立自我意识最为关键的阶段，认识自我，也是认识他人、认识社会的基础。了解自己，才能理解、关怀他人，从而获得友谊和真爱。因此，认识自我对刚进入高一的新生特别重要，高一新生只有正确认识自我，确立正确的人生观和价值观，规划自己的人生之路，做好高中阶段学习的思想准备，才能更好地应对人生道路上的各种机遇和挑战。

那么，如何正确认识自己呢？在历史上有许多识人识己的方法，可以进行借鉴。现在也有不少科学测验如心理测验可以借鉴。

有人提出认识自己的一些方法，例如：

1. 从个人和大家的评价中认识自己。很多时候，你最好的朋友，最密切的同学等，可能比别人更了解你；而集体的看法，也可以帮助认识自己。

2. 从自己的强项和弱项中认识自己。在工作、学习或者爱好中，你的强项是什么？成就如何？你的弱项是什么？你的弱项是什么具体情况？

3. 从以往的成功和挫折中认识自我。成功和挫折最能反映个人性格或能力上的特点，因此，可以通过自己成功或失败的经验教训来发现个人的特点，在自我反思和自我检查中重新认识自我，认识自己的长处和短处。

4. 从感兴趣和讨厌的事情中认识自己。你对什么事情感兴趣，哪一种你最感兴趣？这种兴趣发展到了什么程度，这种兴趣是否高雅、正当？这种兴趣是否发展为爱好？在这方面作一个具体的分析。你讨厌什么？你讨厌的人和物是一个什么具体情况？

5. 从学习和生活中认识自己。比如，你对学习怎么看，是否喜欢学习，成绩如何；生活中，你的上进心怎么样，你对自己未来要从事的专业是否有清晰的认识和规划？

6. 从生理和心理上认识自己。生理主要是指身体是否健康。心理包括的内

容要更多，如心理是否健康，心理品质如何，意志、毅力、心胸、情绪的基本情况等。分析自己的生理和心理，是为了科学评价自己，因此，在评价自己时，最好包括这部分内容，这样会更全面、准确地认识自己。

当然，在采用上述方法时，要综合各种情况，自己进一步全面地分析对比，采纳正确的认识，剔除错误的看法，既要认识自己的生理特点，也要认识自己的理想、价值观、兴趣爱好、能力、性格等心理特点，才能客观地评价自己，既不高估自己，也不贬低自己；要认识自己的优势、劣势、自己的与众不同和发展潜力，为现实的定位和未来的发展奠定良好的基础。

还有一种有名的霍兰德职业倾向测验方法，具体内容见第一章。

下面介绍几种帮助学生认识自己的活动。

活动设计

你认识自己吗？

——高一主题班会方案

1. 活动背景

21 世纪是人类最大限度地运用其得天独厚的智慧，发挥人类独具的自由创造能力，提升自身生命的质量和价值的时代。高中时期正是确立自我意识最为关键的阶段，这对刚进入高一的新生特别重要。

2. 活动意义

高一新生正确认识自我，确立正确的人生观和价值观，规划自己的人生之路，做好高中阶段学习的思想准备。

3. 活动准备

(1) 要求全体同学回忆自己成长的过程，想想自己做过哪些事情。

(2) 请教原班主任。

(3) 查阅相关的资料。

(4) 做好活动的其他准备工作，包括多媒体的制作、同学们的通知、材料的收集等。

4. 主题班会过程

(1) 心理测试导入，揭示活动课题

测试导语：

不同的人有不同的个性，有的人活泼开朗、心胸开阔，有的人沉默寡言、郁郁寡欢。你了解自己的个性吗？请做下面的测试。

测试开始：

如果你有一处自己的别墅，而且你可以按照自己的意愿去设计，你会给它设计一个什么样的栅栏呢？

A. 房子周围用木栅栏围起

B. 房子周围被砖包围

C. 房子周围有铁栅栏包围

D. 房子周围种许多花草树木

测试结果：

选A：你爱憎分明。对于你喜欢的人，你会热情相待，融洽相处；对于你不喜欢的人，你则冷若冰霜，爱理不理。因此，对你不了解的人，常会对你产生误解。不过，你会心甘情愿为自己的意中人献身，希望两人共谱一段轰轰烈烈的恋曲。

选B：你常常孤高自诩。因为不服输的个性，常常会将主动权掌握在自己手里。这种类型的你，很重视自己的私生活。

选C：你活泼开朗，与任何人都能轻松交往，拥有很多同性与异性朋友，属于社交家类型。你虽然心胸开阔，能接纳各种类型的人，但如果一味地当老好人，恐招来不必要的误会。

选D：你对异性不是很尊重，甚至态度生硬，常有不专情的行为。另外，你的个性比较消极，沉默寡言，交际面较窄，但非常重视自己的家人和朋友，是个保守型的人。

心理评析：

做完了这个测试，你对自己的个性也有了大概的了解。如果你的个性比较消极，那就试着开朗起来，主动、积极地去面对生活；如果你是个孤高自诩的人，那就试着放下架子，去接受、理解你认为很卑微的东西。只有让自己的个性更趋近于完美，你的生活以及周围的事物才会变得更美好、更精彩。

（2）模拟“与镜子的对话”的方式，每三位同学分为一组，其中一位同学扮演找优点的镜子，另一位扮演找缺点的镜子，一齐找出第三位同学的优点和缺点，不断轮流循环。以此让每位同学都发现自身更多的优点，树立信心，把握自己，改正不好的缺点，取得进步。

（3）班主任总结发言

预设效果

①调动同学们认识自我的兴趣，增强认识自我的能力，提升认识自我的水平。

②欣赏自己，欣赏他人，具备宽容的态度和关爱的品质，学会承担自己的社会责任和使命。

职业生涯规划：主题班会设计方案一

1. 适合年级：高一年级

2. 活动主题（供选择）

（1）了解自我、把握自己的高中生活。

(2) 认识我自己。

(3) 你是什么颜色的?

(4) 我是谁?

3. 活动目的

(1) 初步了解自己的性格特征。

(2) 分析自我的优势和劣势。

(3) 提出自我管理的概念，讨论自我管理的方法。

4. 活动内容

(1) 时间：班会（大约45分钟）。

(2) 场地：教室。可以让学生坐成“U”字形，留出活动的空间。

(3) 参与者：全体学生和班主任老师（或心理辅导老师）。

(4) 时间表：

活动	具体内容	时间
开场白	阐明班会主题	2分钟
游戏：who is who	老师介绍四种典型性格和象征性动物，包括力量型（老虎）、活泼型（孔雀）、完美型（猫头鹰）、和平型（考拉），并提出一些知名人物请大家判断。（可以有小奖品）	10分钟
自我判断	将四种基本个性类型的名称和关键字列在黑板上，请大家凭自己的理解对号入座。可以让学生自由发表感想。展示一道性格测试的题目，让中学生直观感受心理测评，了解心理测评与考试的不同。请学生自己判断属于哪一类，并按照类分组。	5分钟
小组活动	各组同学讨论本类型性格特征的优点与不足，主要涉及人际交往、自我管理的内容	10分钟
组间交流	各组代表阐述本组的意见。每组3—4分钟。	12分钟
教师讲评	老师针对各组的结果分析和讲评。（可以评出表现最好的小组）	3分钟
结束语	了解性格只是一部分，此外，人们的不同还表现在学习兴趣、活动兴趣、价值观等方面。阐明：了解自我并管理自我是成熟的开始。	2分钟

(5) 组织过程

【开场白】

提出“我是谁?”的困惑，引发学生自我了解的愿望。

【游戏 who is who?】

道具准备：老虎、孔雀、猫头鹰、考拉的卡通玩具或者卡通图片。

将四种动物的卡通玩具摆放在讲台上（或者图片悬挂在黑板上），同时将四种动物的名称写在黑板上。请同学们自由发言，用形容词来描述这四种动物的特点，并请发言的同学将这些形容词写在黑板上对应的动物名称后面。充分发言后，教师可逐条查看，同时抛出下面的核心词汇：

力量型（老虎）——独立、自信、坦率、果断、理性、控制

活泼型（孔雀）——活跃、乐观、好奇、热情、创造性、情绪化

完美型（猫头鹰）——内向、冷静、敏感、爱思考、高标准、有条理

和平型（考拉）——平静、耐心、友善、内向、传统、低调

同时在黑板上用红色粉笔标出已经被同学说出的形容词，或者该词的近义词，完全没有提及的词汇，请教师手写添加。

观察同学的认可情况，对同学不理解的词汇可稍加解释，同时用黑板擦擦去非核心词汇。

进行完这一步，黑板上保留的是四种动物名称以及对应的四组形容词（每组六个）。

告诉同学们，这四种动物实际上代表着四种典型的性格：力量型、活泼型、完美型、和平型。介绍的同时，在动物名称前面添加这四种性格的名称。

教师提问：教师举出四位历史人物或名人，如丘吉尔（力量）、何炅（活泼）、林黛玉（完美）、特蕾莎修女（和平），请学生对号入座，选择他们对应的性格类型。进一步加深学生对四种基本性格类型的理解。

【自我判断】

道具准备：在小黑板上写下这样一道性格测试的题目（事先不要让学生看到）：

假如你去看一场音乐会，路上堵车迟到了，门卫告诉你需要等 20 分钟，中间休息的时候才能进场，你会：

A. 既然是这样，那就老老实实地等着吧（和平型）。

B. 想办法看是不是能有其他的门可以进去（活泼型）。

C. 听说是这样，一下子没了看音乐会的心情，郁闷地回家了（完美型）。

D. 顿时很愤怒，跟门卫大吵了起来（力量型）。

游戏完成后，向同学们展示这道题目，看看同学们在这样的情景下会作出什么样的选择。告诉同学们，通过几十道这样的题目的测试，就能找到自己属于什么样的类型，发现自己的性格特点。请同学们根据自己对自己的了解，判断自己属于哪个基本类型。这里允许同学之间进行交流。

【小组活动】

在同学们对自己的类型有了判断之后，教师组织同学们按照四种类型分成四个小组（为避免过于死板，小组仍然可以用动物名称命名），并请每个小组的同学选出自己的组长。告知组长的责任，要组织同学们进行小组讨论，讨论中每个组员都要发言。示意同学们安静，公布讨论的主题："请各组同学讨论本类型性格特征的优点与不足，主要涉及人际交往、自我管理的内容"。说明讨论时间为

10 分钟，讨论结束后，各组需要选出一位代表作总结陈述。

【组间交流】

讨论结束，每组代表作总结陈述。

【教师讲评】

强调各类型同学的优点和自我管理的方法（优点和自我管理方法可以有选择地使用）：

力量型（老虎）

闪光点：总是能保持一种积极的状态，比较外向乐观，充满自信，有很强的独立精神，有远见，在做事时对于目标非常执著，有很强的意志力和自控能力，行事果断，有较强的影响他人的能力，善于把控，组织能力强，精力充沛，想象力丰富，思维逻辑性强，乐于创新，比较理性，有很强的决策能力，善于调节自己的情绪，情绪稳定，有勇气，不畏阻力，敢于面对挑战。

自我管理方法：

社交方面——过于自信的你比较固执，也很挑剔，对他人的要求很高，所以要学会耐心宽容一点，尽量避免争论和发脾气；同时，还要学会必要的谦虚，勇于承认自己的缺点，学会真诚地向别人道歉。

学习方面——建议你在学习期间多积累一些有关经济、管理方面的知识，这将会有助于你今后的事业发展。

社会实践方面——你的性格中有比较急躁冲动的一面，因此在行动前一定要三思，增强自己的耐性。你的高效给自己或别人的压力都很大，需要你适当放慢自己的步伐，学会时时提醒自己要缓和下来，放松一些，还要给别人更多思考、计划和筹备的时间。

处理问题方面——你非常理智客观，有时会显得不太给别人留余地，所以要学会多一些考虑他人的感受。

活泼型（孔雀）……

完美型（猫头鹰）……

和平型（考拉）……

有些同学会觉得自己的性格不完全是这四种中的任何一种，可能某两种甚至更多的性格类型揉合在一起才是自己。想要知道自己究竟是什么样子的，需要通过专业的心理测评。

【结束语】

对整个活动作一个总结，表扬同学们通过这样的讨论有所成长。启发学生进一步思考自己高中三年的目标，如何做好自我管理，实现自己的愿望。

二、我的生涯彩虹

在20世纪50年代，著名的职业生涯规划大师舒伯依照年龄将每个人人生阶段与职业发展相配合，将生涯发展阶段划分成成长、探索、建立、维持、衰退五个阶段。具体理论内容见第一章。

活动设计

不一样的人生

——我的生涯彩虹

1. 活动目的：引发学生的生涯自主意识与责任感，引导学生进行“时间”和“角色”双重维度的生涯思考。

2. 活动原理：用生涯彩虹图来帮助学生具体思考不同的人生时期内，个人生涯角色的分配和变化。

3. 活动材料：桌椅、空白生涯彩虹图、彩笔若干、A4白纸（每人1张）。

4. 活动步骤

环节一：活动引入

（1）介绍本次班会的活动名称、目的。

（2）简单介绍舒伯的生涯概念，“生涯是一生中不同时期所扮演的各种不同角色的组合”。

环节二：正式活动

（1）发给每人一张A4白纸、彩笔若干（建议：可以事先把学生分成6—8人的小组，每组共用一盒彩笔）。

（2）向学生简单介绍自己对人生六大角色内涵的理解，包括：“子女”、“学生”、“休闲者”、“公民”、“工作者”、“持家者”（建议：也可以组织学生自由讨论，由学生给出答案，班主任再补充说明）。

（3）引导学生思考：到目前为止，你在人生舞台上扮演过上面的哪些角色？未来你又将要扮演哪些角色？这些角色何时出现？这些角色在什么时候重要程度会加重或减少呢？在不同的人生时期，在每种角色上，你觉得应付出多少精力和时间呢？请在这张白纸上理清你的思路。

（4）指导学生在空白的“我的生涯彩虹图”上绘制自己的生涯彩虹图：

①每个圈代表了一种角色，角色的起始与结束年龄因人而异；

②用不同的颜色来描绘不同的角色，一种颜色只能代表一种角色，可以有喜好程度的分别；

③用粗细不同的线条来填涂各个角色的光谱，以反映出自己在不同时期需对不同角色付出的精力、时间，色带越宽，表示在这个角色上的投入程度越高。

(5) 引导学生对自己绘制的生涯彩虹图作一番审视：是否有些时间段落涂得太满，或太多空白？为什么会这样呢？是不是这段时间太过繁忙或过于空洞，要不要作些调整？

(6) 组织学生自愿分享个人的生涯彩虹图，并加以解释。

建议1：可以用“击鼓传花”的形式指定个人在全班分享，也可以在小组范围内每个人轮流分享；

建议2：分享过程中，班主任可以引导学生重点解释：在不同的人生时期，自己最重视的角色、环境中可能发生的重要事件、自己必须面临的课题、不同角色上所要完成的目标等。

环节三：活动分享

(1) 请几个学生谈一谈自己在活动中的心得体会；

(2) 班主任总结（参考要点如下）：

①不同时期的不同角色组合构成了我们的生涯型态和全部；

②生涯彩虹图可以帮助我们具体地思考生涯发展与生涯型态的偏好；

③越敢于为自己勾勒生涯目标，其生涯自主意识和自我负责意识也越高；

④胸怀未来，立足现在。（建议：可以全班齐唱《真心英雄》来结尾）

第三节　我的学校

一、校史教育

校史，是一所学校办学育人的历史和发展轨迹的真实记录，是该校兴建、发展、壮大的历程，是办学经验、教训、智慧等方面的长期积淀，是学校文化的映射和风格特色的集中体现，是一本生动的教科书，是激励学生勤奋学习的“鲜活”的校本教材。校史主要包括学校发展历程，改革与发展的情况，学校教学、科研、管理、服务的体系和特色。校史蕴涵着丰富的学生素质教育资源，校史教育在促进学生素质教育中有着独特优势，用校史教育学生，是构建素质教育的一条新途径。

意大利著名哲学家、历史学家贝内迪托·克罗齐说过：“一切历史都是当代史。”每一代人，甚至每一个时代，都要对历史进行自己的认识。历史悠久、人文遗产丰富的学校其校风应是其特色所在，是其多年来积淀演绎而成的一种精神特质。能否把握、继承、弘扬、发展这种精神，对学校的发展至关重要。每一所学校应当重视校园文化特色建设，每所学校都有一段办学历史，有其指导思想、办学定位、办学精神。校训是学校的精神，构成校园文化的内核。尤其是校训精神，是人才培养的根本。学校师生与校训好比森林与山地的关系。倘若山地的土壤缺少水分又缺少有机化合物，森林是茂盛不起来的。

近年来，越来越多的学校开始认识到校史教育的作用，提出并实践了很多卓有成效的做法，例如：开展“校训解读”，提炼修业文化特色的精神内核，每年对新生和新进校教师进行校训解读。通过校报、网站、广播台、宣传橱窗等宣传载体开辟解读校训专栏，组织“校训解读”征文，开展师生座谈会、演讲赛、辩论赛等一系列丰富多彩的活动；修建校史馆和文化广场，传承修业文化传统。学校环境是师生最直接、最具体、最熟悉的生活体验场所，蕴涵着极为丰富的教育内涵，是一种潜在的教育因素。学校就应该提炼本身的内涵，挖掘教育资源，使思想政治教育更贴近实际、贴近学生、贴近生活。有的还在其他办公楼外墙上悬挂著名校友的画像、生平简介、格言、亲笔签名，以表明其当年在本校的重要工作、生活场所。有的学校还可在通道两旁设置著名校友格言牌……这些如春风化雨，润物无声，成为校园文化载体，无不烘托出浓浓的校园文化氛围，于无声处默默育人。开设“修业讲坛”弘扬校园文化精神，既可承载起历史文化的厚重，又突出了校园文化特色。遴选邀请有突出贡献的校友，其次是国内外有较大影响的名人专家，有较好的演讲水平，生动活泼，有感染力。以校史文化为核心开展校史教育。了解学校历史和校情，体认学校的办学风格，把朴素的爱校之情上升为崇高的爱国之志，把师生的自尊心、自豪感逐步上升为现代公民责任感。增强历史意识，明确校史与国运、传统与创新、个体与群体的关系，从历史的角度了解和思考人与人、人与社会、人与自然的关系。关注学校、国家以及全人类的历史命运，加深对校史上的以人为本、善待生命、关注人类命运的人文主义精神的理解。

总之，校史文化建设不能停留于浅层，必须理性认识其本义——立人。学校教育在知识的掌握、能力的训练、方法的了解和运用的同时，更有态度、情感和价值观的体验与培养。学习校史知识不是校史教育的唯一和最终目标，而是全面提高人文素养的基础和载体。校史教育不仅是让学生知晓校史、赞叹昔日的荣光、仰慕校史上的名流，世纪传薪重的是精神的传递，它更是要让学生在感知的基础上，汲取“修业精神”的营养，提升科学精神与人文精神，并将其内化为健全人格，奠定合格的现代公民的基础。

活动设计示例

生涯规划辅导报告：利用高一军训的机会组织学生参观校史馆，并听取校史讲座，可参照下面的校史教育讲座稿。

走进清华附中门，学做清华附中人

——讲给 2010 级同学的话

同学们：

大家好！

同学们经过艰苦的努力，终于考上了清华附中，作为清华附中的一名老教师，同时也是清华附中的一个老校友，我在此向你们表示衷心的祝贺和热烈的欢迎。

今天我这个讲话的题目叫做“走进清华附中门，学做清华附中人”。也许有的同学会觉得奇怪，我们考入清华附中，不就是清华附中人了吗？怎么还要“学做”呢？大家知道，从成志建校到现在的清华附中，我们是一所有95年历史的老学校了。在这95年的历史中，它培养了几万名毕业生，为清华、北大等高校输送了一批又一批高素质的优秀后备人才，为新中国的建设和发展作出了积极的贡献。历届校友中，有荣获诺贝尔物理学奖的杨振宁博士，有中国科学院著名物理学家李德平、霍裕平院士，著名力学家、浙江大学校长杨卫院士，有中国工程院著名水利专家李鹗鼎院士，有国家领导干部（国务委员刘延东），有音乐家、画家（吴小燕、邢仪）、作家（张承志、史铁生等）、导演演员（陈国星等）、电视节目主持人（马鼎盛、张宏民、陈鲁豫、杜宪等）和国际级体育裁判，有中国大企业的老总段永基、孙立哲，有一大批正在海内外求学的博士……从雪域高原的珠穆朗玛到地球的南极、北极，从广袤的北大荒到革命圣地延安，从航天技术研究院到生物基因实验室，从电视演播厅到人生的戏剧大舞台，到处留下了附中校友的足迹，到处闪现着附中校友的英姿。所以，就有了“今天，我以清华附中为骄傲，明天，清华附中以我为自豪”的说法。这些人，不仅学识渊博，在各自的岗位上有突出的建树，而且心胸开阔，品德高尚，同时更有一个健全的人格、健壮的体魄。一句话，一定是德智体全面发展的人。

现在有些人，往往人为地把德育、智育和体育对立起来，认为学习好的同学，肯定是脸色惨白，高度近视，手无缚鸡之力，一阵风都能吹一跟头的书呆子。其实，这是一种十分荒谬的看法。清华附中的三好学生，不仅思想好，学习好，在运动场上也一定是一个活跃分子。记得我们在附中上学的时候，每天下午两节课后，同学们都要离开教室，到楼下操场上去，当时学校有形形色色的代表队，90年校庆的时候，我们班三十多个同学聚会，大家回忆了一下，居然找不出一个没参加过体育代表队的同学。参加体育锻炼，成为每个同学自觉的行动，大家都以不能加入运动队为耻辱。

……

我觉得，作为那个时代最典型的全面发展的人物，应该属被称为“清华之子”、“清华一条龙”的陈小悦了。陈小悦是我校预641班学生，他是清华子弟，从幼儿园开始，小学、初中、高中都是在清华里面度过的。那个时候，他一直是同学心目中的偶像。他不仅学习成绩优异，更重要的是他还是附中的优秀运动员。他的跳高成绩，不仅打破了北京市记录，而且保持了十几年。1966年高中毕业就赶上了文化革命，1969年去陕北插队，1977年以陕西省状元的身份考到了清华大学，在清华汽车系博士毕业后留校，历任清华经管学院副院长，会计研究所所长，国家会计学院副院长、院长。2008 年 8 月发现癌症第一次手术后，在与病魔作斗争的同时，一直没有离开教学一线，直到给经管学院的博士生上完最后一次课，修改完毕业论文，2010 年 3 月 19 日，坦然地离开了这个世界。

以上只是随便举了这么几个例子，其实，在当时，这样的例子数不胜数。体育活动，成为全校师生踊跃参与的重要科目。

我们尊敬的万校长说过：“不懂体育，不能做中学校长。”而那时学校对三好学生要求的顺序是：身体好，学习好，品德好。

我想，这，就是清华附中人的第一个特点：热爱体育运动，富有集体荣誉感，富有拼搏精神，能够为祖国健康工作几十年。

1963 年我们来的时候，附中只有一座教学楼，一座宿舍楼。两座楼之间是一个大坑，而在现在培训楼的位置上，是一座土山。入学之后我们首先要做的就是建校劳动。全校师生齐动手，硬是把那座土山搬过来，填平了两座楼之间的大坑，修起了一个相当标准的大操场。又在操场周围栽了松墙，松墙外面栽上白杨，经过大家的努力，原来荒芜杂乱的校园变得生机盎然。人，对于自己亲手创造的东西，往往格外地珍惜。大家都自觉地维护这个环境，决不允许任何人破坏这校园的美丽。当时学校里是没有雇用清洁工的经费的，班级、楼道、校园乃至厕所的卫生，都是由学生轮流负责的。大家对自己负责的工作非常认真，看到谁有乱丢纸屑、损坏公物的行为，立刻就会出来制止。有了大家的共同维护，当时的清华附中，和现在相比，虽然条件简陋，但环境幽雅、整洁，是十分理想的学习场所。四十多年过去了，虽然操场早已东移，学校又新盖了实验楼、初中楼、高中楼，面貌已经有了很大的改变，当年的老校友回到母校，仍然会感到格外亲切，会从这一草一木之中看到当年的影子，因为这校园的每一寸土地上都洒满了他们的汗水。一场建校劳动，不仅美化了校园，更净化了我们的心灵，使我们真正体会到了“劳动创造世界”的道理。

清华附中人的第二个特点，就是关心集体，热爱劳动，自立自强，学会独立生活。

清华大学的老校长蒋南翔在一次大学生毕业典礼上说：“一个大学生进入社会，就好像一个猎人进入森林。我们不只要给他足够的干粮，还要给他一支猎枪。”这里，蒋校长是把学生比喻为猎人，把学校老师教给的知识比喻为干粮，把自学能力比喻为猎枪。他说，如果学校只给猎人干粮，干粮总是有限的，猎人吃光了干粮，就会失去生存的希望；如果学校给了猎人以猎枪，教会他打猎和在野外生存的本领，那猎人就可获得源源不断的食物，继续生存下去。如果一个学生在学校里，只知道积蓄知识，而不懂得与此同时掌握获得知识的方法，那么，他毕业后走上工作岗位就像猎人走进森林，只带干粮没带猎枪一样。没有猎枪，干粮带得再多，也会很快消化殆尽。如果有一支猎枪，并能运用自如，那么还愁没有吃的吗？在清华附中，学习好不仅仅是看你能得多少分，而是看你是否具有获取知识的能力。很多校友的回忆中都提到了这一点，认为自己在清华附中几年的最大收获是培养了良好的读书习惯，具备了较强的获取知识的能力。

前面说过，我是附中初63级的学生，来到清华附中，崭新的大楼，宽敞明亮的教室，和蔼可亲的老师，朝夕相伴的同学，一切都是那样的新鲜，特别使我激动的是，附中五楼的图书馆和阅览室。我从来没有见到过这么多的书。一时间，我好像发现了新大陆，有工夫就往五楼跑，“三红一创，山青保林”等中国的当代文学名著，《钢铁是怎样炼成的》、《牛虻》、《悲惨世界》、《基督山伯爵》等世界文学名著，都是在那个时候看的。读书不仅开阔了我的眼界，丰富了我的知识，更重要的是，激发了我的兴趣，养成了良好的读书习惯。由于众所周知的原因，我们失去了上高中的机会，但是，在离开校门参加工作12年后，我能以优异成绩考上大学，完全要感谢母校的培养。虽然缺了高中三年的学习时光，但在恢复高考制度后，我们班就有二十来个人考上了大学，刘钟同学甚至读完了博士。对于课外阅读的提倡，使很多同学养成了读书习惯，作为一个偏重于理科的中学，文革后出现了史铁生、张承志、郑光召、陶正、甘铁生、刘书堂、柳家新等十多位著名作家，这恐怕和清华附中强调课外阅读不无关系。

总结这些，我想告诉大家的是，要做一个真正的清华附中人，不仅要爱学习，而且要会学习。在学校学习期间，要学会读书，探索学习规律，养成良好的学习习惯，这才是使我们终生受益的东西。

这就是清华附中人，他们求实、进取、生动、活泼，充满了青春活力；这就是清华附中人，他们质朴、忠诚、勇毅、坚强，有着正直的品质、远大的理想。他们秉承了清华大学“自强不息，厚德载物”的校训，刻苦学习，一肩担起天下兴亡。

陆机的《文赋》里说道：“石韫玉而山辉，水怀珠而川媚。”山，之所以倍增光辉，不是因为它本身绽放光彩，而是因为其中蕴藏着美玉；水，之所以更加秀媚，不是因为它本身清秀，而是因为里面含着珍珠；附中，之所以成为京华名校，不是因为它设施完备、装饰豪华，而是因为这里一代代名师培养出了一代代杰出的人才。人，之所以魅力无限，不是因为他外表有多么漂亮，而是因为躯壳里有一个至善至美的灵魂。

历史在前进，社会在发展，附中也在不断地变化。我们当年的老师，早已经退休，就连当年的同学，也已经退得差不多了。走进清华附中的门，永远是清华附中的人，每位教师，每位同学，都有责任、有义务为清华附中的发展涂上一笔艳丽的色彩。对于学校来说，我们每一届同学，都是继往开来的一代。已经毕业的校友，应该想一想，我为母校的发展，做了些什么；现在在校学习的同学，应该想一想，我为母校的建设，留下点儿什么。我们都应该做无愧于前人的后人，也要做无愧于后人的前辈。我相信，2010级的同学一定会继承附中人的光荣传统，全面发展，求实创新，在学校学习期间，打下坚实的基础，走上社会之后，做出优异的成绩，为祖国建设添砖加瓦，为母校形象增光添彩，这样，清华附中就永远是我们的骄傲！

谢谢大家！

二、了解学校课程：学校选课指南

高一学生进入学校，学校应该及时安排教务处等相关部门组织宣讲，让学生对学校的课程，特别是校本课程有充分的了解，对校本课程的内容选择、实施程序、学分认定、学生选课要求、选课方法及步骤、年级课程时间安排等都有一个比较清晰的认识。有条件的学校可以将以上内容编辑成册，在宣讲时一并发给学生。

校本课程是相对于国家课程和地方课程而言的，是以某所学校为基地开发的课程。校本课程开发是指以学校为基地，以满足学生需要和体现学校办学理念与特色为目的，由学校采取民主原则，由校长、教师、课程专家、学生以及家长和社区人士共同参与学校课程计划的制订、实施和评价活动。

（一）校本课程开发的背景

校本课程开发，从20世纪70年代开始在英美等发达国家中开始受到广泛重视。现在美国、英国、俄罗斯、澳大利亚、加拿大、法国、以色列、日本、韩国等国家都在不同程度地实施校本课程开发计划。

我国《基础教育课程改革纲要（试行）》明确提出："学校在执行国家课程和地方课程的同时，应视当地社会、经济发展的具体情况，结合本校的传统和优势、学生的兴趣和需要，开发或选用适合本校的课程。"

随着各项改革的深化和经济社会的发展进步，我国校本课程的开发迎来了前所未有的机遇。社会政治生活的民主化与经济文化的多元化发展，对学校课程的需求日益多样化和个性化，这为校本课程开发提供了巨大的需求可能、政策支持和发展空间。

近年来的课程改革为校本课程的开发奠定了相当的基础。课程理论和课程实践不断丰富、完善。课程的多样化趋势日益明显，在课程计划中给学校预留了更深、更广的发展空间。

（二）校本课程开发对学校发展的意义

校本课程的开发更有利于实现师生真正的发展。校本课程的开发有利于学生特长的培养、教师专长的发挥和学校特色的形成。总之，在校本课程开发过程中，学生的个性发展是目标，教师的专业发展是条件，学校的特色形成是结果。

校本课程的开发内容一般可以参照以下类型。

1. 文学类：文学欣赏、新闻采访、阅读欣赏等。

2. 艺术类：实用美术、广告设计、摄影、插花艺术、舞蹈、乐器等。

3. 体育类：棋类、武术、游泳、跆拳道、特色体育项目等。

4. 科技类：机器人、电脑制作、网页设计、科学栽培等。

5. 研究性学习：学法指导、课题研究、发明技法等。

6. 生活职业技能：飞机驾驶、烹饪、服装设计、家电维修等。

7. 德育类：礼仪与交往、心理辅导、习惯养成等。

8. 学科拓展类：思维训练、经典诵读、学科前沿等。

9. 学校或社区实践、文化历史等。

也有学校把上述校本课程内容归纳为三类：基础性课程、丰富性课程和发展性课程。校本课程开发是一个新生事物，每所学校的开发应量力而行，因地制宜，循序渐进。

校本课程开发，除了立足于学校的物质条件，最重要的是要进行师资培训，内容包括科学的课程意识、娴熟的课程开发技术、精诚合作的精神和行动研究的素养。开发也是课程不断完善的过程。它遵循的是“开发—实施—观察—反思—开发”这一螺旋上升的过程，其核心环节也是“反思”。通过对校本课程开发实践情境的不断反思，从而不断地提高校本课程开发的质量，从而提高培养人才的质量。

三、了解学校社团

学生社团是中小学生以相同或相近的兴趣、爱好、特长、信念、观点或自身需要为基础，自发形成的一种特殊的学生志愿型群众团体，具有参与广泛、内容丰富、形式多样、机动灵活等特点。学生社团对学生扩大求知领域、完善知识结构、丰富内心世界、培养兴趣爱好及丰富校园文化生活、推进素质教育具有重要作用。

所以高一学生在进入学校、逐渐熟悉集体后，应当尽快了解学校的各种社团，并选择自己感兴趣的参加，这对自身的发展也是十分有益的。

有人总结说学校社团是学生自我意识的摇篮，自主发展的舞台，自我教育的阵地；还是青年学生了解社会的窗口，服务社会的通道，社会意识形成的催化剂……毫无疑问，这些说法都是很有道理的。因此重视社团的作用，关心社团的发展，积极主动地把社团建设和管理纳入工作体系是学校教育发展的趋势与时代要求。积极探索学生社团的管理体系，创新管理机制，使学生社团在学校育人工作中发挥越来越重要的作用，已经成为所有人的共识。

随着教育改革的不断深入以及学生学习生活方式的变化，学生社团日益成为学校具有较强影响力和凝聚力的育人阵地。社团的发展不仅适应于学校人才的培养方向和学生成长成才的需要，营造了培养学生综合素质的良好氛围，同时也成为学生课堂学习的有益补充、拓展素质的天地和心灵交流的家园。学生社团是校园文化建设中不可分割的一部分。学校和教师应注重学生社团建设，充分发挥社团的积极作用，活跃校园生活，丰富校园文化，营造良好育人氛围，从学生需要出发，倡导学生自发成立一些对自身发展有益的民间组织，把兴趣转化为动力，引导青年学生树立正确的价值取向和发展目标，培养自主学习的习惯和自我发展的能力，让社团成为学校精神文明建设的一支重要力量。

（一）了解社团建设和管理的原则

1. 把握时代性，强化导向性。把握社团建设的时代性特点，强化社团建设的导向性功能。社团建设要贯彻党的教育方针，坚持社会主义教育方向，遵循教育规律。在融汇爱国主义、集体主义、社会主义理想信念教育的同时，侧重加强创新精神和创新能力的教育培养。通过在社团活动中对学生渗透做人的教育、合作精神教育、奋斗精神教育和人文素质教育，培养学生健全的人格、互助协作精神、勇于进取的品质和科学的思维方式以及高品位的文化素养，从而从根本上培养富有创新精神和创造能力的合格的社会主义建设者和接班人。

2. 坚持原则性，突出多元性。社团建设无论采用何种形式，育人宗旨必须始终坚持，不能改变。在把握社团建设的学识性、专业性、娱乐性的同时，还必须从学生、教师、学校、社会等多元因素综合考虑，增强社团建设的针对性和实效性。

3. 增强预见性，具有前瞻性。社团建设之初，教师应正确引导学生正确把握一个社团建团的宗旨，要挖掘社团中潜伏的未来性、预见性，社团宗旨的确立要具有前瞻性。社团的建设应注意与未来职业教育相联系，与青少年学生综合素质的提高相结合，融入到养成良好的行为习惯、营造良好的育人环境、培养健全的人格教育中去，使其适应社会主义建设和发展的需要，为青少年学生将来顺利走上工作岗位，服务社会和一生的健康发展，奠定坚实的基础。

总之，既要坚持“鼓励发展、积极引导；严格管理，放开搞活”的指导思想，又要重点加强对社团干部和骨干力量的选拔、培养和监督，既要健全规章制度，建立科学有效的运行机制，提升社团的活动层次，将校园文化建设引向深入，又要重视交流学习，“引进”和“走出”相结合，使社团在校园文化中的育人功能、创造功能、承载功能发挥到极致，使各类学生社团和社团活动永远是校园中一道靓丽而独特的风景线。

（二）了解学校社团的种类

过去中学社团多以文学社为主打，其他社团少且活动开展不规律，现在的中学社团形式多样、名目繁多，除了有文学社、广播站之类的文学性传统社团，还有兴趣特长类、学科提升类、体育文化类等特色社团。

中学生社团大体可以分为五类：

第一类是专业学术类社团，如国学社、汉服社、计算机协会、地方史研究协会、海洋生物研究小组等；

第二类是健身体育类社团，如羽毛球协会、跆拳道协会、轮滑社、排球社等；

第三类是文学写作类社团，如文学社、诗社、小记者团、中国古诗词协会等；

第四类是艺术类社团，如吉他协会、劲舞社、合唱团等；

第五类是参与社会服务类社团，如关爱老年人社团、公益社、环保社等。

资料：中学生关于学校社团的调查问卷

1. 我校社团有哪些？

2. 对于学校社团，你了解多少？

A. 很多　　B. 不了解　　C. 有点

3. 你父母是否同意你加入社团？

A. 同意　　B. 不同意　　C. 没表态

4. 在学习百忙之中，你是否会加入社团？

A. 不会　　B. 会的　　C. 不知道

5. 你是否会为社团工作投入太多的精力？

A. 不会，学习第一　　B. 会，社团工作也是学习　　C. 看情况

6. 是否有创办学习社团的必要？

A. 有必要　　B. 没必要　　C. 我不知道

7. 加入社团的同学是否感觉对自身有益？

A. 有　　B. 没有　　C. 有一点

8. 当社团工作与学习起冲突时，你会选择什么？

A. 选择学习　　B. 社团工作

C. 退出社团　　D. 投入大量精力在社团工作

9. 你是因为什么原因加入社团的？

A. 为了自身提高　　B. 一时心血来潮

C. 看朋友进我也进　　D. 其他

10. 你曾经争取过当社长吗？

A. 是　　　　　　　　B. 争取了没当上　　　　　　　C. 没想过

11. 有老师反对你参加社团吗？为什么？

12. 你认为我校××社团创办的初衷是什么？

学生反馈案例

团委竞选心得

进进出出策划部，朝朝暮暮展宏图
为之我愿劳且苦，愿君信我莫踯躅

不知是正确还是错误，表单上我所填的是策划部。尽管原来觉得竞选部长像傻傻地去赌，但我没有犹豫，没有踯躅。

填表时有着宏图大志，填后感到后悔已迟。没有经验没有知识，我只凭一腔热血就上台赋诗，别人还不说我是白痴？

但我还是要好好准备，我不打算放弃这次机会。不管是团委还是学生会，我都要努力去拼搏一回。妈妈说的很对，学生不能除了读书什么也不会。

周二交表，周三才知道开始写稿。竞选演说真让人苦恼，我真的不知写什么才好。班中去竞选的人不少，可写好稿子让我参考的人可真难找。

但同学们都实在是伟大，帮我思考又帮我策划。从头顶到脚下，还告诉我嗓门要大。阮×与张××帮我换词改话，黄×还将我的打油诗改得真不差。尽管最后没有实现计划，我还是十二分感谢大家。

张×有策划部工作的经验，这使我对策划部了解了不止一点。原来策划部策划的活动之一方面，就是大型的会议与汇演。

周四晚上，去了黄×住处一趟。黄×与室友的帮忙，让我不再为上台彷徨。两脚开立两旁，上身胸挺头昂，稳住目光，声音洪亮，做到气宇轩昂。回宿舍躺到床上，我仍然头在上扬。

周五中午，会场如世外的乐土，人人想当学校的新主，却没有杀机与萧肃。轮到我进屋，等候与观摩，我却有些糊涂。老师的提问让人快乐让人苦，但如何面对我心里真的没数。

我的演说开始了！我气宇轩昂上台却看老师冲我一乐。蓦地，我笑容可掬地开始了演说。刚到一半就被打断而夭折，我只好即兴发挥准备接受挫折。老师的问题却并无诘责，反而让我看到了希望的银河。

下台，回来。我大声感慨："唉！"

回到座椅，问到的同学都说我有戏。其实我真的很有戏，强劲对手寥寥无几，我可能真的要"出人头地"！

老师点评：刚上高中，学校的课外生活丰富多彩，其中学生会和团委每年都会招新，本文就是小作者记述自己参加团委策划部竞选的一次过程，文中对新生活的向往，对自己心情的描摹，对同学的感谢，对过程的描述，都尽呈笔端。全文用语简练，笔调轻松，甚至不忘幽自己一默；更为难得的是每段押韵，换段换韵，出语自然，令人忍俊不禁，显示了较高的语言驾驭能力！

××学校　国学社　社团规划

一、宗旨

以道会友　以思立言　以点带面

二、阐释

1. 为校内所有喜爱中国古典文化的同学们提供一个交流提高、展示自我、开拓视野的平台

我校作为一所××市的一流中学，自然不乏热爱、追求古典精英文化的各行人才。这其中，或许有人通晓诗词，下笔即珠玑骈句，气贯长虹；或许有人读史多年，评论千秋功过头头是道，不亚名家；又或许有人喜爱兵法的千演万化，周易的数学原理，佛家的玄妙哲理；更有人欣赏书法的博大精深，国画的深远意境，古琴的浅吟低唱……

在学校的几年中我们有幸见识了学校里许多的“文化精英”，既钦佩于大家丰富的学识和高雅的情趣，又时常思考为什么不能创建一个永久性的平台，让志同道合的同学们有机会坐在一起，论道明理，纵横古今，共同进步。而今天，当我们终于坐在了高中楼里，我们决定用我们的行动，让这个愿望成为现实。我们或许并不是学识最渊博、能力最突出的人，但我们都希望我们的行动能使更多的人从中受益。

2. 在活动中培养作为新时代领袖型人才不可或缺的人文内涵和社会情怀

改革开放以来，中国的经济得到了极为迅猛的发展，人民生活水平也有了很大提高；但是在发展的同时，我们又不得不忧心于国民文化素养的有待提升，以及社会体制及法制系统的有待完善。如果说三十年前的中国经济、科技刚刚起飞，需要一批目光长远、脚踏实地的理工人才，那么今天的中国则正面临着体制改革的抉择，需要的是对经济、政治、法律有深厚的学问功底，了解国情，能锐意创新的文化精英。在新的时代需求下，适应社会、发展自我，就成了当下学生们的新课题。

视野、深度、审美、情怀，优秀的人文素养以及合作探究的能力，这些都是新时代优秀人才不可或缺的素质。在国学社的活动中，引领大家认识中国传统价值体系与民族特点，了解国情，思考适合中国的发展模式，将是我们开办国学社

的最终目的。

3. 在全校范围内推广国学，营造良好的文化氛围，培养对民族文化的认同感

如今的青少年正处在一个信息量空前膨胀、文化碰撞空前频繁的时代，各种外来文化耳濡目染的影响正动摇着这一代人心中传统文化的根基。加上各种娱乐设备的空前普及，许多人已经很难再对老掉牙的四书五经、礼乐射御产生兴趣。然而不可否认的是我们的传统文化中蕴涵着丰富的养料，忽视传统文化将是一代人乃至社会的重大损失。因此作为校内首个国学社团，宣传推广国学，让同学们体会到国学的价值所在，是我们义不容辞的责任。我们旨在以丰富多彩的活动形式，唤醒大家对国学的兴趣，从而在校内营造高雅的文化氛围，加深对民族文化的认同。

三、活动

1. 读书沙龙

一般每月一次，每次有固定的主题和时间。分为“史海纵横茶话会”和“奇文共欣赏”，轮换举办。本活动面向所有注册社员。

2. 讲座

邀请校内老师和有优秀国学素养的同学现场讲授。面向所有注册社员，也欢迎其他非社员的同学旁听。

本学期拟定主题：古典诗词写作方法谈、走近甲骨文（考古系列）、我看四大名著、兵法文化等。

3. 交流、参访和旅行

社团会组织与市内其他社团的交流活动，以及未来可能会有的夏令营类活动，届时将选拔骨干社员参加。

4. 娱乐活动

琴棋书画花茶剑柔都将会是我们接触的对象，此类活动每学期1—2次，面向所有注册社员。

5. 课题研究

每学期一次，面向骨干社员。成果将写成论文在校刊上展示。

本学年拟定备选课题：清华精神；国学表达；《周易》中的科学；国学中的民族性；国学研究的时代意义。

6. 各类竞赛

每学年1—2次，联合学生会各部门或各年级，面向全校或初/高中部或单个年级。

本学年拟定备选主题：象棋或围棋比赛；初中/高中国学知识竞赛。

四、学校生活指南

高一学生初入学校，在很多方面都很陌生，随之而来会产生很多生活、学习上的问题，虽然有老师和学长的告知，但还是有很多不太清楚的问题。因此，建议学校相关部门，组织师生编写一本类似《××学校新鲜人》这样的手册，待学生一进校，就发给他们，让他们感觉到方便和温暖；如果有时间，最好组织学生集体学习。

手册可以从以下几个方面进行编写：

（一）学习方面

1. 怎样识别教室门牌号
2. 教研室及公用教室在哪里
3. 怎样使用学校的图书馆
4. 学校附近哪里可以复印资料
5. 高中三年里有哪些学科竞赛
6. 怎样才能拿到“社会实践”和“社区服务”的学分
7. 哪里适合上自习
8. 都有哪些选修课（即校本课程）
9. 如何利用学校的电子阅览室
10. 班级用品损坏或缺少如何处理
11. 学习压力大怎么办

（二）学校活动方面

1. 学校每年组织哪些大型的学生活动
2. 学生会、校团委包括哪些职能部门
3. 学校里有哪些学生社团
4. 怎样参加校际交流活动
5. 怎样参加学校组织的科技活动
6. 怎样租借学校的体育器材
7. 如何使用校园网
8. 怎样参加学校组织的艺术活动
9. 关于军训的一些常识和建议

（三）生活方面

1. 学校的通信地址是什么
2. 哪些公交车可以到达学校
3. 怎样补办校内常用证件
4. 到哪儿吃饭好呢

5. 怎样才能拥有饭卡
6. 附近比较值得一去的购物地点
7. 附近的银行和 ATM（自动取款机）在哪里
8. 附近哪儿可以买到手机充值卡
9. 附近哪儿能修理自行车
10. 突然生病或意外受伤了怎么办
11. 心情不好时怎么办
12. 住宿生常见问题

班级学习活动总结示例

《××学校新鲜人》手册学习班会报告

高一×班

今天下午，我们班的同学利用班会的时间集体学习了一下《××学校新鲜人——学习生活服务指南（高中版）》这本手册。虽然经过了一天的艰苦学习和有些劳累的生活，但当同学们翻阅起这本书的时候，大家都一下子充满了精神，十分激动地期待着开始。

我们采取的是由班长用幻灯片的形式讲解这个小册子上的内容。在整个班会课上，班级的气氛都非常活跃且轻松，时不时有同学提出问题或者作一些补充，大家的讨论有时也很激烈。同学们主要对以下这几条比较有兴趣。

在学习篇部分，因为班中有些同学都是来自初中部，所以对学校附近及本校的教学楼的情况都比较熟悉。而讲到高中学科竞赛时，大家都一下子聚精会神起来。因为班里的同学学习都比较牛，也对竞赛很有兴趣。各个学科的竞赛都在其中有提及，连生物这样的副科的考试也有涉及，我们觉得非常到位。这指引了我们一个方向。在此要提的是因为有很多同学已经提前看过这本册子了，所以已经提前在为那些竞赛作准备了。社区服务对于我们高一的新生来说也是一件比较新鲜的事情，而且是每个人都必须去做的。可能是开学初听教务处主任讲这方面的时候没记下来，很多同学还不知道社会活动具体是怎么回事，而这本小册子上清晰明了地写了要求和得到学分的不同途径，非常有用。

在活动篇部分，大家主要是对学生社团和学生会的这一部分比较感兴趣。作为龙班的学生来说，每一个人的能力都非常强，也希望在学习的同时可以使自己的其他方面能力有进一步的提高，加入学生会以及学生社团就成为了我们的不二选择。手册中对各种学生社团的介绍也为我们选择社团提供了很多的参考，节省了招新时询问社团或部门概况的时间。虽然学生会的招新已经结束，但是对这些职能部门的介绍也为我们了解学校和属于学生的组织的各个部门提供了很多很宝贵的资料。

在生活篇中，都是一些与大家息息相关的专题，大家的讨论最激烈，也最有的说（俗话说嘛：“民以食为天！”）。像现在物价飞涨，学校食堂也跟着涨价的年代，到大学里吃饭成为了大家的另一个重要的选择。而手册中也应时应景地对到哪里去吃饭这个问题，作了比较详细的介绍，连去哪里办卡、要用什么卡和大学里去哪儿买东西都作了一一的介绍。这一方面方便了想吃饭的人，另一方面还为班委去哪儿买像教师节的礼物等提供了很好的建议。

总而言之，这本小册子，虽然看起来很不起眼，但是实际上却有很多的信息。它给了我们一个展望高中三年的空间，帮助我们更好更快地适应高中环境，并将学校这片宝地当做我们施展才能的一个广阔的舞台，让我们能够像彭×和丁×一样，潇洒地说出“Hakuna Matata”（意为无忧无虑），然后潇洒地向前走。

五、建立家委会，促进家校沟通

毫无疑问，学校是校风建设、教育教学工作中的主体，但是在新的社会形势下，单一的学校教育已远远不能适应全面育人的要求，必须与家庭教育、社会教育密切结合，互相补充，形成合力，才能保证青少年的健康成长。近些年来，学校的家长委员会正是顺应这种形势的需要而产生的一种工作形式，是学校教育与家庭教育联系的纽带。

家委会的职责和功能是积极多面的，例如：家长代表积极参与学校管理和教育教学活动，了解学校的办学理念和办学状况，及时提出合理化的建议和意见。学校会定期向家长委员会通报工作，尤其是学校的重点工作会及时向家长委员会汇报和沟通，部分年级活动将邀请家长参加，学校通过家长委员会深入调研，了解家长的呼声，通过协调使一些问题和矛盾得到合理的解决。

另外，家长委员会也可以在工作中开拓家庭教育的新思路，研究家庭教育的新方法，在社会上主动从正面宣传学校，动员更多的家长关注学校、关心孩子，重视孩子的教育和培养；引导家长们树立正确的人才观和教育观，积极学习，用科学的方法和自己的言行引导教育孩子，成为孩子做人的榜样，为他们营造和睦、温馨、文明、进步的家庭氛围，努力创建学习型、知识型、和谐型家庭。

总之，如果家长委员会能充分发挥家长和学校沟通交流的桥梁与纽带作用，进一步开发校外教育资源，联系社区形成教育合力，为学生综合素质的提高提供多种教育平台，那么必将形成家校联手、社区互动的良好家教格局。

当然，家长委员会的工作机制也要不断完善，例如：要健全家长委员会工作制度，并创造多元化联系方式，同时，建立家校工作邮箱，并不断提出家校工作新举措。

资料：

家长委员会章程（草案）

第一章　总则

第一条　为进一步加强学校和家庭的沟通与联系，充分发挥学校指导家庭教育的功能，形成学校、家庭、社会协同教育网络，为学生营造一个和谐健康的成长环境，特成立家长委员会，并制定本章程。

第二条　家长委员会成员由家长自荐或选举。通过增进家长之间的团结互助，促进家长和教师的相互交流，让家长主动参与班级的教育管理，协助班级开展教育活动，与学校教师共同培养教育学生。

第三条　家长委员会与学校、班主任及任课老师之间遵循平等、互相尊重、互相信任的原则。

第四条　家长委员会的宗旨是：促进学生在家庭、学校和社区的幸福和健康；协调学校和家庭的关系，团结和组织学生家长，发挥家长、教师的智慧和力量，为班级建设献计献策，使学生在人格、个性上得到和谐健康的发展；团结公众的力量，营造学生健康成长的环境。

第二章　权利和义务

第五条　参与班级学生管理，定期听取班级工作汇报，发挥对班级工作的检查、督促作用，对班级工作提出意见和建议。

第六条　有权对班级的规划和发展、教育教学计划的制订和执行情况提出建议。

第七条　宣传班里的好人好事；解决学生中出现的问题；分析归纳学生、教师、家长所反映的问题，及时地提出有关意见和建议以解决问题。

第八条　协助班级处理偶发事件及有关学校、家长和学生之间的争议。

第九条　监督班级的收费情况，对班级教育教学工作中出现的问题，有权向班级，必要时向学校提出意见和建议。

第十条　积极学习有关的教育知识，尤其是家庭教育知识，参与班级组织的各项活动和培训。

第十一条　每学期组织家长会1—2次，组织学习家庭教育知识1—2次，通过家长学校、校长信箱、联系簿、网络等其他行之有效的家校合作方式，向家长宣传家庭教育理念、知识和方法，推广家庭教育的成功经验。

第十二条　家长委员会成员如不能按照章程履行自己的权利和义务，不积极开展工作，经委员会研究予以取消委员身份。

家委会成立邀请信

××家长：

您好！

在您的支持与协助下，××学校××级高一年级家长委员会已进入筹备阶段，为使家长委员会工作落到实处，现特邀请您于××年××月××日下午15：00至高中楼小会议室参与家长委员会筹备会，并共同商议年级各项工作。

恭候您的光临。

××学校高一年级组

××年××月××日

××学校高一年级家长委员会第一次会议议程

1. 介绍家委会成立意图（德育主任讲话）。

2. 公布班级家委会名单（家长报名和班主任推荐结合）。

3. 推选家委会常务委员（每班1位）。

4. 推选年级家委会会长。

5. 明确家委会工作职责：收集家长意见，反馈学校工作，建立家校沟通桥梁，更好地服务于学生（借鉴他校家委会工作经验）。

第四节　我的规划

一、入学之初的生涯规划

（一）高中生涯规划课程的初衷

出于多年经验的积累、高中新课改带来的契机、对高中阶段学生知识能力迅速攀升的了解以及对人的多样性的尊重，我们感觉迫切需要解决下面四个问题。

1. 让学生学会认识自我，找到生涯规划的起点。

2. 及时回应学生内在的心理需求。

3. 引导学生形成正确的人生观、世界观。

4. 培养学生“持续发展”的能力。

在这样的需求下，设置了生涯规划选修课程，聘请大学教授、本校名师、成功人士作生涯辅导报告；学生座谈讨论，制订自己的第一份生涯规划；将生涯规划的概念纳入整个三年的教学活动中，着眼于学生的终生发展。

（二）生涯规划的课程目标

1. 培养了解自己的能力，如兴趣、价值观、性格、专长等，了解个人发展与生涯规划的关系。

2. 收集有关环境资源的信息，如专业前景、能力要求、发展趋势等，进行个人与生活环境的探索和选择。

3. 发展适应环境的能力，如人际和谐、承担责任、工作学习表现等。

4. 发展生涯决定的能力，为自己确立可操作的目标并且努力实现，在实现的过程中可以灵活调整。

5. 培养宏观及具有前瞻性的生涯态度和信念。

资料：高一生涯规划课程设计简案

1. 学校高××级生涯规划课程启动大会。

2. 班主任接受德育处老师培训霍兰德职业倾向测验使用方法。

3. 建议班会主题："我和我的高××班"，可以通过"滚雪球"、"回旋沟通"让学生推销自己、了解同学，增强班级凝聚力。

（1）班级成员自我介绍

（2）分小组推销自己

（3）直接任命或自荐成立临时班委会，制订班规

（4）班主任提出生涯规划课程要求

4. 高××级生涯规划课程——校本课程介绍（教务处）

5. 与往届生座谈，学习《学校学生日常行为规范》

6. 高××级生涯规划课程——主题报告：校史教育

7. 生涯规划：相当于生涯规划小结

（1）讨论后写高中学习计划——准备在高中如何成长

（2）准备给学校留点什么

（3）写出对个人未来生活的设想（各班收齐后将优秀稿件复印并交到德育处）

生涯规划活动示例一

生涯规划高一部分的课程设置

课程内容	课程目标	实施方式	具体时间安排
第一单元 了解生涯规划	了解个人成长与生涯发展的关系	团体辅导，通过家长学生共同听取报告了解学校、了解高中生活	8月18日 家长学生大会

（续表）

课程内容	课程目标	实施方式	具体时间安排
第二单元 认识自我 找到起点	从能力兴趣、性格、价值观、生涯信念、自我肯定各方面了解自己	小组活动，通过自我介绍和互助分析认识自我/分小组推销自己/直接任命或自荐成立临时班委会	8 月 18 日 主题班会：喜相逢
	了解各种生活角色及性别角色内涵，了解角色间关系，面对自己、接受自己	问卷调查	8 月 19 日 霍兰德职业倾向测验
		团体辅导	8 月 19 日 生涯规划主题报告
第三单元 环境资源的探索	学会高中学习	校本课程介绍	8 月 20 日 校本课程介绍
	了解高中教育发展	团体辅导 由优秀学长分组进班进行	8 月 21 日 生涯规划班会：了解高中生活
		主题报告 校史教育	8 月 22 日 生涯规划主题报告
第四单元 生涯决定	梦想激励	小组讨论，走出不确定和不熟悉的状态	8 月 23 日 主题班会：我的生涯彩虹
	生涯评估与决策	为自己确立可操作的目标并且努力实现	8 月 23 日 个人作业

学生反馈

我的高一生涯规划

初中三年的生活转眼间已经结束了，但初中时光还依然历历在目。我很成功地考取了自己理想的高中，对高中生活满是期待，也计划了不少。

在我看来，高中是人生中最珍贵、最难忘、最有意义的一段时光，因此，我要好好利用高中三年的时间提高自己各方面的能力，为以后的人生打下坚实的基础。

1. 环境适应方面

目前我还没有完全找到状态，有时看见以前的初中楼还心中不免几分伤感。但我要尽快和过去的时光说再见，踏上新的征程。我会全心投入高中生活，上课认真听讲、课下认真写作业来适应高中学习，并和同学、老师尽快熟悉。

2. 学业发展方面

在初中我一直是个学习成绩总体还不错但理科不够优秀的孩子，未来我要选择理科、更宽广的人生，我要学好数学、物理。首先，我会上课专心听讲，然后课下有不懂的立即去问老师，不会再像初中一样一直拖着，当然还要多和老师同学探讨以尽快找到最适合自己的学习方法。在新增的学科中，我会紧跟老师的步伐，不想让那些学科成为我的绊脚石。英语方面我要扩大词汇量，为了以后能够出国学习打下牢固的基础。

我的高中阶段学业的最终目标是争取保持年级前150名，考取国内一流大学或国外有奖学金的大学。为此我会在高一时尽快适应高中学习，在高二时，努力提升自己，高三时，为人生拼搏一年！

3. 人际交往方面

我希望在高中能够一样和同学和谐相处，拥有好的人缘。为此，我目前会努力认全新同学，和他们结交，帮助同学。当然我也会尊敬老师，和老师及时交流沟通。

4. 社团活动方面

在高中，我想继续我的初中生活，在学习之余，担任班干部。发挥我的组织能力，尽自己微薄的力量为班级作贡献。我认为当班干部不仅是为班级做事，更重要的是能够打磨自己，除此之外，我还想要加入学校的社团，在其中锻炼自己的活动能力，增长知识面。为我以后的职业梦想奠定基础。当然，我很渴望为班级服务、作贡献，因为我觉得从中获得的成就感、满足感让我十分欣慰。

5. 身心健康方面

我向来是个乐观向上的孩子，可能有的时候会有小小的不自信，但我从来不会轻言放弃。我打算继续培养自己的积极心态走完高中生涯。在身体方面，我会锻炼身体来应对高中紧张的学业。

6. 休闲生活方面

我是个很热爱生活，很爱组织活动的孩子。我想我会在高中初期通过各种有益的方式提升自己的内在修养，我会坚持读各种书，坚持练书法，让生活更有意义而不是碌碌无为。我也想在业余和同学们交流、聚会，增进感情，共同探索人生之路。

以上就是我高中生活的简单规划。父亲常和我说“作规划就如同导航一般，没有导航总会迷路”，在高中刚开始的时候我作了这个规划，但愿我能一步步完成，三年之后收获属于自己最饱满香甜的果实！

我的高中生涯规划报告

对于未来，我的初步理想是学企业管理学、经济学或建筑设计。我本身就喜爱冒险、竞争，并且精力充沛，拥有很好的人际关系，有责任感，也能在集体中很好地工作。我的职业价值观是，能够找到一份人际关系良好、能发挥我的特长并且工资福利高的工作。恰好通过测试证明，我是一个企业型、研究型与社会型兼具的人，和我的目标十分一致。而且，我以后非常想去美国上大学，学习他们的先进教学理念并感受异国文化，虽然，我知道也许会有许多困难，但是我相信通过我高中的努力，一定可以实现自己的目标。因此，我高中三年将在以下方面作出努力。

首先，是要学会融入一个新的环境。这点其实我并不担心，因为班里绝大部分的人都在初中就认识，而通过八天的军训，也让我对一些外校来的同学有了一定的了解。我相信通过与同学有意识地增加交流，人际关系方面能初步稳定。对于高中的新老师，希望自己通过非常认真地听课从而掌握老师的授课风格，并且遇到困难主动与老师沟通，与老师建立良好的师生关系，从而为以后三年的高中学习打下基础。

其次，要学会根据兴趣有效利用社团活动。为了成功学习经济与企业管理，我初步决定参加模拟联合国和 JA 经济与企业管理这两个选修课。参加模联，是为了锻炼自己的胆量，以及更好地与人沟通相处的能力，使自己站在一个更大的舞台上学习，这对于一个企业家来说是十分重要的。参加 JA，是为了初步了解自己的职业兴趣，以充分确定自己是否真的打算为其努力。当然，参加这些必须要注意的是要在有余力的情况下，一定不能丢下主要的学习。所以我对于社团的目标是，尽力参与，有收获。

然后，再来谈一下休闲生活与身心健康。为了大学能够去美国上，我已经开始在新东方报了周六周日两天的英语课，并且决定在高一的暑假考完托福。目标 110 分以上虽然十分困难，但从现在开始的积累一定十分关键。如果还有时间，仍要坚持体育锻炼。因为我的胃不是很好，经常胃疼，所以还要注意饮食并有好的生活作息时间。

最后要说的是，最最最重要的学习方面。虽然我初中的底子还算不错，但是，我不得不非常羞愧地承认自己这一个暑假几乎就没碰过课本，而且，现在高中这个班是非常优秀的，大家都会十分努力地学习，想要取得好成绩变得更加不容易，所以，我对自己的初步定位大概在班级 25 名左右。当然，我并不会安于现状，希望通过以下的计划，争取在每次考试中都能取得微小进步，这样长时间的积累会有很大的回报的。

1. 9—10 月通过认真听课、勤做笔记、仔细完成作业等各种初中养成的好习惯，适应高中紧张的学习生活。当然，一定要努力发扬自己不懂就问的好精神，因为大家都很厉害，所以没必要觉得没面子。并要提高记笔记的速度，不要什么都记，学会抓重点。争取在每次考试中都有提高，哪怕只进步一名。另外，要养成勤复习和预习的习惯，改掉爱偷懒的毛病。

2. 对于数学，我觉得自己数论方面很差。多做题是个方法，但是也要通过做一道题掌握一种方法，不能盲目浪费时间。最好建立一个错题本，将不会的题进行归纳和总结，延续初中的好习惯。当然我发现班里数学厉害的人很多，所以可以多问他们，或者直接请教老师。当然，对于几何辅助线的原理，也要多寻找方法，多尝试。总之，就是要在基本概念理解的基础上多多做题，并且都总结在错题本上，坚持不懂就问。对于竞赛，我觉得自己可能不太擅长，可能是因为初中下的工夫少，没有达到老师目标而灰心丧气，但就像曾老师说的，假如有余力的话，我非常愿意积极尝试。

3. 在英语方面，上课外班时一定不能还是初中的懒懒散散的态度，要努力认真起来。主要方法是，通过一切方法背单词，练听力。必须要利用好一切时间，面对 SAT（学术能力评估测试）、托福 10 000 左右的单词量，我们现在最多也就 3 000—4 000，差距非常大，而且单词量上不去，看不懂的话就什么都没戏了。平常在学校上课还是要努力听也要多练，提高口语水平，利用一切好的资源。

4. 对于物理和化学，我都认为自己在初中学得不错，但是我也听说高中的物理和化学会很难，所以仍是不能掉以轻心。最主要的是上课要认真听，努力控制自己，尽量不走神。记笔记一定要快。对于非常多的新知识和概念，还要通过多遍地理解，大量地做题来巩固。

5. 对于语文，我觉得多背文章、多花时间看名著一定会有提高。而我以前并不是很爱看名著，所以，要从高一开始，努力减少自己的上网时间，可能无法一下子减到很少，但是可以每周少上十分钟，挤出时间看书，慢慢下来养成好习惯，通过加大阅读量、背好的词句段落来丰富自己的内涵。

虽然企业管理学和经济学都归属文科，但是实质上是交叉学科，所以不能只注重单方面，我还是要注意全面发展。当然，这些只是我暂时一个非常模糊的计划，我相信通过以后不断的学习，与同学和老师不断的交流都会使我改变，并可能影响计划。因此要随时根据自身条件调整计划，要多与父母和老师沟通。

希望自己在高中三年取得优异成绩！

再说军训

1. 站在此处向来路张望，那些绿色的日子已经有些模糊，细节我都已看不清楚了，那些对生命的打磨和敲打才沉淀下来。军训，让我们成长，让我们成熟，让我们懂得军人的坚毅，那些外表严厉内心却柔软的教官，打动了我们年轻的心。

感谢你，军训。

2. 军训，太漫长了，九天啊，几乎是一分一秒掐指熬过来的。军训，又太短暂了，九天的生活似乎可以浓缩成几幅简单的插图定格在记忆里：黄沙中浩浩荡荡的步伐；月光下随风摇曳的葫芦藤；教官故作严肃的目光下如孩子般忍俊不禁的嘴角……从此，我懂得了什么是单调，什么是苦闷，也懂得了什么是军人，什么是奉献。

3. 军营留给我最深刻的印象是它严格得近乎无情的纪律。初进军营，便留意到了那些贴在墙上的大大小小的标语——“纪律是安全的保障”等诸如此类。而同时，随着时间的推移，我也越来越体会到了纪律的内涵：排队去吃饭、洗澡，严格的作息时间，绝对地服从命令，受到上级批评而绝不辩解。虽然，某种层面上，纪律剥夺了我们的自由，可与此同时，纪律也保障了我们在集体生活中的高效率。

4. 醒来的时候天已经亮了，居然觉得奇怪。起床后很自然地叠起被子，居然会用手去压出边来，吃饭的时候居然又想起葫芦。那样的日子忘不了，用行动去铭记一辈子。那样的日子继续着，在心中。

5. 君不见，教官之吼耳边来，奔流入脑不复回；君不见，宿舍残镜悲黑面，朝如玉蚕夕如炭。人生百年须行乐，莫使欢愉空对月。天生我才必有用，千金散尽还复来。腰酸背痛且作乐，会当一秒三百天。齐步走，站军姿，军训苦，永不停。与君歌一曲，请君为我倾耳听：军训生活何足逸，谁愿长训不愿停。古来富贵贪风月，惟有贫者挨其训。食堂日日菜缺油，十筷无肉口水流。教官何谓言少肉，径入内室自饕餮。整行装，望东方，归校大巴在近旁，自此永不这苦忙！

6. 不知道当我们在教室中昏昏欲睡时，数千米外那个曾经的家是否正在军歌嘹亮？曾以为会铭记一辈子的画面，却在十几天后变得这么模糊。教官的笑颜、烈日下的煎熬，似乎都已陷入了记忆深处。再一次说到军训，好像已经是很久以前的事了，只有那曾在深夜陪伴我们的颗颗明星，还在记忆的夜空中闪烁。

7. 再回首，军训依在，人依在，但时光已逝，我们已离。人不在，心却在，实为精神存心，永远激励。此行收获颇多，班人团结，精神受育，内心坚毅。

所以，我说：“军训，你永在我心。”

高中生活小记

阳光普照万里无云光芒万丈睁不开眼的日子里，我高一了！

紧接着数个烈日炎炎水深火热的日子过后，我度过了高中生活的第一周。

面对窗明几净的教室，面对金光闪闪的校服，面对神采奕奕的同学，面对气宇轩昂的老师，面对着一切的一切，我感到了一丝不适应。

为什么会不适应？有什么不适应？我不一直是一个适应能力很强的人吗？可

就是不适应。这第一个星期，我一直有些感伤。

高中了，初中时代结束了，事实上童年也真正彻底地结束了。从高中开始，要真正意义上投入人生与社会的大杂烩中，离开了自己纯净的小窝，离开了那简单的幸福，无邪的快乐。

在这第一星期，我就真切地感受到了高中生活的辛苦与压力，而且我清楚，从现在开始，这种压力会一直伴随我，伴随我……

想要祭奠我的童年，想要怀念那些已经逝去的阳光细雨和风清云淡的日子。

离开了，走了。

走出了童年，走出了。

不回头望一望吗？

那阳光下奔跑的自己，

那雨露中歌唱的孩子，

那海边的日出，

那父母的怀抱。

在即将走入另一个更广阔复杂的世界前，

回头望一望吧！

为自己留下一点纯净的颜色，

一点简单的记忆。

后记：一直喜欢听孙燕姿唱的《天黑黑》，并不为里面的情与爱，而是里面表达的一种对童年的怀念，深深地打动了我。也许有人会说，前途一片光明，为何要回头感伤？我只想说，我回了头，看到了美好，懂得了珍惜美好，会更珍重即将到来的未来。

生涯规划活动示例二

“高中学习思考与反思”主题班会教案

时间：××年××月××日

地点：班级教室

参加人员：全体同学及班主任教师

1. 问题的引出

(1) 同学文章选登——《难融，激情，难忘》(幻灯片展示)

最近几天，我一直在困惑：高中生活到底是什么？清晨上路我在想，中午用餐时我在想，晚上睡觉时我还在想。高中，总能给我带来最奇妙的感受。

对于适应环境，我一直很自信，无视一切陌生。但上高中已经一个月了，我赫然发现，我竟不能融入高中的基调：每天的生活我总是浑身不自在，似乎躯体在被某种气氛所禁锢，令人感到呼吸困难。再没有像初中那样一下课就冲向操场的冲动，再没有放学后杀向饭堂的豪情。压抑，实在是压抑。这种种难融是因为学习思路改变吗？是因为精神的发展吗？我无从可知，也无法推广。

从头说来，既谈压抑，又何来激情？按物理老师的话说，这就是宏观和微观的区别了。高中，我们在班集体中，拥有了初中无法获得的能量。没有任何艰难险阻能阻挡乘风破浪的我们！青年人永远是无所畏惧的！这就是我们集体的激情！

呵……高中，我算是领略了。回想已经经历的这一个多月，我感慨良多。我实在想找个机会来缓冲缓冲。然而国庆在家，我倍感无聊，总觉得空荡荡的。对高中，我怎么说你才好呢？用一个粗俗的比方来说吧：就像牙缝里塞了一片肉，没剔的时候觉得难受，而剔掉后又觉得少了些什么。高中生活，还得一点一点地去适应。至于总体的感受，三年后再说吧！

(2) 公布学习方面的调查结果。主要集中在英语和物理两科上。

2. 问题的讨论

情景1：小品，主要表演对英语、物理两个学科的不适应。英语表演课堂上的状况，物理表演考试时一位同学的考试过程。

英语、物理两科学习方法介绍（各一名同学）

物理：王×；英语：龙××

情景2：一分钟短剧，反映压力。

关于减轻高中学习、生活压力的讨论。

各科学习协调、规划的讨论。

情景3：一分钟短剧，表现一名同学面对学习方式转型后的困惑，产生问题无处寻答案的迷茫。

自主性学习的讨论。

情景4：一分钟短剧，表现同学问问题受阻，同学之间学习不共享，互相遮掩，呼吁班内团结学风的尽快形成。

学习合作交流的讨论。

总结及制订下一步的计划。

3. 展望

随笔中激情话语展示。

共唱歌曲。

4. 校长讲话（略）

5. 班主任讲话（略）

6. 班会后同学们的反馈

学生反馈

记高中生活一件改变了我的事

进入高中，原本习惯了的生活似乎骤然间被打破，杂乱无章的琐事好事揉成了毛线团，总也理不出个头绪，也许是太依赖于初中老师的授课方法与学习习惯吧。

我在回想，曾经的我，居高临下；曾经的我，自信勇敢；曾经……曾经的我已如过眼云烟般消逝了，而今，不知怎地一种莫名的孤独在我心中滋生，好像角落里的小草，而周围都是大树，又好像迷途的雏鸟，而身边，都是雄鹰。我所能做的，只有仰望……而自从那次班会课，我自暴自弃的念头消失了，因为我看到了我的伙伴，和我一样寻觅着方向的伙伴们。

这是一次以学习交流为主题的班会。同学们抒发了各自对高中学习的感受，毫无保留地介绍着自己的学习经验与方法，台下的我们好像一株株几近枯萎的谷子，贪婪地吮吸着，汲取着……从他们蜂拥而至的问题中，我了解到那些平日里"笑傲江湖"的佼佼者，也有迷惘困惑的时候，那些总跑在时间前面的人，也有"体力不支"的时候；从他们如饥似渴的眸子里，我看到了，他们并不总是一帆风顺，他们同样在寻找，在追求，在探索那条通向黎明的路。在这条坎坷的路上，纵然我爬得吃力，但至少我知道了我并不孤单，这字字句句，竟引起了我如此多的共鸣。是的，我还有那么多的同行者！

班会尾声时，校长的讲话给我留下了深刻的印象。原来这位看似高高在上、望尘莫及的长者，也有过一度为了生存而急不暇择、手忙脚乱的日子；在英语、日语、俄语、德语、法语等诸多的语言中漫无目的甚至近乎草率的学习、选择中，我似乎找到了我的影子：我的高中生活不也是一次漫无目的的横冲直撞吗？眼前的人，就像一个智者，向我们介绍着他走过的路，求生的路，错过的路……而我，是否也能按此足迹找到属于我的路呢？我相信，我做得到。

于是，我不再沉沦，不再孤单。看啊，有那么多和我并肩作战的同胞，有那么多走在前面的领路人，有那么多几曾和我一样迷茫过的先驱者，我害怕黑吗？我没有理由。我的心中擦亮了希望的火花，燃起了重生的勇气。让消沉坠入谷底吧，我拾起了梦想继续前进！

记高中生活的一件有意义的事

昨天班会，开展了一次学习交流会，会上，两位牛人介绍了他们的学习方法，让我觉得十分受用。

交流会一开始，三位同学表演了小品，两位演学生，一位学习好，一位学习差，还有一位老师。第一幕，老师给学生发卷子考试。学习差者介绍了他做选择题的方法："三长一短就选短，三短一长就选长，两长两短选二 B，参差不齐 C

无敌。”考试时，他靠着抛硬币和抄别人来考。考完后，第二幕，老师讲评卷子，并得知学习差者抄别人的时候，对他进行了批评，并讲述了正确的学习方法。这部小品以幽默的语言和表演得到了同学们的掌声。其学习方法，对考试来说也是很好的。

之后学委倪××对他调查的结果作了公布。调查结果表明同学们对于英语和物理的学习感到吃力。我个人觉得英语较难。接下来，倪××又请王×和龙××分别对物理和英语的学习问题进行解答。对于英语，绝大多数同学都反映考试的内容与所学的课文无关，我也有相同的问题。龙××对此的解释是说高中的英语是在积累。我对她的话理解是大概高中英语学完后，考起试来才能十分流畅吧。还有大家对英语和物理的相似问题是初中时，老师是一道题一道题地讲，到了高中，物理只是讲一个方法，英语只是对答案，有问题只能自己看语法书或下课问。

最后，校长发表了讲话，他介绍了他上大学时，先后学习英语、德语、法语、俄语、日语的经历，让大家十分佩服。他说，他学这些语言，有的是兴趣，有的是为了生存。我以为不管学什么东西，兴趣都是重要的。

这次交流会中不光介绍了同学们的学习方法，而且对同学们学习中的问题进行了解答。而且对于“兴趣”之一——学习的动力作了说明。我认为这次交流会是十分成功的。多办这样的活动可以对同学们的学习进行指导。

永远不要放弃自己

英语歌曲比赛之前，我无意间听到了两个普通班学生的谈话：“有实验班参加，咱们还参加有什么意思啊?”最后的结果是两个实验班并列第一。实验班好像又一次漂亮地赢了个大获全胜。可是普通班这一次却是败在了自己手下，因为他们在还没比赛前就已经放弃了自己。

或许是无言的失败和失落教会了人们屈服与妥协。人们已经在不变的竞争中渐渐习惯了退缩和逃避。于是这一情景就频繁出现在每个充满竞争意味的场景里。他们木然地叹息着，闲坐着，却从未闪过一个要与实验班一争高低的念头。

镁光灯下，一场完美的演出是那样璀璨耀眼，配合得天衣无缝。镁光灯下，他们可曾知道这一切是在多少个静夜里磋商协调的结果。从唱法到动作，从创意到展示，只有我们自己知道这经过了怎样一番不懈的尝试和磨合。我很想告诉他们：我们并非都是天之骄子样样精通。只要你们也付出同样的精力，你们也有得冠军的机会。竞争的时刻，一切都回归于公平公正，决定胜负的不是别人而是你自己。

从初一开始，我就在体育班里学习生活。在那段岁月里，人们告诉我永远不要放弃自己，贱视自己的人永远不可能获得胜利。人们总会面对无数的挫折和困境。但是在面对的时候，永远不要对自己没有信心。有句话说得好：放弃了自己就放弃了全部。

大多数人在人生路上苦苦追寻的时候总会放弃几样东西。或许那是儿时自以为很幼稚的梦想，或许那是入世前的纯真，亦是自己坚守一时的信仰。但是无论你选择了什么，抛弃了什么，你的心、你自己都永远是这世界独一无二的一个。为什么不让自己的青春在汗水中飞扬，去真正体会一把青春无悔呢？我们的人生不是为了得到怎样的荣誉，而是在这段旅途中收获到真的自我。

二、素质提升大课堂

高一是起始年级，学生在高中阶段的学习习惯、文明素质、个性观念等都没有成型，因此，学校应该抓住契机，利用这一年的时间，制订完善的计划，培养学生良好的生活和学习习惯，让他们认识到“细节决定成败，习惯成就人生”。另外，随着教育改革和高考改革对学生人文素养要求的提高，为了更好地提高全体学生的审美情趣、文化品位、人文素养和科学素质，培养学生的良好学习习惯和思维品质，引导学生树立坚实的社会责任感和使命感，构建文明和谐的校园文化，并在德智体等方面均衡发展，年级组要制订“学生素养全面（人文+体育）提升计划”。

高一年级工作的关键词是“习惯、素质、奠基”，培养优秀习惯，全面提升素质，为未来奠基，这应该是全体老师的共识和追求！

新课改着眼于学生学习自主性的提升，“学生素养全面（人文+体育）提升计划”应以“培养”二字为主：“培”重在教师的指导，“养”重在学生的心智积淀。各科的学习，都少不了学科基本素养的提升。而新学年伊始，学生与学校，万般诉求等待着伸张，年级组的这一计划，是彼此历练、施行教育、共创辉煌的第一步。

面向全体高一学生、依托各学科教师打造的“提升计划”，将历时一年，内容涵盖文史、涉猎外政、辐射视听、取材体脑。

活动设计示例一

高××级学生素养提升大课堂

课程类别归属见下面的关系：

• 综合类活动类课程

学校自主课程——年级活动

1. 课程目标

按照学校教育教学工作要求，结合高××级年级工作实际，本课程旨在让学生深刻领悟“自强不息、厚德载物”的内涵，引导学生在德智体等方面均衡发展，树立坚定的社会责任感和民族使命感。

2. 课程计划

本课程由两大部分组成：人文提升计划和体魄提升计划。

人文提升计划，包括语文、英语、政治、历史等学科：语文经典阅读系列，含《论语》、《巴黎圣母院》、《红楼梦》等；英语素养培养，奥巴马讲话、英文电影欣赏、英文电影配音大赛等；政治有“充当世界货币的摄影影像”等；历史有“中国古代选官制度史”、“欧洲中世纪历史”、“中国近代政治制度的新陈代谢”等；地理有观看《塑料成瘾》科教片等。

语文经典阅读系列分两个学段——

[第一学段]

阅读时间：第一周到第五周每周五下午第三节课。

阅读内容：必读《论语》，选读《大卫·科比菲尔》

开展方式：

(1) 两周泛读，第三周划定范围背诵，用稿纸抄写范围。

(2) 十一继续背诵，“书法”、“心得”作业，回来后百句《论语》默写比赛。(计划10月13日班会后检测)

(3) 十一后“书法”、“心得”手抄报完成，并作优秀展示。

(4) 明礼仪，爱学校，看《孔子》，做新人。(9月15日看电影《孔子》，了解孔子的生平及《论语》成书的基础。)

(5) 观看《百家讲坛》有关《论语》的视频，拓展视野，提高认识。

[第二学段]

阅读时间：第十一周到第十五周每周五下午第三节课。

阅读内容：必读《巴黎圣母院》，选读《家》。

开展方式：

(1) 用2—3周时间阅读文本。

(2) 利用某一周班会后时间看电影《巴黎圣母院》，分享形象艺术感受。

(3) 制作《巴黎圣母院》读书报告，选取优秀作品宣讲。

(4) 制作《巴黎圣母院》电子报，择优展出。

英语素养培养——

日期	内容	时长要求	负责人
9月	高中英语学习习惯养成计划 作业规范 查词典 初高中语法知识衔接	长期	全组
	全年级统一活动：奥巴马对全美中学生的讲话	1.5小时	老师

（续表）

日期	内容	时长要求	负责人
10 月	英语课外阅读，书写读书报告	1.5 小时	全组
	全年级统一活动：英文电影欣赏	1.5 小时	老师
	英文手抄报展：Lifestyle，Heroes		老师
	模块 1 考试	1 小时	全组
11 月	读书报告汇报展	1.5 小时	老师
	期中考试　英文书法展		全组
12 月	全年级统一活动：英文电影配音大赛	3 小时	老师
1 月	模块 2 考试	1 小时	全组

政治素养培养——

在当今众多的艺术门类中，视觉艺术独领风骚：多媒体艺术（如网游）、电影、录像艺术、绘画、建筑、摄影，不一而足。相对而言，静止的摄影作品比较容易讲解和研究，运动的电影等则较为复杂，何况建筑。

如何理解照片？众多思想家给出了自己的回答。学生在听讲座前，宜预习一些入门资料，如阅读柏拉图《理想国》关于“洞穴的寓言”部分、了解新闻摄影真实性的争论，或观看电影《天堂电影院》中作为道具的照片与电影胶片的叙事功能等。

“充当世界货币的摄影影像”讲授时间，将安排在 2012 年春夏学期。

历史素养培养——

1. “中国古代选官制度史”扩展阅读、讲解与思考。
2. “欧洲中世纪历史”故事阅读、讲解。
3. “中国近代社会的新陈代谢·圆明园之前世今生”讲座、交流思考（聘请老师讲解）。

1、2、3、4、5 班：11 月 17 日周四班会 14：40 开始，大阶梯教室

6、7、8 班：11 月 24 日周四班会 14：40 开始，大阶梯教室

地理素养培养——

科学是把双刃剑，表现最为突出的就是人类在创造物质文明的同时制造出无以计数的垃圾，而象征科学进步的塑料的提炼成功和广泛应用，以其难降解的特性成为垃圾中的罪魁祸首。

在海洋的每平方英里上，有 4 万 6 千件塑料散布着。大块塑料会漂浮在水面几十年。在解剖的海鸟的内脏里找到塑料颗粒，它们来自于海水中的鱼类食物，随着食物链，这些塑料和有毒物质的富集，会进入人的体内……不能再想了。

垃圾分类在国外早已实施多年，但在北京刚刚启动。希望通过这个影片增强同学们对垃圾分类的深刻认识，以及减少垃圾特别是减少塑料制品使用的自觉性。未来“领袖”为人类造福，最不能缺少的也许就是环境意识，这集中体现着综合素养、博大情怀和负责精神。

同学们可以带着如下问题观看此片。垃圾分类回收的意义是什么？塑料垃圾回收的问题在哪里？什么才是真正的回收，什么样的社会运转才能使回收路径畅通？国外的科教宣传片的拍摄有什么特点？原声英文对你的听力有帮助吗？

未来“领袖”不是人上人，不会颐指气使，而是具有解决问题的能力、对社会他人负责的态度、宏观认识和判断事物运行规律的视野。今天的素质提升就是埋下这一未来可以生长的种子。

体魄提升计划——

9月份活动：北京市新推广的武术操《英雄少年》年级比赛。计划9月22日周四班会时间举行。

10月份活动：篮球绕障碍运球比赛（每班男女生各10人参赛，计时比快。）计划本月最后一个周四举行。

11月份活动：年级拔河比赛（抽签单轮淘汰赛），或校园长跑。时间待定。

12月份活动：年级跳长绳比赛（每班男女各上15人，5分钟计时比多），或校内红旗接力赛：400米×20人（每班男女各10人）。

3. 课程评价

本课程评价的指导思想是：分科展开，不拘一格。

如语文学科：(1) 活动获奖作品将在展板中展出，并红榜表彰；(2) 获奖者可获得一定的物质和精神奖励（图书、笔、本子，表彰会等）；(3) 优秀作品结集成册，并希望学校给予印刷支持。

4. 课程活动方式

教师讲解、学生阅读，学生讨论。

活动总结

高××级“经典阅读系列活动”之《论语》圆满完成

10月31日，当最后一个班级将《论语》手抄报贴上班级展览区后，高一年级历时一个多月的“经典阅读系列活动”之《论语》终于落下帷幕。

“经典阅读系列活动”由高一语文组发起，得到校德育处、高一年级组的大力支持，意在通过对经典作品的诵读、书写、赏析，提升学生的文化素养与道德情操，并且丰富其校园文化生活。本次活动主要分为若干板块，第一个板块为《论语》，各班学生在语文老师的指导下参与了包括《论语》诵读、《论语》书法比赛、《论语》知识竞赛、《论语》手抄报比赛以及《孔子》电影欣赏在内的诸多活动。从各项反馈看，同学们对此次活动抱以极大的兴趣，并且多以自主学习和小组探究的形式完成各项活动内容。

通过这次活动，学生对以《论语》为代表的儒家文化及孔子其人有了更深入的理解，不但开阔了视野、提升了涵养，而且还提升了学生的文言与书法水平，此外更是激发了学生阅读和写作的热情。基于这次活动的圆满成功，高一语文组将陆续推出后续活动，敬请关注。

学生反馈

《论语》阅读心得

十月的天空，天高云淡，独伫旷野，侧耳聆听，有一个声音从几千年前飘来："学而时习之，不亦说乎？有朋自远方来，不亦乐乎？……"声若洪钟。时光越千年，真理亘古不变。早在两千五百年前由孔夫子三千弟子辑录而成的《论语》，带着其活泼泼的人生经验，穿越沧桑，依旧代代相传。

在我眼中，孔夫子的《论语》并非高不可及，一如所有的真知，《论语》亦是朴素的。然而，《论语》——这部曾被誉为治国之本的著作，究竟讲述了些什么？对于我们现代社会，我们现代人的生活，还有什么实际意义？我想，若是一定要为其找个恰如其分的喻体，那么，《论语》便是那人生航海旅途中的指南针，它不会教你任何航海技巧，却只是缄默地微笑着，轻声告诉你：莫要错了方向。

在我眼中，《论语》不是板着面孔的生硬的说教，更不是规则的强行灌输，而是把每一个心灵内在的良知唤醒。子贡问曰："有一言而可以终身行之者乎？"子曰："其恕乎！己所不欲，勿施于人。"子贡问了老师一个很大的问题："您能告诉我一个字，使我可以终身实践，并且永久受益吗？"孔夫子听后，以商榷的口气说："如果有这么个字，那大概就是'恕'字了吧。"恕就是宽恕、谅解，它并非言语上的不在乎，'恕'中有'心'，宽恕源于内心、源于爱，是一种从心所欲的行为。常听人劝言："原谅他吧，宽恕了别人也是宽恕了自己。"人生既然是航行，便难免碰上些风浪，遇上了，是怨天尤人，斤斤计较，还是该放下就放下，继续掌舵前行？夫子的观点是宽容、放下。这样做并不仅仅是对别人，同时也是为自己，因为宽容背后为自己留下的将是一片海阔天空。

在我眼中，《论语》二十篇，篇篇都指向人生的成功之道，那就是让我们有限的人生能在智慧光芒的照耀下，提高效率，缩短历程，直达理想的彼岸。有这样一句大家都熟悉的话：子在川上，曰："逝者如斯夫！不舍昼夜。"这句话很含蓄，但其中却饱含人生的沧桑。一如刘梦得之言："人世几回伤往事，山形依旧枕寒流。"夫子眼中的滚滚江河水，不止是一种自然的存在，其中流淌的还有挽不回、留不住的光阴。人生有限，自然永恒，在幽幽天地中，每个人都是一个渺小的、转瞬即逝的生命。因而泛舟于人生沧海上的我们，常常会在茫茫的大海中迷失了自我，只待老之将至时才发现自己离梦想的港湾还差了好远、好远。所以，我们需要有一种人生规划。子曰："吾十有五而志于学，三十而立，四十而不惑，五十而知天命，六十而耳顺，七十而从心所欲，不逾矩。"这是一个漫长的人生旅程，却有起点、有终点、有坐标，这是孔子一生的写照。然而我们要把自己的这段生命镌刻成什么样子，则需要我们一步一步地思考，其实人的一生不过是从光阴中借来的一段时光，分分秒秒都异常珍贵，过去了便是过去了，即使懊悔也回不来了。也许，并不是每个人都能成为孔夫子那样的圣贤，但只希望，在自己的垂暮之际，回望自己一生的航途，既有坚定的航向又有始有终，便足矣。

我想圣贤的意义便在于用最简朴的言语点出人生之道，不为虚浮的所谓道理，只是让我们每一个人真正建立起有价值、有效率的美妙的人生，大概这就是《论语》带给现代人的最珍贵的意义吧。

三、学校生涯规划活动设计——文化嘉年华活动

示例：家长信

尊敬的学生家长：

您好！

2012年阳光少年文化嘉年华活动是清华大学、中国科学院、中国关心下一代教育基金会、××区教委、×××管理处等众多单位组织和支持，由我校承办的大型社会公益活动。整个活动将展示学生丰富多彩的课外及校外活动内容、展示文化艺术的丰硕成果，展示国防、航空航天等科技领域的最新成果，为学校素质教育搭建互动的交流平台。

在这个活动中，您能够看到您的孩子班级的成果展示，领略子女的校园风采，也能够和孩子一起了解和学习奇妙有趣的科学知识，还可以与孩子一起欣赏众多的社团秀、精彩的学生表演，共享一场视觉盛宴！

活动开展时间：年　　月　　日—　　日（周六、周日）

活动举办地点：××学校（主会场）

年级学生安排如下：

年级	月　日上午	月　日下午	月　日上午	月　日下午
高一年级	全体到校参加活动		各班负责人到校，其他同学休息	

注意事项：

1. 本次活动对外校人员开放，校门口极可能造成拥堵，请您尽量乘坐公共交通工具接送孩子或前来参加活动。

2. 本次活动作为我校德育课程的重要内容计入社会实践学分，请同学们不要随意请假。

感谢您对嘉年华活动的支持，期待着您和孩子的共同参与！！！

此致

敬礼

××学校

年　月　日

高××班致家长的一封信

×班家长好：

首先感谢关心“嘉年华”活动的家长们，尤其感谢王××、郭××、余××家长对活动的大力支持！其次热烈祝贺我班在“嘉年华”活动中取得的巨大成功，我班最棒！可以说我班的成功是历史性的，超越以往，垂范将来。作为班主任，我引以为傲，也希望家长们及时给孩子们肯定，我班太需要一次成功，太需要一次胜利了！

“嘉年华”活动是一个展示学生综合素质的宝贵舞台，我个人认为它已经是学校规模最大的集体活动，它已经成为我校的品牌活动。无论深度广度，还是学生参与度，它都已经超越运动会，成为学校的第一活动，也自然地成为学生体验成长、体验成功的集体活动。作为班主任，我深知它的意义和作用。我没有理由不重视，也必须重视！在此，我愿意代表同学们，代表家长们感谢校长，感谢学校为我们提供了这个宝贵舞台。我眼里的“嘉年华”活动是一个系统工程，需要策划、计划，需要组织、协调，需要人力、物力、时间、空间，需要尝试、探索、实践、调整，需要群策群力、团结一致、师生共进！

…………

活动之前，学生们犹豫担心，更多的是对活动漠视，不热心。在动员讲解鼓励之后，就是同学们的参与和更加参与，投入和更加投入。一起策划、筹划，进行分组、分工，在几名班干部的带领下工作运转起来。这期间，困难很多，但最大的困难来自不敢想，不自信，不热情，不合作。看在眼里，急在心上，我意识到：×班急需一次成功，一场胜利。

启动了，上路了，而且跑了起来，那就跑得更稳更好。给班干部压任务，任务具体到个人，全班动起来，一起来！我要看学生们交上一份怎样的答卷。不放心，那就打虎亲兄弟吧，要和学生们一起上阵。要的就是一次成功，要的就是战胜自己，要的就是证明自己不比别人差，要的就是战胜别人，战胜困难。“那么——好——绝不功亏一篑！”我欣喜很多同学已经在心里叫上了暗劲。

做买卖唯利是图，“嘉年华”不是为了挣钱！

早6：30摆摊准备，摊位刚摆好，就有孩子害怕赔了：老师，谁买呀，甩卖吧；老师，怎么还没人买呀，处理了吧。老师，咋办呢，这么多，可咋卖呀……

别着急，大会还没开始呢；沉住气，再想想办法；你去再搬张桌子，把摊子弄大一点，显眼些；不准降价，赔不了……后来了解，有的孩子当时就着急上火了，嗓子疼了，嘴唇起泡了。

孟×想了个“最炫文身风”，很快条幅挂上了，买卖火了……

“最炫文身风”成了“嘉年华”的风暴，×班从来没这样快乐过。孩子们热情点燃了，紧皱的眉毛舒展开了，迷茫的眼睛有了神采，犹豫胆怯不自信被坚定果敢自立自主取代。吆喝叫卖的，示范广告的，柜前服务的，柜后后勤的，忙得不亦乐乎，好不热闹。

“嘉年华”的风暴，×班制造：看着他们手忙脚乱，看着他们欣喜自信，看着他们大汗淋漓却一口水都舍不得喝，看着他们摊位生意已经很好，还有同学要游走叫卖，我心里很不是滋味。×班真的太需要一次成功，这次成功来得太及时了。

孩子们成功了，我为他们高兴！感动于孩子们的付出和成长。

估计您的手机已经占满了，后面我会评价表扬到个人，明天再发。希望您抓住教育契机，和孩子深入交流，孩子需要您的肯定和鼓励，×班也同样需要您的肯定和鼓励。×班急需的一次成功已经有了，还需要成功得完整，成功得完美！

谢谢家长们的参与付出！明天见！

×老师

年　月　日

部分家长的反馈回信

×老师好！作为×班同学的家长，能够为×班做些事情内心感到很高兴！这也是孩子的心愿！有像您这样富有责任感和爱心的老师关爱孩子的成长，家长深感欣慰！在此也向您表达深深的谢意！——郭××家长

×老师：我觉得您说得非常对！这是一次成功而有效的社会实践活动。希望孩子们能有更多机会融入到集体与社会中去，当然学校和老师们也会非常辛苦，尤其是第一线的班主任，今后希望我们能身体力行帮助到您！真心感谢您的付出！——杨××妈妈

没有做不到的，只有想不到的，老师能够引导孩子一步步走向成功，增强学生的自信，最主要的是让孩子在这个集体中看到各自的亮点，我想这只是一个起点，在老师和同学的共同努力下，相信×班会越来越好！——高××家长

感谢×老师辛勤的付出。这两天孩子确实很累但是又非常非常兴奋，每天回来都绘声绘色给我描述“嘉年华”的情景，我感觉这两天孩子回家说的话比这一年的都多，确实能感觉到李××的自信心在不断增长，希望他能把这种动力坚持下去，更好地用到学习中！谢谢×老师！——李××妈妈

恭喜恭喜！孩子们还是很有潜力的，×老师真是用心良苦，作为家长我们也特别感动，谢谢！——封××家长

【问题与思考】

1. 高一学生一般有哪些心理特点？
2. 第一次班会可以用什么样的形式让学生更快彼此熟悉？
3. 校史教育有什么重要作用？
4. 高一年级如何进行高中生涯规划的设计？
5. 设计一个以“认识自己”为主题的班会。
6. 学校、年级如何在生涯规划方面加强和家长的沟通？

第三章　我在成长着

——高二生涯规划的设计与实施

【本章提要】

高二阶段，学生身体迅速发育，已基本具备了一个成年人的生理基础，为进行以体能为基础的学习活动、社会交往活动以及其他活动提供了可能。这一阶段的学生在心理方面也趋于相对稳定与成熟，思维品质处于由“经验型”向“理论型”过渡的阶段，抽象思维能力快速发展，多数同学已具备独立思考的意识。在人际关系方面，则更追求个性独立，与父母的主动沟通减少，与异性的关系逐步趋向理性，并能够主动地控制个人的思想和行为。

随着生理及心理的逐步成熟，学生思想品德逐步趋向相对成熟与稳定，社会意识迅速发展，但在情感和思维方面还是呈现感性或片面的特点，思想行为表现容易出现两极分化或极端倾向。

在学业方面，经过高一一年的学习，学生在知识掌握程度上已较明显地分出层次，兴趣爱好呈现多元化倾向。抽象思维能力发展较好的学生在理科学习上表现出优势，平时思考问题比较感性或形象思维能力较强的学生逐渐对理科产生畏难情绪，偏科现象也开始出现。

针对学生发展的这些特点，在进行高二年级生涯规划设计时要在自我定位、目标调整、人际交往、学业指导、思维品质和人文素质提升等方面加强指导。

【学习重点】

1. 了解本阶段生涯规划的设计理念。
2. 掌握生涯规划的落实方法并了解注意事项。

第一节　重新认识我自己

一、我是谁：如何正确定位我自己

经过高一一年的学习和生活，高二的同学在生理、心理方面都成熟了许多，兴趣爱好得到了拓展，思想境界也得到了提升，尤其是经过了文理分科，许多同学要面对新的老师和同学，学习成绩也出现两极分化的现象。此时，引导学生对自己进行重新定位就显得十分必要。

只有让学生清楚自己是谁，自己想追求的是什么，并且能做什么，才能更好地把握好自己发展和前进的方向，不至于迷失自己。

高二学生如何才能正确定位自己并确定目标呢？我们建议学生先填写下面的表格来进行自我分析与评价。

表 3-1　高二学生自我评价表

	运动与健康	审美与修养	学习与实践	兴趣与特长
现状分析				
目标定位				

学生填写完表格后，教师和家长要结合表格对学生进行引导和鼓励，要注意引导学生积极乐观自信地看待自己出现的问题。

（一）让学生知道，他们在学校的角色是学生，在学习上肯定会遇到很多困难和问题，这并不代表他们笨或无能

作为学生，因为不懂、无知才到学校学习知识和技能。从无知到有知需要一个过程，因此在学习过程中遇到困难是很正常的事。有些学生因为学习上遇到困难，或因为考试成绩不好而感到自卑，认为自己笨、比别人差，遇到不懂的问题不敢向老师或同学请教，不敢积极大胆去表现和锻炼自己。教师和家长要注意引导学生正确地定位自己的角色，以积极、乐观的态度，正确地看待学习过程中的困难和挫折。学生正是在克服这些困难的过程中，慢慢地从无知变成有知，从知得少变成知得多的。

（二）让学生知道，他们学习的目的不是打败别人，而是提高自己

进入高二阶段，由于同学之间的竞争更加激烈，不少学生有意或无意地将周围的同学当成自己的对手，非常在乎同学之间的比较。看到别的同学成绩比自己高，看到同学某一方面表现得比自己好，心里就会感到失落和难过；有些同学在得知自己成绩时伤心，并不是因自己考不好而伤心，而是因自己的成绩排在别人后面而伤心。过于在乎同学之间的比较，过于强调竞争，会使学生背上沉重的心理包袱，容易受到周围同学的影响，而难以专心学习。

别人优秀，并不妨碍我们也优秀。不一定要通过超过别人、打败别人来显示自己的实力和价值。我们要引导学生正确看待同学之间的竞争，将精力放在怎么改进自己、提高自己上面，而不是放在怎么打败别人上面。假如过于强调竞争，他们会不愿意与别人合作，那不但会使他们的目光变得狭隘，而且会使他们在知识、资源共享上也会变得狭隘，这都不利于他们的发展。

（三）让学生知道，他不是最棒的，但他是独一无二的

我们每个人都希望自己是最棒的。但是，我们有没有可能是最棒的呢？不可能每位学生都是第一，大多数同学都排在中间位置，是不是他们的成绩不拔尖

了，就说明他们不优秀了呢？即使在学校是最棒的，走出自己学校还有没有可能是最棒的呢？一个人不可能每一方面在任何时候都是最棒的，总会有人比我们好。我们要让学生知道，即使他们是人群中很普通的一个，但他们也是独一无二、不可替代的。他们有缺点，但是他们也有优点，只有能够发现自己的不足，努力加以克服和提高，并且明确自己的优点和长处，知道自己所拥有的能力与潜力所在，把它们放在最有价值的地方发展，这样才能保持永远的自信。

二、我该做什么：如何规划我自己

目标确定是第一步，重要的是如何落实在行动中。我们推荐学生用“目标倒推”的方法来引导行动。

（一）目标倒推法

白岩松谈自己的高三生活时曾说：高三的生活在我的生命历程中有一个很重要的转折。其实，在进入高三之前我在我们班排名是倒数，在那个时候想象考大学是不可能的事情，但是就像我参加一场足球比赛，上半场 0∶3 落后，在下半场，我完成了逆转。我在高考的时候成为了我们班的第八名，考进了北京广播学院。那么，这一年发生了什么，不过就是在我进入高三之后，有了一次没有语言的和自己的对话，“我怎么办，我要做什么？”所以，经过和自己对话之后，我列了一个详细的计划，我把我所有的书钉在一起，然后计算它们总的页数是多少，全部算完之后，我计算了一下到高考那天还有多少天，接下来计算我要看完多少遍，那么就很清楚地知道了每天我要看每个学科的页数。从那一天开始，我每天严格地按照我的计划在进行，而且非常的幸福。所以，可以看到那段时间我没有什么太大的变化，只不过是每天认认真真完成计划，却在结果点上有一个巨大的成功在等着我，这难道不是一种启示吗？当你要对自己负责的时候，不是要做多大多大的事情，而是让你每一天做一个小小的改变。所以第一你要承担对自己的责任。

白岩松明确目标之后又制订详细计划，明确每天的任务的做法就是目标倒推法。

按照这样的推论方法，我们就可以引导学生制订好自己的提升计划，下面我们主要谈学习计划的制订。

（二）怎么制订学习计划

1. 计划要考虑全面：学习计划不是除了学习，还是学习。学习有时，休憩有时，娱乐也有时，所有这些都要考虑到计划中。计划要兼顾多个方面，学习时不能废寝忘食，这对身体不好，这样的计划也是不科学的。

2. 长远计划和短期安排：在一个比较长的时间内，比如一个学期或一个学年，你应当有个大致计划。因为实际中学习生活变化很多，又往往无法预测，所以这个长远的计划不需要很具体。但是你应该对必须要做的事情心中有数。而更近一点，比如下一个星期的学习计划，就应该尽量具体些，把较大的任务分配到每周、每天去完成，使长远计划中的任务逐步得到解决。有长远计划，却没有短期安排，目标是很难达到的。所以两者缺一不可，长远计划是明确学习目标和进行大致安排；而短期安排则是具体的行动计划。

3. 安排好常规学习时间和自由学习时间：常规学习时间指学校规定的学习时间，主要用来完成老师布置的学习任务，消化当天所学的知识。而自由学习时间指除常规学习时间外的归自己支配的时间，你可以用来弥补自己学习中欠缺的，或者提高自己对某一学科的优势和特长，或者深入钻研一件有意义的事情。

4. 自由学习：时间的安排是制订学习计划的重点。抓住并合理利用自由学习时间，对自己的学习和成长都会有极大的好处。所以我们应该提高常规学习时间的效率，增加并正确利用自由学习时间，掌握自己的学习主动权。

5. 抓住重点，兼顾一般：学习时间是有限的，你的精力也是有限的，所以学习要有重点。在这里，重点一是指你学习中的弱科，二是指知识体系中的重点内容。只有抓住重点、兼顾一般才能取得更高的学习效率。

6. 从实际出发来制订计划：制订计划，不要脱离学习实际，要符合自己现在的学习压力和水平。实际可以分成三个方面：（1）知识能力的实际，即每个阶段计划学习多少知识，培养哪些能力；（2）时间的实际，即常规学习时间和自由支配时间分别有多少；（3）教学进度的实际，即掌握老师教学进度，妥善安排常规学习时间和自由支配时间，以免自己的计划受到“冲击”。有些同学制订计划时，满腔热情，计划得非常完美，可执行起来却寸步难行。这便是因为目标定得太高，计划定得太死，脱离实际的缘故。

（三）学习效果监控方法

1. 注意效果，及时调整

每一个计划执行结束或执行到一个阶段，就应当回顾一下效果如何。如果效果不好，就应该找找原因，进行必要的调整。

下面是一份简单的回顾列表：

（1）是否完成了计划中的学习任务？

（2）是不是按照计划去执行任务的？

（3）学习效果如何？

（4）如果有任务没有完成，那是什么原因？（安排过紧还是太松？）

回顾之后，要记得补上缺漏，修订计划。你也可以通过日记来记录一天的学习计划进度，便于改进和回顾。

计划要留有余地，不要太满、太死、太紧，要留出机动时间，使计划有一定的机动性。毕竟现实不会完美地跟着计划走，给计划留有一定的余地，这样完成计划的可能性就增加了。

2. 脑体结合，文理交替

学习对脑力消耗非常大，所以不要长时间学习，要适当加入休息时间。而且在安排学习计划时，不要长时间地从事单一活动。学习和锻炼可以交替安排，因为锻炼时运动中枢兴奋，而其他区域的脑细胞就得到了休息。比方说：学习了两三个小时，就去锻炼一会儿，再回来学习。安排科目时，也要文理交替安排，相近的学习内容不要集中在一起学习。

3. 提高学习时间的利用率

早晨或晚上，或一天学习的开头和结尾的时间，可以安排着重记忆的科目，如外语。心情比较愉快、注意力比较集中、时间较完整时，可以安排比较枯燥或自己不太喜欢的科目，零星的、注意力不易集中的时间，可以安排做习题和自己最感兴趣的学科。这样可以提高时间利用率。

三、学生活动：生命线

“生命线”班会记录

生命线是你我都有的东西，人手一份，不多不少。人间有多少条性命，就有多少条生命线。生命线就是每人生命走过的路线。这个游戏就是画出你人生的路线图。

好，游戏开始。请备好一张洁白的 A4 纸。还请备一支红蓝铅笔。彩笔也行，需一支较鲜艳，一支较暗淡。要用颜色区分心情。先把白纸摆好，横放最好。

在纸的中部，从左至右画一道长长的横线。多长呢？随意，长短皆可。

然后给这条线加上一个箭头，让它成为一条有方向的线（如下图所示）。

———————————————→

然后，请你在线条的左端，写上“0”这个数字，在线条右端，箭头旁边，写上你为自己预计的寿数。可以写 68，也可以写 100。

此刻，请你在这条标线的最上方，写上你的名字，再写上“生命线”三个字。游戏的准备工作就基本完成了。

一张洁白的纸，写有“×××的生命线”的字样，其下有一条有方向的线条，代表了你的生命的长度。它有起点，也有终点，你为它规定了具体的时限。

请一寸一寸地抚摸这条线。它就是你脚步的蓝图。无论你走到哪里，都走不出它的坐标系。你是你自己的人生规划设计师，没有人能替代你。没有！

请你按照你为自己规定的生命长度，找到你目前所在的那个点。比如你打算活七十五岁，你现在只有二十五岁，你就在整个线段的三分之一处，留下一个标志。之后，请在你的标志的左边，即代表着过去岁月的那部分，把对你有着重大影响的事件用笔标出来。比如七岁你上学了，你就找到和七岁相对应的位置，填写上学这件事。注意，如果你觉得是件快乐的事，你就用颜色鲜艳的笔来写，并要写在生命线的上方。如果你觉得快乐非凡，你就把这件事的位置写得更高些。假如，十岁时，你的祖母去世了，她的离世对你造成了极大的创伤，你就在生命线十岁的位置下方，用暗淡的颜色把它记录下来。抑或，十七岁高考失利……你痛苦非凡，就继续在生命线的相应下方很深的陷落处留下记载。依此操作，你就用不同颜色的彩笔和不同位置的高低，记录了自己在今天之前的生命历程。

过去时的部分已经完成，你要看一看，数一数，在影响你的重大事件中，位于横线之上的部分多，还是位于横线之下的部分多？上升和陷落的幅度怎样？最重要的是看你个人对这件事的感受，而不在于世俗的评判。

完成了过去时，我们进入将来时。既然是一生的规划，你有什么想法就一股脑儿地写出来吧。很多人在这时犯了愁，不是他没有计划，而是他很少将这些计划在时间上固定下来。

在你的坐标线上，把你这一生想干的事，比如挣多少钱、住什么样的别墅、香车美女、职业生涯、个人情趣等都标出来。如果有可能，尽量把时间注明。视它们带给你的快乐和期待的程度，标在线的上方。如果它是你的挚爱，就请用鲜艳的笔墨，高高地填写在你的生命线最上方。

当然，在将来的生涯中，还有挫折和困难，比如父母的逝去，比如孩子的离家，比如生病等各种意外的发生，比如职场或事业方面可能出现的挫折、失业等，不妨一一用黑笔将它们在生命线的下方大略勾勒出来，这样我们的生命线才称得上完整。

你要看看你亲手写下的这些事件，是位于线的上半部分较多还是下半部分较多？也就是说，是快乐的时候比较多，还是痛苦的时候比较多？这不是评判你选择的正误和你生活质量的优劣，而是看你感受如何。如果你觉得这样还好，你就不妨如此继续下去。如果你不甘心，可以尝试变化。

如果你的生命线上所标示的事件，大部分都在水平线以下，那么，是否可以考虑调整一下自己看世界的眼光？你对未来的估计是不是太灰暗了一些？如果是，你对你的情况是否满意？如果满意，这就是你的性格所选择的生活了。多种价值观和生活方式并存，正是当今世界的特点之一。如果你觉得有改变它们的愿望，那么你可以试着用另一种眼光来看待世界。如果你的所有事件都标在了水平线之上，也并非就是一味值得恭贺的事情。

承认自己的局限，承认人生是波澜起伏的过程，接纳自己的悲哀和沮丧，都是正常生活的一部分，犹如黄连和甘草，都是医病的良药。

以前的事已经发生过了，哪怕是再可怕的事件，也已过去。你不可改变它，能够改变的是我们看待它的角度。一个人的成熟度，在于这个人治愈自己创伤的程度。过去是重要的，但它再重要，也没有你的此刻重要。

活在当下，活在此时此刻，这是获得幸福百试不爽的诀窍。这不是今朝有酒今朝醉的颓唐和短视，而是脚踏实地的清醒把握。过去已成定局，将来在于努力。真正抓在你的手里的只有此时此刻。你的感官向着此时此地开放，你看到的是眼前的事物，听到的是耳边的声响，闻到的是近前的气味，触到的是身旁的温度，摸到的是指尖的感觉，尝到的是口中的滋味……把握当前，更是对生命本体的尊重。

生命最宝贵之处，并不在于它的长度，而在于它的广度和深度。如果我们能很精彩地过好每一分钟，那么这些分钟的总和，也必定精彩。

生命线不是掌握在别人手里，它只有一个主人，就是你自己。无论你的生命线是长是短，每一笔都由你来涂画。

有人说，我现在画出了自己的生命线规划蓝图，以后还会不会变化呢？不要把一个游戏看得玄妙，它只是想激起你的警觉，在纷杂的现代生活中，腾出那么一点点时间，眺望远方，拓开一条属于自己的小路。几年以后，你对自己的筹划也许会有改变，但眺望永远是需要的，大方向永远是需要的，改变也是需要的。

不要因为将来的改变，而不肯在今天作出决定。如果有人一生都无需改变，那他要么是未卜先知的具有极高悟性和远见卓识的天才，要么就是僵化和刻板的化石。

游戏总结：生命线只有一条，而且它时时刻刻在你毫无觉察的时候，静悄悄地行进着。你在生命线上的圆点伴随着你的心脏律动，不停地上下跃动着奔向人生的终点。别总盯着树上最丰盈的果子，专心致志地做好你最感兴趣的那件事。

如果你有兴趣，不妨过上个三年五载，再用十分钟时间，把这个游戏做一遍。把以前的卷子找出来，比照着看看，也许有碰撞和修正。

第二节　“学习”也是一门学问

学习本身是一门学问，有正确的学习方法，学习效率就高，思维也变得灵活流畅；有良好的习惯，有良好的心态，学习中的困难就更容易克服，学习就会变得轻松。

我们可以引导学生从以下三个方面对自己的学习状态进行自我检测：

第一，是否掌握了正确的学习方法。其实很多学生并没有自己独立的学习方法，只是教师布置的作业完成得好而已，至于自己如何学，基本是心中无数。对于学科难点，更是无从下手，不会解决。

第二，是否有良好的学习习惯。高二学生的学习任务很重，很多时候依靠的是惯性。好的学习效果要靠好的学习习惯来保障。

第三，是否有健康的心态。这方面包括竞争进取心态、坚强的意志品质等。

一、"学风建设与学法指导"系列活动

进入高二，很多同学在学习目标、学习习惯、学习方法、时间和情绪管理等诸多方面出了问题。为了纠正不良学习习惯，调动同学们的学习热情，在年级中形成勤奋学习、钻研学习的良好风气，我们设计开展了"学风建设与学法指导"主题系列活动。

（一）活动时间设定

活动定在第一学期期中考试后的一个月内。之所以将时间定在期中考试后，是因为考试成绩出来后，同学一般都会对自身的学习状况进行反思，学习上存在的问题易于显露，解决疑难的需求更强烈，这是倡导学习、推动学习的难得契机。活动以系列方式进行，可以更有效地营造研究学习的氛围，要让同学们感觉到研究学习不是一股风，而是一个长期的习惯。时间定为一个月，因为一个好习惯的养成周期大概是 21 天，一个月的时间可以让有心的同学基本改变不良的学习习惯。

（二）活动口号设定

活动口号：勤学习、会学习、爱学习。

（三）活动动员倡议书

亲爱的同学们：

期中考试刚刚结束，随着考试成绩的陆续公布，很多同学的情绪也开始阴晴不定。成功的喜悦和失败的痛苦都是人们最正常不过的情绪，但沉浸在情绪之中出不来，不但失败不可能转变为成功，怕是成功也不能延续；明智的人往往会在庆贺或愁苦之后总结成功的经验或失败的教训，发扬优点，改正不足。

那么，你开始对期中考试进行反思了吗？你开始对升入高中以来的学习状况进行反思了吗？

本月 10 日至下月 10 日，咱们年级将举办"学风建设与学法指导"主题系列活动，在此期间将举办一系列与"学习"相关的活动，目的就是让每一个同学在这个月中抛开杂念，整顿思想，端正学风，研究学习。

我们的口号是：勤学习、会学习、爱学习。

之所以将"勤"列于首位，目的是要告诉大家：学习是件艰苦的事，不付出努力，没有坚定的意志是不可能在学业上有成就的。俗话说："一勤天下无难事。"有些同学在学习上投机取巧，不下工夫，考试考得不好，不在主观上找原因，却强调客观条件不充足，这样的做法一定要改变。

然而，有些同学的确在学习上下了许多工夫，但学习进步总不明显，这就要在学习方法上动动脑筋了。在做事和做学问上都有"磨刀不误砍柴工"的道理，"会学习"的同学在学习前大多会制订出计划，对一天的学习、一周的学习甚至一月的学习进行统筹安排，对时间进行合理分配，充分利用一切主客观条件，以

期求得最高的学习效率、最好的学习效果。目前，网络上和书店里关于学法指导方面的资料可谓铺天盖地，适当找些来做些研究是有益的。但要记住，“学习有法而学无定法”，每个人有自己的学习习惯，别人的学习方法用在你身上未必适合，所以不能盲目照搬别人的做法，否则不但不能提高自己的成绩，还会让自己陷入学习的被动局面中。在本次活动月中，我们也为同学们安排了四个学科的学法指导讲座，在阅览室的电脑里为同学们拷贝了各学科的“学法指导”录像资料，希望同学们充分利用这些资源，努力寻找到适合自己的学习方法。

将“爱学习”放在最后，是想改变一个错误认识。有一句话，“兴趣是最好的老师”，所以在学习中，很多同学是凭兴趣来学习的。一问他为什么不努力，就会说“我对……不感兴趣”或“我不喜欢……”。这些同学犯的错误是：他们只强调兴趣是学习的动力，却不知道兴趣往往是学习的结果。不论是哪一个学科，在你没真正了解它之前，就无法断定是真的喜欢或不喜欢。你要先去努力学习它，在学习中增强对它的认识，如果你在学习中不断品尝到了学习的收获，你自然就会对这一学科产生兴趣。兴趣需要在勤奋学习中努力培养，不要把兴趣当做不学习的借口。

在 11 月 14 日，我们年级会举行班级学业成长小组成立仪式和小组会诊活动。成立学业成长小组的目的是要让同学们在互帮互助的氛围中尽快地了解自己，让自己的优点影响别人，让别人帮助自己改正缺点，让小组的成员成为学习的伙伴，相互激励，共同成长。希望同学们在“会诊”前，对自己升入高中以来的学习习惯、学习状态、意志品格和疑难困惑进行思考整理，写成不少于 1 000 字的书面总结。只有这样，你才能在“会诊”时给你的伙伴提供更多的帮助，也好让老师和同学为你解答疑难，帮助你改正缺点。总之，希望同学们能珍惜这样的机会，让自己在活动中有尽可能多的收获。

在年级宣传展板中有一个空白的区域，是“学子质疑”区，你可以把你在学习中的困惑用标签纸写下来贴在上面，我们会请年级里的老师为你解答。为了方便联系，请你一定在问题下面注明姓名或学号。

最后祝愿你通过此次活动真正地提升自己，让自己成为学习的主人！

你的朋友×××

高二年级组

年　月　日

（四）活动的具体内容和达到的效果

1. 建立年级答疑室和阅览室

为了满足学生答疑的需求，年级对答疑时间进行了调整，增加了答疑科目，并专门建立了答疑室。另外，为了培养同学们良好的阅读习惯，年级建立了一间小型阅览室，课间或晚自习期间学习疲倦的同学可以到阅览室读书看报，观看教师课件，调节一下学习的节奏。阅览室平均每天接待学生三四十人次，阅读秩序良好，受到广大师生的好评。

2. 设立学法论坛

年级利用通告栏设立“学法研究总论坛”，各班以墙报和展板的形式设立“学法研究分论坛”。年级总论坛设置“活动倡议”、“学子质疑”、“名师解惑”等栏目。物理老师撰写了《我们为什么学习》一文，文章结合自身求学经历，深入探讨了学习的意义，启迪人心，在“名师解惑”栏张贴后，同学们积极阅读，受益颇深。各班分论坛内容以学法介绍为主，自行设计，要求主题突出，读之有益。年级共设立了九个班级分论坛，内容涉及学习方法、学习习惯、学习态度、学习感言等多方面，设计新颖，各具特色。课间时同学们经常聚在展板前“取经”，为形成良好学风创造了很好的客观环境。

3. 学法指导讲座

举办学法指导讲座之前，年级委托班主任在学生中进行了学情调查，最终确定了学生最急需指导的数学、外语、物理、历史四个学科先进行第一轮学法指导。各备课组准备充分，邀请了校内外德艺双馨的老师为同学们进行了生动翔实的讲解。这些老师经验丰富，师德高尚，对学科、对生活都有着独到深入的理解，他们的讲解深入浅出，针对性强，师生们反映收获极大，很多学生在听完讲座后第二天就制订了学习计划。

4. “学风建设与学法指导”主题班会

在活动期间各班都召开了一至两次以“学风建议与学法指导”为主题的班会。班会形式多样，有专题讲座、座谈讨论、演讲辩论等，可谓异彩纷呈。同学们在积极参与的过程中，不断地对学习习惯和学习方法进行着反思和调整。

5. 成立学业成长小组并召开小组会诊会

年级要求班主任认真做好小组会诊的前期准备工作，如分组、指定小组负责同学、邀请任课教师和家长委员会家长参加等，其中一项重要工作是布置学生写“上高中以来个人学情反思总结”（不少于 1 000 字，内容包括学业目标、学习态度、学习习惯、学习上的困惑等项目，重点反思自己上课听讲、作业完成、业余时间的利用等情况，并制订下一步学习规划）。小组会诊前，班主任先进行动员，讲明成立学业成长小组的目的、意义和实施方法，再由三四位同学宣读自己的“学情反思总结”，以起到示范引领和激发热情的作用。之后进行小组会诊，一人宣读自己的总结后，小组成员依次发言，指出该同学的优点，并针对该同学在学习上的困惑给出解决建议。在会诊的最后半小时，班主任老师发给每组一张白纸，要每个组制作一份成长宣言（内容包括组名和每位组员的高中学业梦想，可以配上简单明快的装饰或设计富有寓意的图案），并将此宣言在教室墙上张贴，最后每组组长总结小组会诊情况。

小组会诊会结束之后，参加会诊的老师、同学和学生家长都给予此次活动以充分的肯定，很多同学很激动，感觉还没谈够，希望多组织一些这样的活动。

一次小组会诊不能解决很多问题，建议班主任在以后的学习中要定期或不定期多次组织小组会诊，直至高三毕业，让小组成员成为患难与共的朋友，成为学习共进的伙伴，让他们在友情中成长，在互相激励中前进。

6. 学情分析会

各班召开由班主任带头、任课教师参加的学情分析会，分析本班的教学情况，最终将学生分配给全体任课教师，分头做好学习习惯和学法指导的个别辅导工作。

7. “学品标兵”评选

活动结束后年级进行了“学品标兵”评选表彰，所谓“学品”主要是对学习风气、学习习惯、意志品质、合作精神等方面的评价。“学品标兵”的评选由任课教师和学生进行综合评价认定。最终，全年级有三分之一的同学获得了“学品标兵”称号，表彰名单在全年级张贴，并在年级博客上公布。在整个评选的过程中，全年级同学的学习热情受到极大的鼓舞。

《高二学习规范》示例

为使每一位同学养成良好的学习习惯，学会思考，学会合作，学会交流，学会展示，善于发现和探究，最大限度地提高学习效益，特提出如下学习规范。

目标与态度：

1. 树立主体意识，自动自发学习

学生是学习的主体，学习是自己的事情，自动自发学习是学习成功的重要前提；学习任务要主动完成，不要等老师催、小组长管、外界因素逼才学习；学习是自己的责任和义务。要充分利用好早晚和双休日的自主学习时间，进行预习、复习和巩固。

2. 端正学习态度，培养学习品质

勤奋自信、踏实认真、细心严谨、自觉创新是优良学习品质的基本要素。要端正学习态度，勤学好问，勇于创新；要学习别人，合作交流，展示提高；要表现自我，张扬个性，争创一流。

3. 明确学习目标，作好学习计划

目标是学习的方向，也是强化学习动机、激发学习兴趣的心理动因。要大目标和小目标结合，要围绕目标作好计划，督促自己不断实施，从而不断实现目标，激励自己不断进步。

课内学习篇：

1. 明确学习方式，掌握学习方法

科学的学习方法是打开知识宝库的金钥匙，方法得当则学习事半功倍。要会使用各种学习参考书和必备的工具书；要精力充沛、思维积极，要合作交流、展示提升。明确自主学习、合作学习、探究学习、展示学习、总结清理是我们学习的基本方式和程序。

2. 挖掘学习资源，注重感悟体验

课程标准提出了知识与技能、过程与方法、态度情感价值观的三维学习目标，对综合素质提出了较高的要求。(3+X)−1＝0，“1”就是综合素质，同学们要将课堂学习与自己的生活和体验相结合，与实践相结合，走进社区，走进自然，积极参加社团活动，进行研究性学习，丰富学习的内容，提高自己的能力。

3. 循环学习，搞好课堂预习

作为在校学生，课堂是学习的主阵地，搞好预习是提高课堂学习效率的重要途径。要充分利用自主学习时间，认真看书，查阅工具书，静心思考，埋头自学；课前用 15 分钟左右的时间自主学习，完成导学案并用红色笔标出不会的问题，也可小组讨论；找出难点，明确课堂学习重点，提高课堂探究学习的针对性。

4. 按时上课，作好课前准备

提前两分钟到教室，准备好课本、导学案、文具，将笔记本和纠错本放在手边，以备随时记下重要内容。

5. 明确课堂目标，掌握课堂学习“方向盘”

对老师板书到黑板上的学习目标要认真研读，老师对学习目标进行解析时要认真听讲，注意思考。整节课要围绕学习目标达成开展学习。

6. 主动参与，合作交流

一上课马上进入学习状态，这是提高课堂效率的关键一环。要针对自主预习过程中的疑难，按照小组长的统一安排进行分层讨论、小组讨论、分层达标；全身心参与，利用集体智慧解决问题，扫除知识障碍，提高能力。

7. 充分准备，精彩展示

在讨论期间就要进行梳理、思考，积极准备，勇于提问，大胆质疑；无论是口头展示还是书面展示，都要全力以赴、认真对待；既展示重点难点，又展示规律方法和自己的心得，争创最佳展示个人、最佳学习小组。

8. 集中精力，点拨提升

点拨是课堂画龙点睛的关键环节，要集中精力，积极参与；要学会思考分析，善于借鉴他人或老师的点拨；对点拨中新生成的疑难要善于追问，对知识进行深化提升，从而从根本上理解，提升能力。同时做好课堂笔记，力争当堂学习目标达成率 100%。

9. 总结反刍，当堂测评

认真反刍当堂学习内容，构建清晰的课堂知识网络，当堂内容当堂清出底子，迅速完成当堂检测。

10. 课堂学习，高标准严要求

要求自己课堂上要积极动脑，精力集中，思维活跃；要眼看、耳听、脑思、口述、手写，五官并用，确保精力不流失；积极讨论，认真展示，确保落实课堂学习目标。一般对当堂内容要做到能复述、理解和应用。只有课堂的高标准严要求，才有课堂高效的动力。

11. 课堂学习，效益达到最高

课堂学习的意义在于学会不会的。每堂课都要通过内心强烈的“三学”（想学，肯学，学会）欲望，达到“三高”（高效率，高收益，高效果）的要求。

12. 自主学习，完成训练学案

每节课结束前要认真听取老师对下节课导学案的预习要求，用 15 分钟左右的自主学习时间完成导学案；有训练学案的科目，要认真复习课堂所学，在课后用 30 分钟左右的自主学习时间完成训练学案，搞好巩固，提高答题能力。

13. 用好笔记本和纠错本，作好归类整理

当天内容要当天复习，并联系新旧知识，做到“温故知新”；将规律方法和典型题目分类整理到笔记本上，将学案中做错的题目整理到纠错本上，通过规范整理，提高自己解决问题的准确度，绝不留问题尾巴，做到堂堂清、天天清。

课外学习篇：

1. 要多读书，丰富充实头脑

要多读书、读好书，提高人文素养和科学素养。加大语文、英语等各学科的阅读量，落实阅读课程标准；做好读书笔记，写好读书心得，开好读书交流会。做读书人、文化人、文明人、现代人，让阅读成为自己生命生活的必需。

2. 打造课堂文化，享受“家”的温馨

班级概念最好的概括是“家”，师生、同学之间最佳的关系是“家人”；要形成家庭式亲情关系的班级文化；要相互关爱、相互信任、相互支持、相互欣赏；构建基于“家人”责任的互教、互助、互帮、互学的同学关系，共同发展，为“家”而学习，为团队而努力，为高效益学习提供良好的心理环境和活跃的学习氛围。

3. 课堂外处理好生活，打造“人脉”

要多一点关心，同学之间相互理解，相互支持，遇到问题多站在对方角度上考虑；要多一点宽容接纳，同学之间求同存异；要多一点信任和交流，多一点礼让和沟通。感情融洽，温和亲切，这样的班级必然是一个和睦的大家庭，是战无

不胜的。

4. 学会自理，自我约束

要学会自理，自我约束，把学习生活安排得有条理，科学合理分配时间，紧凑高效。善于自我评价，自我控制，不断增强自己学习的内在动力，自觉学习；不断完成自己的一个个小目标，不断获得成功的喜悦。

二、学生活动

以下介绍两个帮助学生学会学习的活动案例。

案例一

学习归因

【活动目的】

通过本活动，让学生正确归纳考试成败的原因，进而对现实自我进行审视和调整，以顺利地向理想自我迈进。

【活动过程】

1. 引入话题

一个人遇到挫折、遭到失败时，常常会听到一句耳熟能详的名言："失败乃成功之母。"请问各位：失败一定是成功之母吗？（学生会回答：不一定。）是的，不一定。要使失败成为成功之母，首先必须对失败进行正确归因，然后调整对策，重整旗鼓，这样才能走向成功。可见，正确归因非常重要。今天我们的辅导话题就是"正确归因，不断进步"。

2. 个例分析

归因的领域很广，涉及工作、学习、生活等各个方面。今天我们缩小范围，专就学习来谈。先请各位当当专家，看下面的个例：

小张是一名高一学生，初中时尽管父母很少顾及他的学习，可他的成绩总是名列班级前茅。上了高中以后，他的成绩处在中等水平，对此他感到压力很大。平时他非常用功，看书、做作业经常很晚，电视很少看，文体活动也很少参加。可第二个学期的期中考试他还是没有考出自己期望的好成绩，为此他感到失望、自卑，晚上甚至出现了失眠，不知怎么办才好。

请你帮小张分析一下成绩下降的原因，并告诉他以后该怎么办。

（每个小组先进行讨论，然后派代表发言。）

生：我们认为小张成绩下降的原因有：（1）竞争加剧，各路"高手"云集一处；（2）虽然用功，但方法可能不当；（3）因文体活动很少参加而导致体质下降，精力不足；（4）由于初中时成绩一直优秀，上了高中以后可能期望过高，自我要求太严；（5）家庭关心可能升温太快。

以后他可以这样调整对策：(1) 适当降低自己的期望值，不能继续以初中的名次标准来要求自己，现在的同学毕竟都是初中的精英，聚到一起来，排起名次总会有先后之分。(2) 改进自己的学习方法，不能照搬初中的一套。高中不但课程多，难度也加大了，初中的学习方法已不再完全适用。(3) 调整自己的学习时间，劳逸结合，不打疲劳战。(4) 取得家庭的配合，不给太大的压力。

3. 自我归因

这个虚拟的例子让我们觉得似曾相识，有点自己的影子在里头。下面干脆不绕弯子，请各位对自己进行归因分析：

这次期中考试你考得如何？请你对自己进行归因分析。

(先让他们小组交流，然后每组派代表发言。)

生 1：这次考试我考得不理想，主要原因是学习方法不好，上课不善于摘记难点疑点，课后也没有及时复习和整理。

生 2：我考得不好的原因也是学习方法不好，但主要是对老师的依赖性太强，一旦自习课没老师在我就不知该干些什么，没有形成自主学习、独立思考的习惯。

生 3：我这次也考得不好，主要是因为自我期望过高，总想和初中一样领先，思想包袱太大，结果偏偏就考不好。

生 4：我的思想包袱主要来自家庭。爸爸对我还好，妈妈却一定要我考年级前 10 名，结果我连班级前 15 名都没能考到。

生 5：我在初中时成绩很好，因为我非常用功。上了高中以后，总觉得可以松一口气了，先玩玩再说，结果成绩也被松下来了。

生 6：我的兴趣爱好太广泛了，又想踢足球，又想玩电脑，又想当表演家，结果一样都没搞好，成绩也跟着往下掉。

生 7：相比较而言，我这次考得比较好。一是我及时改变了学习方法，适应了高中的学习；二是我的心理压力不大，考得比较轻松。

生 8：进入高中以后，面对高手如林的同学，我有种“鸡立鹤群”的自卑感。经过老师的心理辅导和自己的主动调节，现在已逐渐摆脱了自卑，所以这次我虽然考得不好，但比以前进步多了。

4. 原理介绍

心理学家张铁忠教授等人发现，中学生对学习成败的归因主要有以下六种类型。

(1) 把失败归之于自己脑子笨、能力差等稳定的因素。这种归因会使自己丧失信心，自暴自弃，放弃努力。

(2) 把失败归之于自己不努力等不稳定的因素。这种归因会使自己重燃希望，变得努力。

(3) 把失败归之于学习难度大等稳定因素。这会使自己学习积极性受影响，甚至会对相应学科失去信心。

(4) 把失败归之于运气不好等不稳定因素。这可能会使自己重新树立信心。

(5) 把成功归之于运气好等外在因素。这会使自己产生侥幸心理，下次不一定会努力。

(6) 把成功归之于自己能力强、努力程度高等内在因素。这既可能使自己满意、自豪，也可能使自己产生骄傲、自负等情绪。

对学习进行正确的归因分析，是为了自己下一步学得更好，使现实自我进一步靠近理想自我。在现实自我走向理想自我的过程中，会出现三种类型：

(1) 自知之明型。特点是：理想自我比现实自我稍高一些，因此，理想自我对现实自我有导向、激励作用。表现为：①能正确地认识自我，合理地要求自我（即正确定位理想自我），通过努力就能实现目标，每次努力都会获得成就感的满足。②能正确地对待成功与失败。知道自己的优点，也知道自己的不足，所以成功时不会沾沾自喜，知道自己还有不足，与理想的自我还有距离；失败时也不气馁，不拉客观，能冷静地分析原因。③能和谐地与人相处，不会老是想着与人家比高低，比名次。不骄傲，也不自卑，以平常心与人相处。

(2) 自我贬低型。特点是：自我评价过低，与理想自我差距太大，即使通过努力，也因目标过高而受挫失望，理想自我成为苛求自己的紧箍咒。表现为：①拼命地与他人比较，以自己之短比他人之长，看不到自己的优点，越比越感到自惭、羞愧。②对失败或生理上的不足（比如长得不高或不美等）感到自责。③失败归因错误。总将失败归因为自己脑子不灵，智商不高，觉得努力也没用，丧失信心，对前途悲观失望。④有时为超越他人而强迫自己做乏味的事，结果学习效果很差，并因此对学习失去兴趣。

(3) 自我夸张型。特点是：对现实自我评价过高，以致出现了虚假的理想自我。表现为：①好夸张自己的成绩与能力。好炫耀自己，表现自己。②好他人表扬、赞许，听不得别人的批评。③好说一些不中听的话，常常伤害别人。

5. 自我分析

听了以上介绍后，请每人认真思考一下，你的现实自我是怎样的？理想自我又是怎样的？要从现实自我顺利走向理想自我，现在该作什么调整？

（先自己思考，然后小组交流，再让每小组派代表参加全班交流。下面略举几例。）

生1：我基本上属于“自知之明”型的。我知道自己的优点，也基本清楚自己的不足，所以成功时不会太得意，失败了也不会过于伤心。我理想中的自我是做一名优秀的教师。我的知识面比较丰富，兴趣爱好也很广泛，做事也比较认真，目前最大的问题是语言表达水平不高，所以我以后要有意识地培养这方面的能力，当一位享誉一方的名师。

生2：我基本上属于“自我夸张”型。取得了一点成绩就沾沾自喜，自以为很了不起，总希望别人吹捧自己，而自己却不是以礼待人，总会有意无意地伤害别人。我理想中的自我是当一名优秀的企业家。我的优势是管理能力比较强，但我的“自我夸张”型性格是当好企业家的最大障碍。一旦自以为是、一意孤行，再好的企业也会在我手中垮掉。此外，我现在数学知识虽然学得还可以，但数学思维能力、思维方法还需要加强，这也是当好企业家所必备的。

生3：我是“自我贬低”型的，我经常怀疑自己的能力，经常自责，这次考试没考好，又使我伤心得不能自拔。幼时曾有过的理想早已如沉入大海的冰山了。今天听了老师的归因理论介绍后，我的内心有了些触动。我对自己认真审视后发现，是我的消极、错误的归因，才使我在成绩不理想与心理自卑之间形成了恶性循环。今后，我首先要做的是进行积极的归因，找出成绩不好的真正原因，调整心态，让自己从“自我贬低”型走向“自知之明”型，不以物喜，不以己悲，正确认识自己，把握自己。

生4：我是个“自我夸张”型的。我心气浮躁，感觉太好，爱好太广泛，而学习却不认真、不踏实，不肯吃苦。我的理想是当个比尔·盖茨一样的享誉全球的电脑专家。可我现在才明白，要实现这一理想，首先必须学会吃苦，必须培养自己认真、专心的学习态度，从眼前开始，踏踏实实地学好书本知识，为以后的发展打好基础。

6. 任课教师点拨

现在，请任课老师来给我们点拨指导。

师1：我们班的学习风气比较好，但学习方法还没有完全跟上高中的步伐。高中生要有记课堂笔记的良好习惯，及时记下难点和疑点。晚上则要对当天的知识进行及时的归纳和整理。

师2：进入高中以后，一些同学因为没有顺利完成学习上和心理上的适应而变得自卑，所以当务之急是先完成学习上和心理上的适应。走过去，才会有一片蓝天。

师3：要摆脱自卑，还要少跟优胜者比，多跟自己比。要善于向自己挑战，不断刷新自己的记录。

师4：虽然说“一份耕耘一份收获”，但有时耕耘不一定有收获。这时候就需要改进耕耘的方法，一味地埋头苦读是不够的，还要注意方法，要有效率意识。

师5：我想对心气浮躁的同学说一句：远大的理想要从脚下开始。要认认真真、踏踏实实地学好每一天、每一门的知识。否则理想永远是理想，永远是可望而不可即的海市蜃楼。

7. 结束话题

今天我们对自己的学习进行了归因分析，对现实自我进行了审视和调整。刚上课时我们说过一句名言："失败乃成功之母。"面对失败，只要能够正确归因，就可能走向成功，从低谷走向高峰。但是，面对成功，假如不能正确归因，也会从高峰摔入低谷，出现我们这节课上的新名言："成功乃失败之母。"所以，不管是在失败时还是在成功时，都要学会正确归因，这样才能使"失败乃成功之母"永远成为真理，使我们的新名言永远无生存之地；也才能使自己不断进步，顺利地从现实自我走向理想自我，最后完全到达理想的彼岸，实现自己的理想。

案例二　我的心态我做主

浙江省缙云中学　陈喜娟

【设计思路】

本节课借助一个实验，让学生去体验心态的重要；创设情境，说说"我的心事"，互相倾诉，在相互交流中缓解紧张情绪；观看《人生 AB 剧》，在轻松愉快氛围中反思困扰自己情绪的一些不恰当的想法；通过给人"把脉开方"，进行心理比较，再次提升认识和调整自我；最后齐唱《同一首歌》，充分表达这节课带给大家的感受，同时也希望未来无论怎样的"水千条山万座"，我们都将以笑脸相迎、携手走过！

【活动目标】

1. 通过活动，让学生对自己目前心态有个真实的了解，彼此互相支持和理解。

2. 通过活动，增强学生的心理体验，掌握一些适合自己的调节心态的方法和技巧。

【活动准备】

1. 课前调查、相关课件、资料、表格、录音机等。

2. 小品表演《人生 AB 剧》。

【活动过程】

1. 心理导入

多媒体展示：

据说有一个教授曾找了九个人做实验。教授说："你们九个人听我的指挥，走过这个曲曲弯弯的小桥，千万别掉下去，不过掉下去也没有关系，底下就是一点点水。九个人听明白了，哗啦哗啦都走过去了。走过去后，教授打开了一盏黄灯，透过黄灯九个人看到，桥底下不仅仅是一点水，而且还有几条在游动的鳄鱼。九个人吓了一跳，庆幸刚才没有掉下去。教授问，你们现在谁敢走回来？没人敢走了。教授说，你们要用心理暗示，想象自己走在坚固的铁桥上。诱导了半天，终于有三个人站起来，愿意尝试一下。第一个人颤颤巍巍，走的时间多花了一倍；第二个人哆哆嗦嗦，走了一半再也坚持不住了，吓得趴在桥上；第三个人才走了三步就吓趴下了。教授这时打开了所有的灯，大家这才发现，在桥和鳄鱼之间还有一层网，网是黄色的，刚才在黄灯下看不清楚。大家现在不怕了，说要知道有网我们早过去了，几个人哗啦哗啦都走过来了，只有一个人不敢走，教授问他，你怎么回事？这个人说，我担心网不结实。

上述实验说明了什么问题？

学生具体讨论（略）

这个实验已清楚地告诉我们心态作用之巨大。心态愉悦、心理和谐是心理健康的重要体现，调节好心态是我们高考成功的关键。

设计意图：设置问题情境，让学生自主探究，以问题引入主题，使学生自然、真实地进入本节课所要的心理状态。

2. 描绘心电图

这个过程有两个环节，一是让学生用语言描述自己的心态，二是向同伴诉说自己的心事。

老师指点：每位同学首先把自己现在或目前的心态用几个字描述出来，如烦、紧张、恐惧、困惑、渴望、兴奋、无奈、无助、想哭、想笑、想叫、想静、有时会有一些奇怪的感觉，莫名想发火等，写在“我的心态”那一格。接着与自己的同伴说说自己的烦恼、自己的心事，填在“我的心事”那一格。

设计意图：通过自我描述，让学生展现真实的原始的我，达到“流露真情”的目的；通过相互倾诉，说出“我的心事”，增进同学间的交流与沟通，从中感受和体验到：其实我们都需要彼此的理解、尊重、帮助和支持。

老师也可以跟学生聊聊，早几天自己对缙云中学高三部分学生进行的调查和了解，并把自己所了解的情况通过多媒体展示出来（也填在相应的表格中），让学生产生同感或同理心。

3. 《人生 AB 剧》

让 10 位同学走到教室的中间，1 位同学开车，1 位同学当售票员，8 位同学当乘客。

A 剧：公共汽车到站了，很多人下车，也有很多人上车。在挤上车的过程中，李同志踩了小王的脚。当时李某光顾着上车、买票、找位置，也没有道歉。小王心里很不是滋味，这一路坐下来是憋气得很，心想：“这家伙肯定是故意的，等着瞧，待会儿我一定得狠狠地踩回一脚。”到站了，小王该下车了，这时小王的眼睛瞪得大大的，飞快地狠狠地踩了李某一脚逃走了。

B 剧：公共汽车到站了，很多人下车，也有很多人上车。在挤上车的过程中，李同志踩了小王的脚。当时李某光顾着上车、买票、找位置，也没有道歉。

小王心想："车那么挤，他也不是故意踩我的脚，虽然有点痛，还是算了，多一事还不如少一事，出门在外谁没有过闪失。"只见他脸上微微一笑，愉悦、平静地下了车。

请同学们讨论、分析一下，为什么面对同一事件，两个人会有那么不同的情绪反应和行为表现呢？

学生讨论（略）

从同学们的讨论、分析中得出情绪 ABC 理论：

A 是客观存在的事实，可以是一件事，亦可以是某个人的一个行动或态度；B 是指个人对 A 的看法和信念；C 是指个人情绪反应，这个反应可能是适当的，也可能是不适当的。一个人被情绪所困惑，不是由 A 决定，而完全是由 B 决定的。

A → C　　　　A → B → C

（事件）（情绪反应）　（事件）（看法）（情绪反应）

在上述小品中，

A 是李同志踩了小王一脚。

B 是两种截然不同的观点：一是认为"他是故意的"；二是认为"他不是故意的"。

C 是两种截然不同的情绪体验和行为表现：一是气愤并狠狠踩回一脚；二是微微一笑，平静地下了车。

从中我们可以很清楚地看到，人们的心理困惑不是由发生的事件造成，而是由于自己的不适当想法所致。因此，要改变自己的困惑处境，首先要改变自己的不适当的想法。

让学生填写表格中"以前的看法"和"理性的观点"，抛弃造成自己心理困惑的一些不适当的观点、看法和信念。

设计意图：通过观看、讨论和分析小品《人生 AB 剧》，让学生了解一些心理健康教育的理论和知识，明白情绪 ABC 理论，以及消除不良情绪的方法。同时让他们进一步分析困扰自己情绪的一些不适当的看法和观念，真正让学生自己走出困境，以此达到心理教育和心理辅导的"助人自助"的目的。

4. 把脉开方（多媒体展示）

症状表现：

小李同学最近学习效率很低，不管哪科，做题错误率都高。看到别的同学在进步，自己的成绩却不断下降，心理压力越来越大。他一直担心自己的成绩提不上去，总觉得自己很多知识都没掌握，现在的心情变得很敏感，不知该怎么办。

学生讨论并开出处方（略）

下面是王极盛教授开出的处方，仅供同学们参考，如果这些方法中有对你适用的，请填入相应的“适合我的方法”的空格中。

王教授的处方：高考心态调节16字诀：强化信心、优化情绪、进入状态、充分发挥。

强化信心。第一高考目标要适当。第二不要攀比。第三不要迷信。第四积极的心理暗示。第五考前走路昂首挺胸。

优化情绪。第一以平常心对待高考。第二要学会深呼吸。第三穴位按摩。用自己右手大拇指按摩自己的内关穴，大体是戴表带后面扣眼的地方，顺时针按摩36次很有效果。第四语言诱导精神放松法。第五积极向上法。心情不好的时想想自己18年来生活当中的愉快事、开心事。

进入状态。第一回归基础、回归课本。第二调节生物钟。第三进入状态，体验各种考试的不同情景。

充分发挥。第一战略上藐视，战术上重视。第二运用考试策略和技巧，看题“准、快、全”。第四学会发散性思维。第五建立知识网络和体系。

这就是调整高考心态的16字诀，一般考生的心理问题都可以用这16字解决，你不妨试试。

设计意图：通过给别人“把脉开方”，像“照镜子”一样，进行心理的对比，在再一次的心理体验中提升认识、调整自我。同时有专家的高考心态调节16字诀，供同学们参考。

【活动结语】

老师总结：小小的我，大大的天，我有属于我的天。当我们羡慕别人的同时，别忘了欣赏自己；当我们面对急风暴雨时，别忘了风雨过后迎来的是美丽的彩虹；当我们感到孤独、无助时，别忘了还有同样一颗孤独的心在等候，两颗孤独的心彼此交融，从此不再孤独。让我们一同唱响《同一首歌》……

【活动附件】

表格：“我的心态我做主”

我的心态	我的心事	以前的看法	理性的观点	适合我的方法

第三节 学会如何与身边的人交往

所谓人际交往就是人与人之间通过一定方式进行接触，从而在心理上和行为上发生相互影响的过程。在交往的基础上形成的人与人之间的心理关系称为人际关系。我们的人际交往对象主要是三类：朋友和同学、老师以及父母。

一、如何与同学交往

中学生人际交往的特点主要有如下几点。

1. 友谊占着十分重要和特殊的地位

朋友之间的情谊为友谊，它是建立在理想、兴趣、爱好等一致和互相依恋基础上的一种感情关系。研究表明，儿童时期情感上最依恋的是父母，朋友则处于相对次要的地位。随着年龄的增长，这种情感依恋便逐步由父母转向了朋友，并日益得以确定和加强。有研究表明，大多数人都认为自己结交朋友最多是在中学时期。

2. 小团体现象突出

由于空间上容易接近、年龄相当、品行相同等因素的影响，大多数中学生都加入到非正式的小团体中。这些小团体的成员相互间有高度的忠诚感，团体对成员在行为方面也有很大的约束力。

3. 师生关系有所削弱

对老师有了新的认识，并有了更高的要求，他们对于自己喜欢什么样的老师也有了更明确的看法。

4. 易与父母产生隔阂

不少中学生都觉得与父母难以沟通，有话宁可与朋友讲，也不愿对父母说。在价值观念、交友方式、生活习惯乃至着装打扮等方面，都容易与父母产生摩擦，不断加剧与父母间的心理隔阂。

总之，由于自我意识、独立欲望、自尊心都明显增强，中学生渴望人际交往的同时，容易出现闭锁、防御、自卑、“娇骄二气”等交往心理障碍，应该注意加以克服。

那么我们知道了自己的问题所在，到底该怎么与人交往呢？哪些人更受欢迎呢？

根据心理学家的研究，在一个群体中的人交往的形式可以分出这么几个类型：（1）小团体，指两三个或四五个交往甚密、意气相投的同学，且具有一定的排他性，指的就是不欢迎其他同学的参与，不大与其他同学接近；（2）人缘型，就是在班级中最受欢迎的人；（3）嫌弃型，就是班级中最不受欢迎的人；（4）首领，是指在一些活动中自然涌现出的能领导这些活动的同学；（5）孤独者，就是很少与他人来往，他人也很少与其交往的人；（6）互拒者，指相互怀有敌意或歧视的同学。

人缘型的学生是班上的明星，令人羡慕。他们在班上有融洽的人际关系，受到大家的重视和赞美，因而具有较高的安全感和自信心。应该说，每个同学内心都希望自己有良好的人际关系，也就是“得人缘”，但是不少同学对此在认识上存在误区，如有的人以为人缘就是会拉关系，有的视为哥儿们义气，还有的觉得是讨好卖乖，等等。

其实，研究表明，人缘型的学生之所以受同学欢迎，是由于他们有受人喜欢的个性品质：（1）尊重他人，关心他人，对人一视同仁，富有同情心；（2）热心班集体的活动，对工作认真负责；（3）待人真诚，乐于助人；（4）重视自己的独立性，且具有谦逊的品质；（5）有多方面的兴趣和爱好；（6）有审美的眼光和幽默感；（7）有动人的仪表。

可见，人缘不是刻意追求得来的，而是对一个人优良的个性品质的回报。

希望自己有好人缘的同学，不妨多在加强个人修养上面做文章。这是同学之间人际交往中应该注意的问题。

二、如何与教师交往

与老师该如何交往，也是学生面临的重要问题。毕竟学校是由老师和学生组成的，我们学习的过程中总是有老师的参与，与老师相处如何，对学习、校园生活有着直接的影响。

多数同学都有这样的体会：与哪个老师关系比较融洽，喜欢上哪门课，哪门成绩就好；如果与哪个老师关系不和谐也会殃及那门课，这大概也是爱屋及乌的反映吧。学生的大部分时间在学校里，就免不了和老师交往，对学生来说，怎么和老师交往呢？

1. 尊重老师，尊重老师的劳动

老师把几乎是所有的知识无私地、毫无保留地教给学生，如果他们希望得到什么回报的话，就是希望看到学生成材、成熟，在知识的高峰上越攀越远。学生要尊敬老师，见到老师礼貌地打声招呼。有句话说：师生如父子。上课认真听讲不破坏纪律，课下把老师留的作业保质保量地完成。

有些同学作业写得马虎、潦草，单是让老师辨认字迹都要费很多工夫，给老师增加了很多额外的工作量。经常这样，老师怎么会高兴，怎么会喜欢你呢？每个人都希望别人尊重自己，如果你和别人说话，他爱理不理，你会喜欢这个人吗？尊重老师，尊重老师的劳动，是师生和谐相处的基本前提。

2. 勤学好问，虚心求教

做学生时，经常说“这个老师不怎么样”、“那个老师水平太低”……等长大了以后才知道这种看法和想法是多么天真。就像作弊者从来都以为老师发现不了，其实，只要往讲台上一站，谁在下面干什么都一目了然。老师从他的年龄、学问、阅历上来说，在某门课上的水平肯定是高于学生的，所以，要向老师虚心求教。

勤学好问不仅直接使学习受益，还会增多、加深和老师的交流，无形中就缩短了与老师的距离，每个老师都喜欢肯动脑筋的学生。其实，向老师请教问题往往是师生交往的第一步。除班主任外，任课老师并没有多少时间和学生直接交往，常向老师请教学习上的问题会加深师生彼此的了解和感情。

3. 正确对待老师的过失，委婉地向老师提意见

心理学的研究表明，人们会对没有缺点的人敬而远之。其实，世界上根本就没有零缺点的人存在。老师不是完美的，比如他有的观点不正确，或误解了某个同学，甚至有的老师“架子”比较大，或是太严厉，这都是有可能的。发现老师的不足要持理解态度，向老师提意见语气要委婉，时机要适当。

如果老师冤枉了你，当面和老师顶撞起来，好吗？当然不好，这样不仅不利于问题解决，还会恶化师生关系。暂时忍一忍，等大家都心平气和时再说。不管怎么说，老师是长者，作为学生，都应置老师于长者的地位，照顾老师的自尊心和面子。

4. 犯了错误要勇于承认，及时改正

有的同学明知道自己错了，受到批评，即使心里已经知道自己不对，嘴上却死不认错，与老师闹得很僵。有的人则相反，受过一次批评后，就特别怕那个老师，担心他对自己有成见。这都是没有必要的。

错了就错了，主动向老师承认，及时改正，老师一样会喜欢。老师不会因为哪个学生一次没完成作业，一次违反了纪律，就对学生下定论，说他是坏学生，就对他有成见。我们要相信老师是会比较全面、客观地评价学生的。

与老师关系融洽既可以促进学习，又可以使你学到很多做人的道理，会使你一生受益无穷。相信你能做到这一点。

三、如何与父母交往

除了与老师的关系，中学阶段的孩子与家长的关系也是个很大的问题。在许多孩子和家长之间，存在代沟。什么是代沟呢？它指的是年轻的子女和父母在思想观念及价值观念上存在的距离，并由此导致两代人之间的相互不理解，产生隔阂。

中学生与父母产生代沟的具体原因，从子女的角度说，有以下几个方面。

1. 正处在青春期的中学生逐渐产生了强烈的独立意识。中学生认为自己已经长大，反对父母的关心和照顾。身体的迅速成长使中学生获得了力量和勇气，

但他们并不能正确地评估自己的力量。父母认为你是孩子，还处于被保护阶段——他们根本没来得及接受你已经长大的事实；而你每天接受很多新鲜事物与信息，并发表自己的见解，这种突如其来的变化与父母已有的观点必然会碰撞出不和谐的音调来。

2. 进入青春期，随着生理的发育，心理也发生了一些微妙的变化，特别是女孩子，喜欢关上门，自己写日记，听流行歌曲，甚至干脆呆坐闲想，不再在父母怀里撒娇，心理上产生闭锁性，既渴望友谊，又拒绝和父母说心里话。这些变化也会让父母不安。他们密切关注孩子的动向，生怕发生"早恋"，常常悄悄溜进孩子的房间探究一下。

3. 独生子女的不良习性到了青春期变得突出，如任性、自我中心等。独生子女本来就是在长辈的呵护中长大，不愿受束缚；随着独立意识的萌发及增长，甚至连父母的正确批评都听不进去，代沟就产生了。

代沟的存在是客观的，其扩大会加深两代人的冲突，给家庭生活，甚至学校生活带来一些不和谐。但代沟也是可以缩小的，作为年轻的一代，只要努力是可以把两代人的距离缩小到最小的程度的，既有利于自己健康成长，又可以使家庭气氛保持温馨。试一试下面的建议：

1. 对父母的态度要温和，不采取偏激的行为方式

进入青春期的中学生对父母的崇拜、依赖、依恋、顺从减弱，这被称为"离巢"现象。孩子的骤然长大使父母一下子失落很多，心里也空落落的。所以我们要理解这种心情，对父母态度要温和，即使自己不能接受的观点也不要顶撞、闹脾气，可以装做虚心聆听的样子，即使不能采用，听一下又没什么不好，至少可以给父母一点安慰。

其实，他们何尝不知道孩子长大了，肯定有自己的想法，只是忍不住要说而已。父母对我们的要求并不高，只要我们有礼貌，态度温和，他们就知足了。两代人的成长背景决定了代沟永远不可能缩小到零，但是通过我们的努力可以把它的负面影响降到最低。

2. 要表现出一定的独立能力，让父母放心

孩子从小衣来伸手，饭来张口，连手帕都不能洗，上学从来都要父母接送，突然放学就把自己关在房间里，或经常玩到很晚才回来，怎么不让父母忧心忡忡？这不是父母不放心，是你的表现没法让他们放心。试着去关心父母，帮他们做做家务，谈谈家庭经济，你的理想，让爸妈觉得"我们的孩子长大了"，自然就不会过多地干涉你的行动了。

3. 要保持自己的独立性，但不要忽略与父母的交流与沟通

不管怎么说，长辈也是从我们这个年龄走过来的，他们也经历了"疾风骤雨"时期，以他们几十年的生活经历，看问题要成熟得多。我们在慢慢长大，应

该学着独立，但独立和成熟都有个过程，不是突然的。坐下来，跟爸爸、妈妈谈谈你的烦恼、你的理想。相信父母也会很诚恳地与你交谈，从中你可以得到很多有益的启示。不要认为和父母谈心是“没长大”，善于和父母沟通正是你越来越成熟、独立的表现。在交流沟通中，说不定父母也会受到你的影响，接受一些年轻人认可的新生事物，那样，岂不是无形中缩小了代沟？

四、如何与异性交往

与异性到底该怎样交往呢？有以下几条建议。

第一，要自然交往。在与异性同学交往的过程中，言语、表情、行为举止要自然流露，不要闪烁其词，也不要过分夸张；既不盲目冲动，也不矫揉造作。消除异性交往中的不自然感是建立正常异性关系的前提。自然原则的最好前提就是像对待同性同学那样对待异性同学，同学之间的关系不要因为异性因素而变得不舒服或者不自然。

第二，要适度交往。怎样适度呢？就是既不为异性交往过早萌发情爱而惊恐不安，又不因回避或拒绝异性而对交往双方造成心灵伤害。建议你要做到自然适度，心中无愧，就不必过多顾虑。

第三，要真实坦诚。主要是指对异性同学的态度，要像结交同性朋友那样结交真朋友。

第四，在与异性朋友交往的过程中要注意留有余地。什么意思呢？就是我们在交往中不能毫无顾忌，比如在谈话中涉及两性之间的一些敏感话题时要回避，交往中的身体接触要有分寸，特别是在和某一个异性长期交往中，要注意把握好双方关系的程度。

第五，要主动避免接触一些不好的外界刺激。主要是避开一些表现性的书刊、画报、影视作品、图片等。

五、学生活动

通过活动使学生学会与他人交往、掌握与人交往的技巧是一种非常有效的途径，下面介绍几个相关的活动案例。

案例

班会：我生命中重要的五样

先拿出一张白纸，洁白无瑕，没有格子，没有折痕，平展得好似一面镜子。再准备一支黑色的签字笔，实在找不到黑色的，蓝色也行。注意啊，不要用红色的，太鲜艳的颜色，容易触目惊心。

做游戏的时候，请大家像在第一个心灵游戏中一样放松。因为放松可以使我们的身心从外在的世界抽离回来，现在请大家用思维的板擦把大脑刷洗成虚位以待的空白，等待着深层信念的浮起。让我们心无杂念地进入游戏状态。

准备好后，在白纸顶端，一笔一画写下“×××的五样”。这个×××就是你的名字。

这个步骤一定不要省略，因为我们平时除了使用信用卡或是领取重要资料时需要签字，已经很少有机会专心致志写下自己的名字了。在这个瞬间，请你细细地体会自己的名字和内心相拥的感动。这个名字代表的不是别人，就是你自己啊。它代表着你的身体，你的记忆，你的爱好和你的希望。总之，它就是你的一切。此刻，天地万物都暂时不存在了，只剩下你的名字和你的心在一起。当我们孤零零地来到这个世界时，你只有你自己。当你有一天离开这个世界时，也是你一个人飘然而去。无论有多少人围在身边，迎接我们的诞生和送别我们的离去，在本质上，我们都是孤独的。好了，现在，请你用黑色的笔在雪白的纸上，飞快地写下你生命中最重要的五样东西。

这五样东西，可以是实在的物体，如食物、水或钱；也可以是人和动物，如父母、老师、朋友或宠物。可以是精神的追求，如宗教或理想；也可以是爱好和习惯，如旅游、音乐。可以是抽象的事物，如祖国或哲学；也可以是具体的物品，如一个瓷瓶或一组邮票。总之，你尽可以天马行空地想象，只要把你内心最珍贵的五样东西写出来就是了。

不必思来想去，左右斟酌。脑海里涌出什么念头，就提笔把它写下。最先涌出的想法，必有它存在的深刻理由，如实记载即可。不必考虑顺序，排名不分先后。

那么此刻，在你面前，已经不再是一张白纸了，纸上有了你亲手留下的字迹。请你目不转睛地看着它们，屏住气，看上一分钟。记住那些笔画的每一笔顿挫和它们在你心中激起的涟漪。就是你生命中的挚爱。它们藏在你心底，是你最大的秘密。也许在今天之前，你还没有认真地思考和珍惜过它们，但从这一刻开始，你知道了什么是你维系生命的理由。

游戏做到这里，已经完成了一半。现在，我们要做另一半了。如果说，前面这一半还有温暖的回忆和惊喜的发现，那么，请原谅，后半部分就有严峻和凄冷，请你作好足够准备。

糟糕！你的生活中出了一点意外。到底是什么呢？我无法说得更详细、更清楚，人生的曲折小径，有很多意外潜伏在那里，好像凶恶的强盗，要你留下“买路钱”。你要付出代价和牺牲，你可以悲伤和愤慨，但最重要的是，你还要继续向前。也许，可以这样说，没有意外的人生是不正常的，只有不断发生意外，我们的人生才充满了活力。倘若一切意外都消失了，那也必是生命终止之时。

怎么办？生命中最宝贵的五样，保不住了。你要舍去一样。请你拿起笔，把五样之中的某一样抹去。

注意，不是在那样东西旁边简单地打上一个“×”，而是要毫不留情地涂掉，或者用刀子将它剜掉。直到它在洁白的纸上成为一个墨斑或黑洞，再也无法辨识。如果你抹去的是“鲜花”，那么从此你的生活中将不存在春天和芬芳，你将永远辞别灼目的牡丹和美艳的玫瑰，连田野中的雏菊和蒲公英也看不到了。你亲手将一瓣又一瓣花朵扯碎，看着它们融入泥泞。在这个过程中，请你细细体察丧失之感所引发的痛楚。

你的纸上剩下了四样宝贵的东西，还有一个黑洞。此刻，生活又发生了重大变故，来得更凶猛急迫，你保不住你的四样了，必须再放弃一样。

请三思而后行。

我想，如果说第一次要你放弃的时候，你多少还有些漫不经心的话，这一回，你要郑重行事了。千挑万拣，选中的都是挚爱。你会说，又要减去一样，这不是强人所难吗？

不错，就是强人所难。这是这个游戏的规则，也是命运的某种残酷。不管你有多少怨言和不情愿，请你遵照游戏规则，用你的笔，把四样当中的某一样涂黑。再次提醒，不是轻轻勾去，而是将它义无反顾地完整地从你的视野中除掉。如果你把“钱”抹去了，从此你就变成一个穷光蛋，今后就要和灯红酒绿、锦衣玉食、宝马香车、奢华日子彻底“拜拜”了。你虽不至于因贫困冻饿而死，却绝对进不了富豪的行列。如果你舍不得，下不了这个决心，那就把“钱”留下，不必勉强，换另外一样吧。

游戏至此，有人已猜出了下面的玩法。我承认你很聪明，也承认这不是一个复杂的游戏。希望你把注意力从游戏的玩法上跳开，而更关注你写下字的这张纸。游戏最重要的部分即将展开，主要的不仅是规则，更是在这个过程中你对自我心灵的察觉和领悟。

此时白纸上，还有三个选项和两个已经看不出名堂的墨斑或黑洞。只有你知道，墨斑或黑洞里埋葬的是什么。

生命进程中，你又遇到了险恶挑战。这一次，你又要放弃一样宝贵的东西了。

游戏进展到这一步，往往会遭遇顽强阻抗。有人愤愤地说，什么破游戏？不玩了不玩了！不停地放弃下去，人生还有什么意思！不，我不放弃！绝不！剩下这几样我都要，一样也不能少！就像老葛朗台握住他最后的一块金币，我绝不松手！

甚至有人说你太残忍了。你怎能让人这样不停地选择，不停地放弃？你没有这个权力！

我想对大家说的是，请坚持下去。游戏的核心价值就在这里——你要学会放弃。的确，我是没有这个权力，但生活有这个权力。

也许有人会心生怨言，说早知道这个游戏如此玩法，我干脆从一开始就写上些无关痛痒的东西，这会儿放弃起来，也不会如此撕心裂肺地痛。

不管你说什么，只要你坚持下来，胜利就不远了。请听好，事情还没有完，咱们还要继续……

我理解你的烦躁和潜在的恐惧不是针对游戏，而是指向命运。对不起，游戏的本意并不是要冒犯你。希望你咬牙坚持，咱们把游戏进行到底。这不是我逼你，是生活本身会逼你。残酷的压榨不是来自一张白纸，而是来自不可预测的命运。危险无处不在，机遇稍纵即逝。当然，如果你实在玩不下去了，可以中断退席。

坚持有益，这毕竟只是一个游戏。

好。咱们一竿子插到底。是的，你的生活滑到了前所未有的低谷，你必须作出你一生中最艰难也是最果决的选择。你只能留下一样，其余全部放弃。

我知道所剩两样，都是你心中的挚爱。放弃哪一样，都是刻骨铭心的痛。

是的，你可以逃避这个游戏，但你却无法逃避命运的敲打，无论多么痛苦，请你作出最艰难的选择吧。

好好记住这个顺序吧，如果在生活中遇到无所适从的时候，不妨用头脑中的打印机，把这张纸无形地打印出来。也许，奇迹就会发生，你的答案也就顺滑地诞生出来了。

也许有人会问，究竟剩下哪一样东西才是正确的呢？排列顺序有没有最终的正确答案？从某种意义上说，心灵游戏都是没有答案的游戏。你按照你的思维逻辑和价值观的选择，做出了你的排列组合，只要不妨害他人，就没有对错之分，只有真实与虚伪、清晰与混乱、和谐与纷杂的区别。

生活就是这样会捉弄人。南辕北辙的事，俯拾皆是。我们最终的目标不是最多的金钱，而是最大的幸福。

幸福和金钱有关联，但绝不成比例。

所有的决定都必有取舍，有取舍就会有痛苦，世上没有万全之策。所有的决定都包含放弃，你不可能占尽便宜。当你明确了什么是生命中最重要的东西，依次明晰了重要事项的次序，剩下的就是按图索骥。

在难以作出决定时，请想想你的五样。心理健康的人不是没有问题，而是他能有效地解决问题。尽量使你的决定和你价值观相吻合，这是心灵健康的不二法门。

班会：放我的真心在你的手心

——学会人际交往

【教学目标】

1. 学生认识人际交往的重要性

2. 学生学会如何与人进行交往

【教学重难点】

1. 重点：学生掌握人际交往的技巧

2. 难点：学生理解人际交往的重要性

【教学方式】讲授法、角色扮演法、讨论法、讲述法

【课前准备】学生准备白纸

【教学课时】1 课时

【授课对象】高二学生

【教学步骤】

1. 活动：妙手生花

同学们，在上课之前，我们先来做个小游戏，放松一下，“妙手生花”。

（1）妙手生花

①请同学们拿好手中的纸，根据老师的指示进行操作，活动过程中大家独立完成，不能提问，同学之间也不能相互偷看。

②教师请学生根据以下指示进行操作。

把纸上下对折

再把它左右对折

在左上角撕掉一个边长为 2 厘米的等腰直角三角形

再左右对折一下

然后上下对折

最后在右上角撕掉一个半径为 2 厘米的扇形

（2）讨论：为什么同样的操作指令会出现不同的结果？

（3）教师总结

不能说话，没有沟通，我们就只好根据自己的猜测来各行其是，但往往是别人说的和我们自己想的不一样。缺乏沟通，就会导致彼此的不理解。那么，同学们，在平时生活中，我们是不是也会埋怨别人不理解我们，包括我们最亲的人、我们的父母？因为别人的不理解，我们会因为交往而产生很多的烦恼。好，今天我们就来一起探讨一下人际关系的话题，我们今天的主题是：放你的真心在我的手心。

2. 人际交往的重要性

相信你们的家长、老师都会经常对你们说，现在最重要的任务是“学习”。

但对于青少年来说，我觉得还有一项很重要的任务，就是学会人际交往，获得友谊。作家肖伯纳曾经比喻说：如果你有一个苹果，我有一个苹果，彼此交换，每个人还是只有一个苹果；如果你有一种思想，我有一种思想，彼此交换，我们每个人就有了两种思想。

这个格言说明了通过社交建立良好的人际关系后，人就能以各种方式迅速地获得信息，人际交往比从书本获得信息有内容更广泛、渠道更直接、行动更迅速等特点。这样也就说明了人际交往在我们的日常生活中是很重要的。那么它有哪些重要性呢？(学生发言)

【为什么同在一个班级里同学们在人际关系中处的地位会不同？你们希望自己成为哪一种类型的人？(让学生回答) 既然大家都想成为最受欢迎的人，那么怎样才是这种类型的人呢？】

3. 谁是最受欢迎的人

学生讨论，或以生活中的例子来谈谈。

受欢迎的人的特点：自尊、尊重他人、宽容待人、虚心、坦诚、热情。

【好，既然大家知道了什么样的人才是最受欢迎的人，那么我们怎样才能成为别人都很欢迎的人呢？下面我们就来分享几招人际交往的技巧。】

4. 人际交往的技巧

技巧一：愉快地接纳别人

手指比较：现在每位同学伸出自己的右手，看看这五个指头。

你们说，哪个手指头最短？它们各有什么不同？——拇指，长短不一。(讨论与提问)

数数看每根手指的关节数，有什么不同？——拇指一个，其他手指两个。(讨论与提问)

我们对比完之后，大家有什么感想？从中学到了什么？(提问与学生回答)

【其实，这个实验的寓意是很丰富的，而今天老师想通过这个实验来教会大家人际交往的第一招——愉快地接纳别人。手指比较与愉快地接纳别人有何联系？】(学生回答)，老师补充：人的手指长短不一，各有各的优势与劣势。更何况两个人之间呢？俗话说：尺有所短，寸有所长。正如这世上找不到两片相同的树叶一样，在现实生活中找不到完全一样的人。足可见人与人之间是存在差异的。一个人身上可能有一些长处和短处，而另一个人身上又可能有另一些长处和短处，这就需要我们以一种愉快而满意的态度去接纳别人。也就是说，对别人不但要有一颗宽容心，更要愉快地接受，要懂得发现别人身上的闪光点，把别人看成是有价值的、值得尊敬的人。

技巧二：学会倾听

同学们，西方有句名言：上帝分配我们两只耳朵，而只给我们一张嘴巴。有谁知道，上帝为什么在我们脸上装一张嘴巴，在脸的两侧装两只耳朵？那是因为人在世界上要与人交往，就是要通过嘴巴说和用耳朵听来达到交流、沟通和理解的。而做一个合格的听众在人际交往中就显得尤其重要。

一个合格的听众要掌握下面五条基本要素：

（1）诚心：抱着谦虚的态度听。

（2）专心：仔细地听，不要三心二意。

（3）用心：捕捉对方话语中的含义或言外之意。

（4）耐心：不要轻易插嘴。

（5）应心：给予适当的回应，鼓励对方说下去。

技巧三：学会表达自己。

西方有一句名言："失足尚可挽回，失言无法补救。"下面我们来欣赏情景短剧《说话的艺术》，看看"失言"会带来什么样的后果。

有一个人为了庆祝自己四十岁生日，特别邀请了四个朋友，在家中吃饭庆祝。

三个人准时到达了。只剩一人，不知何故，迟迟没有来。

这人有些着急，不禁脱口而出："急死人啦！该来的怎么还没来呢？"

其中有一人听了之后很不高兴，对主人说："你说该来的还没来，意思就是我们是不该来的，那我告辞了，再见！"说完，就气冲冲地走了。

一人没来，另一人又气走了，这人急得又冒出一句："真是的，不该走的却走了。"

剩下的两个，其中有一个生气地说："照你这么讲，该走的是我们啦！好，我走。"说完，掉头就走了。

又把一个人气走了。主人急得如热窝上的蚂蚁，不知所措。

最后剩下的这一个朋友交情较深，就劝这人说："朋友都被你气走了，你说话应该注意一点。"

这人很无奈地说："他们全误会我了，我根本不是说他们。"

最后这位朋友听了，再也按捺不住，脸色大变道："什么？你不是说他们，那就是说我啦！莫名其妙，有什么了不起？"

说完，铁青着脸走了。

问题：

（1）大家从中受到一些启发了吗？

（2）表达的艺术有哪些？

技巧四：学会换位思考，站在对方的角度看问题

很多人在处理问题和与人交往的时候，总是立足于自我的立场，考虑更多的是自己的利益和需要，却总是很少关心他人的需要，更别说是从别人的立场来看

问题了。这就造成了人际沟通中的理解发生障碍和阻塞。我们平常总说别人不理解自己，自己也不理解别人，主要就是由于我们没有站在对方的角度来看问题造成的。要做到换位思考，在考虑问题之前，我们先问自己下面几个问题。

换位思考四步曲：

第一步：如果我是他，我需要的是……

第二步：如果我是他，我不希望……

第三步：如果我是对方，我的做法是……

第四步：我是在以对方期望的方式对他吗？

要了解一个人，除非你站在他的立场上体会他的心情，否则很难真正了解他。

技巧五：学会赞美别人

谁不想让人赞美？谁不希望别人重视自己的存在？不论何时何地，我们都可以运用赞美。会赞美别人是一种了不起的能力。怎样才算是会赞美别人呢？这是需要一定的技巧的。

（1）要能把握准确。假如一个女同学的相貌平平，可是你硬要说她很漂亮，美若西施，她听了未必会高兴。你可以赞美她其他真实的方面，如学习好、心地好、性格好等。

（2）要具体。

（3）要真诚。赞美的语言必须是由衷的，而不是虚假的，言不由衷的赞美只会让人生厌。

游戏：要求学生赞美自己的同桌（1分钟时间）

让同学们说出被人称赞的感受并分析当称赞别人时自己的感受与得失。

技巧六：给人以微笑

技巧七：热心助人

同学们想想还有没有其他的交往技巧可以和大家分享呢？

5. 归纳总结

今天我们学习了怎样和别人相处，这是一种健康心理。合理恰当的人际交往，可以维护和促进同学之间的友谊，使同学之间团结友爱、互相帮助、相互敬重、和睦相处。如果你的朋友愿意将他的真心放在你的手心，那么我相信你是一个值得你的朋友信任的人，让我们都能成为用双手捧住朋友那颗真心的人吧！

6. 活动过程中问题预测及应对措施

（1）在"妙手生花"活动中可能有学生会参照同桌或周边同学的折叠方法来折叠，所以老师在活动前一定要事先交待学生不要偷看别人的，要根据自己的理解去操作，这样才能达到活动的目的。

(2) 在情景短剧《说话的艺术》表演中，因为表演很精彩，可能会出现台下的学生为了看表演而看，读不懂话剧的意思，这要求老师在活动过程中要引导学生学会边看边思考。

与异性正常交往

【活动设计】

进入青春期，中学生的生理、心理都产生很大的变化，性意识也随之觉醒。他们乐意与异性同学交往，热心与异性同学一起参与学习、讨论、班级活动等。男生在女生面前，往往表现出健壮、刚强、宽容大度；女生在男生面前，则表现出温柔、亲切、热情。这是正常的性心理的表现。但我们有些同学不能正确认识性心理、性意识的产生，不能正确处理与异性同学之间的关系。有的同学在异性同学面前过分夸张地说话、做事，以引起异性同学对自己的注意；有的同学不能很好地控制自己对异性同学的好感，陷入感情的漩涡；有的同学为自己性意识的产生感到困惑，甚至以为自己变坏了，因而忧心忡忡……

这些，严重影响了同学的身心健康，影响同学之间的交往，影响学习和工作。而过去，学校对学生这方面的帮助教育远远不够，学生只能从书本或其他渠道偷偷了解有关的知识。因此，有必要让学生从公开的渠道了解有关性意识、性道德的知识，了解青春期的性意识的特点，学会与异性同学正常交往。

本节课主要内容有两方面：一是让学生了解青春期性意识的特点；二是让学生懂得如何与异性同学正常交往。

【辅导目标】

让学生了解性意识的产生是青少年成长过程中的正常现象，正确对待性意识，培养正确的性道德，与异性同学正常交往。

【辅导难点与重点】

因青春期学生特有的羞涩，学生大多不敢公开议论这个话题，所以要事先做好部分学生的工作，让学生有思想准备，并收集资料准备上课。

1. 青春期性意识产生的特点。

2. 与异性同学正常交往。

【辅导时间】1 课时

【辅导地点】教室

【辅导形式】老师讲课与学生讨论发言结合

【辅导前准备】

1. 学生：请三四个同学事先找有关男女同学交往的典型事例，有关的语录、格言，并且每人准备 2 分钟的说话，或谈典型事例，或谈自己的体会。

2. 老师：准备有关男女同学交往的正反两方面的典型事例，有关的语录三四条。

【辅导过程】

1. 故事引入（2分钟）

有一位男生，上高中以后，感到自己产生了一些奇怪的变化。他特别喜欢坐在他后面的一个女生，每天都忍不住想回头看她几眼，听到这位女生大声的说笑声，他心里就发颤，有一种异样的感觉。他为自己产生这种念头感到羞耻，以为自己变坏了；又怕其他同学知道后取笑自己，于是就拼命压制自己的想法，不让自己回头。实在忍不住，就用小刀在自己手腕上划。可是手腕上虽伤痕累累，但他仍然忍不住要回头。为此他变得精神恍惚，最后不得不请教心理医生。

心理老师会告诉这位男生什么呢？这就是我们这节课要讲的主要内容，即与异性同学正常的交往。

板书：男女同学正常交往。

在讲这个问题之前，让我们先了解青春期性意识、性心理的特点。

2. 老师讲述青春期性意识的几个特点（5分钟）

（板书）（1）好奇性（2）吸引性（3）闭锁性（4）羞涩性（5）差异性

好奇性：这一时期对性充满了兴趣和特殊的好奇，关注异性的情况，渴望了解性知识及两性的生理差异。

吸引性：对异性充满了好感，有的同学会用各种方法引起异性对自己的注意，设法接触异性。

闭锁性：许多内心的秘密，对成人，包括父母、老师，不太乐意谈知心话。与成人交流减少，但与同龄同学交往增多。

羞涩性：既表现出对异性各种情况的浓厚兴趣，又表现出对异性特有的害羞、难为情。

差异性：不同的性别在生理、心理、性格上有明显区别。

既然青少年在青春期性意识、性心理方面具有以上几种特点，那么，在青春期产生的对异性同学的好感，想与异性同学交往，都是正常的心理，不是什么羞耻、下流的事情。

在中学阶段，我们应当怎样与异性同学正常地交往呢？

3. 请同学们来谈谈男女同学如何交往，可举例，也可谈自己的体会。（10分钟发言）

4. 老师也谈谈男女同学交往的典型例子。男女同学共同学习，相互帮助，友好相处，这是很有必要的，既要友好相处，共同进步，又不要交往过密。那么，这个交往的原则应当如何把握？男女同学应当怎样正常交往？（10分钟，例子附后）

5. 请同学总结归纳男女同学交往要注意的问题。（5分钟讨论）

6. 老师总结归纳：（5分钟）

（板书）第一，树立远大的理想。

在远大理想指引下的男女同学共同的学习、活动、工作，才会不断产生新的健康的内容，产生不断向前迈进的动力。

（板书）第二，把握语言和行为的分寸。

交往要热情、开朗，尊重他人，也自尊自爱。既要真诚相处，坦诚相助，又要端正大方。

（板书）第三，扩大交往的范围，要主动与大家一道参与集体活动。

积极主动参与集体活动，努力使自己成为集体中活跃的一员，保持男女同学之间正常的友谊，不要让友谊专注在某一个人身上。尽量不要单独与某一异性同学相处。

7. 前人的教诲、体会、感受，对我们青年一代是很好的教育。请同学朗读各自找到的有关格言、语录。

8. 老师出示小黑板、展示几条语录。（7、8 两项 8 分钟）

附例：

有一位重点中学的女生，学习成绩一直很好，父母引以为傲。后来，在一次省级夏令营活动中，她因病没有参加活动，与她同校的，但从未交谈过的另一夏令营男营员，主动关心她，帮助她。两人结下了友谊。回校上课后，两人交往更密切了，从经常来往，发展到递字条、经常单独见面的地步。两人都对对方充满了好感，相处得非常愉快。不过没多久，问题就接踵而来。先是两人的学习成绩直线下降，后来双方的父母慢慢都觉察到子女的变化。事情最后报到班主任和校长处。在班主任、校长的帮助下，她经历了一段非常痛苦的时光。最后她果断地斩断两人的情缘，回到正常的学习生活中，全身心投入学习。高考时，她考上了清华大学。

她就是曾经的江西高考文科状元袁红。袁红用诗一般的语言讲述了自己的体会："情窦初开的少女，是多么自作多情，将友谊拔苗助长成爱情。可是，不成熟的幼苗根本承受不了任何感情风雨，要么扭曲变形，要么枯萎坏死。如果自己能把握小船的航向，彼此间保持一段距离，也许能留下美好而不是痛苦的回忆。千万不要让船儿过早地靠岸。"

附语录：

一个精神生活很充实的人，一定是一个很有理想的人，一定是一个很高尚的人，一定是一个只做物质的主人而不做物质的奴隶的人。

——陶铸

青春是有限的，智慧是无穷的，趁短短的青春去学无穷的智慧。

——高尔基

青春啊，永远是美好的，可是真正的青春，只属于这些永远力争上游的人，永远忘我劳动的人，永远谦虚的人。

——雷锋

有一些人，即使心中有了爱，仍能约束它，使它不妨碍重大的事业。因为爱情一旦干扰情绪时，就会阻碍人坚定地奔向既定的目标。

——培根

板书：男女同学正常交往

一、青春期性意识的特点：

好奇性、吸引性、闭锁性、羞涩性、差异性

二、男女同学正常交往

1. 树立远大的理想

2. 把握语言和行动的分寸

3. 扩大交往的范围，主动参与集体活动

第四节 提升我的人文素养

在《告别功利：人文教育忧思录》一书中，当代著名哲学家玛莎·努斯鲍姆从根本上批判了一种思想，即教育首先是为经济增长服务的工具。她指出，经济增长并不一定带来更好的生活质量：忽视、嘲讽艺术和人文学科，将使我们大家的生活质量以及我们民主制度的健康陷入危险。

作者指出，从教育的历史上说，人文学科曾经是教育的中心内容，因为人文教育被认为是培养负责任的、有能力的公民的重要手段。但是，近年来，不管是在美国，还是在世界其他国家，教育的目的走向了令人担忧的方向。急切地想推动经济发展，国家日益将培养学生的经济生产力作为主要目标，而不是培养他们的批判性思维能力，让他们成为有知识、有道德、负责任的公民。这种以获利的技能为中心的教育是短视的，已经腐蚀了青年人质疑权威的勇气与能力，降低了他们对弱势群体、不同文化背景的人的同情心，削弱了人们处理复杂的全球性问题的能力。这些基本能力的缺失对健全的社会和世界是有害的。为改变这种状况，我们应该抵制将教育降格为 GDP（国内生产总值）的工具；相反，我们应该将教育和人文紧密联系起来，让学生们成为对他们的国家和整个世界有责任心的公民。

一、重视高中生的人文素养提升

2010 年 4 月 9 日，广东陆丰一名初二男生，只因在网上与同学发生口角，就将硫酸泼向同学，造成 18 人灼伤。此前的 4 月 5 日，南海九江中学一名高三男生，只因怀疑同班女生造谣，就残忍地将该女生割喉致死……可以罗列的校园暴力事件令人震惊。这些孩子们到底怎么了？清华大学学生刘海洋硫酸泼熊案、震惊全国的马加爵杀人案、药家鑫案……这些大学生又是怎么了？

当前，无论是学校教育还是家庭教育，都非常重视学生的智育，注重给学生提供丰富的物质生活，但对学生的爱心、人文素养的培养却有所欠缺。从理论上说，人文素养的缺失在很大程度上会造成一个人的社会认知和行为偏离，当一个人极度缺乏社会能力，丧失同情心与怜悯心，缺乏人与人之间沟通的基本能力，对生命不珍惜，这时只要有一根导火线，其身体里潜在的炸药一触即发就不是什么奇怪的事了。

人文素养，主要是指一个人所具有的人文知识，以及由这些知识所反映的人文精神内化在人身上所表现出来的气质和修养。它追求人生和社会的美好境界，推崇人的感性和情感，看重人的想象性和生活的多样化，主张思想自由和个性解放。

随着全球经济、科技的进一步发展和世界的全面进步，近年来一个全新的词汇正在逐步颠覆我们的观念，影响我们的思维，那就是国家软实力。国家软实力是相对于一个国家的硬实力而言的。国家硬实力是指一个国家的经济实力、军事实力和科技实力；国家软实力是指一个国家的制度、文化和意识形态的吸引力和向心力。一个国家的软实力和硬实力同等重要。随着软实力的重要性日益凸显，人文素养的提升也越来越受到重视。因为，从根本上来看，一个国家的软实力必然由一国国民的人文素养来支撑。要提升文化软实力，就需要提高国民的人文素养。作为高中生，作为国家未来软实力提升的希望，应该如何提高人文素养呢？

首先，应建设人文课堂。人文课堂无疑是提高人文素养的最主要的途径。但在当今教育的功利主义影响下，人文学科的地位受到严重的影响，以至于部分学生认为某些人文学科课程甚至可有可无。这是毫无远见且极端错误的观点。中国教育学会会长顾明远在一次演讲中呼吁：教育要强调人文精神，使每一个人了解人类发展的历史，了解世界的文化，了解他人，了解自身的能力和责任。

其次，应阅读人文书籍。中学人文课堂的知识具有基础性，受到教学要求的范围的限定。因此，建议有时间的学生，能够自己在课下再阅读一些人文类书籍，这对进一步提高人文素养非常有帮助。人文类书籍主要涵盖以下方面：文学、艺术、美学、教育、哲学、历史、社会等。如果同学们每一学年能够在课余阅读以上几个方面比较经典的书各一本，中学阶段几年下来，你们的人文素养一定会有较厚实的积淀。

再次，应关注人文行为。人文行为反映人文素养中所蕴涵的人文实践，是个人人文素养在实际生活中的体现。作为中学生，我们不仅仅要去学习人文文化，从思想上提升人文素养，更应该在具体行动上体现出较高的人文素养和思想道德水平。在校园里，一句对老师、同学真诚的问候；在做错事情后，一句诚心的歉意都能体现出你们的人文素养。

二、学生活动设计

综合素质提升课

课程设置：每周二下午第四节课和年级活动时间

地点：各班教室、图书馆

方式：

1. 阅读为主，教师指导为辅，班主任协助督促，阅读指导教师进行全程指导。

2. 年级统一组织主题式活动。

考核方式：期中和期末每位同学交读书总结，由指导教师打分，择优召开读书交流会。

学分：每学期 2 个学分，全体同学必选。

3. 学科安排：语文、英语、政治、地理、历史（三周一轮）。

4. 课程设计规划示例：

（1）英语：

目的：鉴于教育改革和高考改革对学生人文素养要求的提高，为了更好地提高全体学生的审美情趣、文化品位、人文素养和科学素质，英语学科决定结合学科特点开设文化专题讲座，使学生能够对本国及跨国文化有一定的意识和了解。

计划：5 次课设 5 个专讲。

第一讲：西餐礼仪

餐具、餐具使用、座位安排、主要食物……

第二讲：家庭关系

西方国家的家庭结构、家庭观念、亲戚的定义与交往、父母与子女的关系模式与沟通……

第三讲：教育体系

美国、加拿大、英国、法国、澳大利亚、新西兰等国的教育体系和学校学制、学期；教育传统与学生特点……

第四讲：生活现状

主要发达国家民众关心的问题，如税收、福利制度等。

第五讲：校园生活

教师对学生在校期间谈恋爱的看法和态度……

考查方式：①参与情况；②课堂表现；③学习总结。

（2）历史：

指导思想："腹有诗书气自华"，读书是一种很好的休闲娱乐活动。历史阅读课程的目标是配合历史教学大纲的基本要求，补充课外阅读资料，力求拓展学生的历史视野，扩充课外历史知识，锻炼学生的历史思维能力，从而提升学生对现实社会问题的思考与判断能力，提升学生的人文素养。

课程设置：本学期历史阅读课《中西政治史述评》的总课时约5—6课时，预设5—6个内容。

①中国古代史扩展阅读与思考

②古希腊罗马史实延展

③欧洲中世纪历史故事阅读

④西方近代政治文明阅读思考

⑤中国近代名人话语摘录阅读

⑥新中国外交秘史

⑦当今国际政治理论研究

授课方式：主要以学生阅读为主，辅助教师讲解和学生讨论。

资料来源：历史备课组自编印发材料，各班统一讲义。

5. 年级主题活动设计：

（1）期中和期末各召开一次读书报告会。

（2）在“细节”、“习惯”主题系列活动中渗透文化素质教育内容。

社会大讲堂课程

为了让学生最大限度地了解社会，利用全球化视野进行思考和研究，年级为学生开设了“社会大讲堂”课程。

“社会大讲堂”课程题目示例：

经济类，如《财富的创造与管理》等；

环境保护类，如《环境保护与你和我》、《固体垃圾处理》、《Green Power NOW！青少年环保教育项目》等；

社会热点类，如《苏联解体简析及反思》等；

青年成长类，如《我看大学教育》、《青年人的人生成长规划》等；

生命教育类，如《旅游遇险与科学对策》、《生命的启迪》等；

艺术类，如《音乐的田园——贝多芬第6交响曲》等；

学习方法类，如《如何学习科学》、《从地理的角度看世界：人类社会文明进程》、《“7”，无意义图形和学习效率——趣谈心理学对改善学习方法的促进作用》等。

【问题与思考】

1. 什么是目标倒推法？学生在制订学习计划时如何处理学习与生活、娱乐的关系？
2. 您认为中学阶段提高学生人文素养有哪些策略和方法？
3. 在高二年级，面对学生的情感问题和交友问题，家长应如何与学校合作进行教育？

第四章 遇见未来的自己

——高三年级的生涯规划

【本章提要】

作为一个连续的过程，高中生生涯规划在每个阶段都有不同的任务：高一年级的主要任务是适应高中的学习生活和进行初步的自我探索；高二年级的主要任务是继续探索和拓展自我，并利用综合实践活动虚拟或直接探索职业和专业世界；高三年级的主要任务则是结合自我分析和环境探索的结果作出抉择，确立自己未来的升学或就业目标。因此，高三年级生涯规划教育的内容应当既包括升学指导，也包括就业指导。在本章中，我们将主要探讨如何指导学生根据个人和环境的因素作出适合自己的升学决策。

根据生涯规划的步骤，本章的具体内容将主要围绕以下四个方面来展开：1. 知己——指导学生学会深入了解和分析个人的专业潜能，包括职业兴趣、能力倾向、性格特点、价值观；2. 知彼——指导学生及家长学会探索和分析影响职业和专业选择的环境因素，包括社会需求和就业趋势、大学和专业的相关信息等；3. 目标与抉择——在知己知彼基础上，指导学生确立适合个人的人生目标、升学目标等；4. 行动与坚持——指导学生根据个人目标制订具体的学业行动规划，并有效管理自己的时间与压力，努力将目标转化为现实。

【学习重点】

1. 了解社会需求和就业趋势、大学及专业设置等现实的环境因素对高三学生生涯规划活动的影响，帮助学生以及家长学会如何有效地探索环境资源、科学理性地分析职业资讯。

2. 掌握指导高三学生进行个人专业潜能探索的方法，帮助学生深入了解影响职业和专业选择的个人因素，包括职业兴趣、能力、性格特点、价值观等。

3. 熟悉指导高三学生确立未来的人生目标、升学目标的步骤和方法，帮助学生学会制订及坚持执行个人的生涯行动规划，如学业规划、时间管理和压力管理的方法等。

第一节 了解自己的专业潜能

职业生涯规划的目的，不是要你变成另外一个人，而是变成最好的你自己。

根据美国职业心理学家霍兰德的观点，职业选择的过程实际上就是人职匹配的过程，会减少自我系统内的能量损耗，会让个体发挥潜能的极致，会调动个体的所有能量，因此，只有知己（了解自我）、知彼（了解职业），才有可能作出最优的职业决策，即根据个人的专业潜能，将自己定位在一个最能发挥出自己长处的专业领域，选择一份最适合自己的职业。

在整个高中阶段，高三学生与职业世界的距离最为接近，而填报高考志愿则是对未来的职业进行初次选择的一个具体过程。经过高一、高二两年的探索，大多数高三学生对自己可能已经有了初步的了解，但由于高中阶段正处于职业探索期，加之他们的身心发展还尚未成熟，因此这种自我了解应当是一个动态的、不断发展和修正的过程。

作为教师，除了要指导高三学生如何在学习上全力冲刺之外，还必须有能力指导他们学会全面、深入地分析和测定自己的专业潜能，包括职业兴趣、能力倾向、性格特点、价值观等。

一、了解自己的职业兴趣与能力倾向

职业兴趣和能力倾向对于职业选择来说至关重要：职业兴趣决定了我们会喜欢哪一行业，这往往是一个主动选择的过程；而能力倾向则决定了我们适合哪一行业，这往往是一个被动选择的过程。因此，我们有必要首先指导高三学生对自己的职业兴趣和能力倾向进行一次科学客观的分析，并认识到二者对职业和专业选择的具体影响。

（一）了解自己的职业兴趣

兴趣对于人生事业的发展具有至关重要的作用，诺贝尔物理学奖获得者丁肇中先生曾经说过："兴趣是最好的老师。"

说到"兴趣"，我们通常的理解是指一个人喜欢什么，但是在职业选择的过程中，我们还必须同时考虑到硬币的另一面，即一个人不喜欢什么。诺贝尔经济学奖得主赫伯特·西蒙（Herbert A. Simon）曾提出过一个"十年定律"——"任何领域的专家，都需要经历至少十年的淬炼，除非找到自己的兴趣，否则，一个人要坚持十年，不被挫折打倒，是件苦差事。"

在现实生活中，我们也很容易发现，与那些对于职业毫无兴趣、勉强为了维持生存需要而工作的人相比，那些对于自己的职业抱有浓厚个人兴趣的人往往更富有活力、更能经受住困难与挫折，在职场内也更具有竞争力，更容易获得事业上的成功。因为他们正如梁启超先生说的那样，"选择了自己趣味最浓的事项做职业，自然一切劳作，都是目的，不是手段，越劳作越发有趣。"

了解职业兴趣的方法有很多，最为常见的是测验法。教师不妨以年级或班级为单位，组织学生开展一些职业兴趣测验活动，常用的测验工具包括"库德偏好记录”、“史东基本兴趣量表”、“加州职业偏好调查”，以及本书第一章中所提到的“霍兰德职业倾向量表”。在对测验结果进行解释时，最好能由接受过相关培训的心理辅导教师或班主任给予学生一些个性化的指导。

另外，我们也可以指导学生对照下文中所提到的《加拿大职业分类词典》中对各种职业兴趣类型特征的描述进行自我分析和评价，同时要鼓励学生进行多角度评价，比如询问一些熟悉自己的同学、朋友、老师、家长对自己在职业兴趣方面的印象，以保证这种评价结果更为全面、客观。对于那些经常说“我也不知道自己喜欢什么”的学生来说，这种多角度的评价会显得尤为重要。

表 4-1　《加拿大职业分类词典》中对各种职业兴趣类型特征的描述

类型	类型特征	适应的职业
1	愿意与事物打交道，喜欢接触工具、器具或数字，而不喜欢与人打交道。	制图员、修理工、裁缝、木匠、建筑工、出纳员、记账员、会计、勘测、工程技术、机器制造等。
2	愿意与人打交道，喜欢与人交往，对销售、采访、传递信息一类的活动感兴趣。	记者、推销员、营业员、服务员、教师、行政管理人员、外交联络人员等。
3	愿意与文字符号打交道，喜欢常规的、有规律的活动，习惯于在预先安排好的程序下工作。	邮件分类员、办公室职员、图书馆管理员、档案整理员、打字员、统计员等。
4	愿意与大自然打交道，喜欢地理、地质类的活动。	地质勘探人员、钻井工、矿工等。
5	愿意从事农业、生物、化学类工作，喜欢种养、化工方面的实验性活动。	农业技术员、饲养员、水文员、化验员、制药工、菜农等。
6	愿意从事社会福利类的工作，乐于助人，喜欢帮助别人排忧解难，试图改善他人的状况。	咨询人员、科技推广人员、教师、医生、护士等。
7	愿意做组织管理工作，喜欢掌管一些事情，以发挥自己的重要作用，希望受到众人尊敬和获得声望。	组织领导管理者，如行政人员、企业管理者、学校领导和辅导员等。
8	愿意研究人的行为和心理，喜欢谈论涉及人的主题，对人的行为举止和心理状态感兴趣。	心理学、政治学、人类学、人事管理、教育、行为管理工作、社会科学工作者、作家等。
9	愿意从事科学技术事业，喜欢逻辑推理、理论分析、独立思考、实验发现、测试等活动，善于理论分析，喜欢独立地解决问题，也喜欢通过实验得出新发现。	生物、化学、工程学、物理学等自然科学工作者、工程技术人员等。

（续表）

类型	类型特征	适应的职业
10	愿意从事有想象力和创造力的工作。喜欢创造新的式样和概念，大多喜欢独立工作，对自己的学识和才能颇为自信。乐于解决抽象的问题，而且急于了解周围的世界。	社会调查、经济分析、各类科学研究工作、化验、新产品开发、演员、画家、创作或设计人员等。
11	愿意做操作机器的技术工作，喜欢通过一定的技术来进行活动，对运用一定技术、操作各种机械，制造新产品或完成其他任务感兴趣，喜欢使用工具，特别是大型的、马力强的先进机器，喜欢具体的东西。	飞行员、驾驶员、机械制造等。
12	愿意从事具体的工作，喜欢制作看得见、摸得着的产品并从中得到乐趣，希望很快看到自己的劳动成果，并从完成的产品中得到满足。	室内装饰、园林、美容、理发、手工制作、机械维修、厨师等。

在根据上表对照评价之余，教师还有必要提示学生：根据这种分类，一种兴趣类型可以对应多种职业，而每一种职业往往又都同时具有其中几种兴趣类型的特点。比如，你想要成为一名护士，那你就应有愿意与人打交道（类型 2）、愿意热心助人（类型 6）、愿意做具体工作（类型 12）这三个兴趣类型的特点。如果你对其中的某一方面缺乏兴趣，那就应努力培养和发展这方面的兴趣以适应护士职业的要求，否则，还是选择更适合自己兴趣类型的职业为好。

（二）了解自己的能力倾向

能力，是指完成一定活动的本领，是一个人完成任务的前提条件，是影响工作效果的基本因素。

美国心理学家加德纳教授一直致力于人类智力的科学研究，并于 1983 年提出了影响极为广泛的“多元智能理论”。他认为，人类的智能至少可以划分成八个范畴，分别是：语言智能、逻辑数学智能、空间智能、肢体运动智能、音乐智能、人际关系智能、内省智能、自然探索智能。不同的人会有不同的智能组合，例如，建筑师及雕塑家的空间智能较强，运动员和芭蕾舞演员的肢体运动智能较强，数学家的逻辑数学智能较强，作家的语言和内省智能较强等。

根据加德纳的研究结果，在进行职业生涯规划时，我们必须充分考虑个人的能力倾向对于其职业选择的影响。

首先，从能力差异的角度来看，人的能力类型是有差异的，即人的能力发展方向存在差异，而职业也可以根据工作的性质、内容和环境而划分为不同的类型，并且对人的能力也有不同的要求，因此，应注意能力类型与职业类型相吻合，能力水平要与职业要求保持一致或基本一致。

其次，要充分发挥优势能力的作用。每个人都具有一个多种能力组成的能力系统，各方面能力的发展往往并不均衡，常常是某方面的能力占优势，而另一些能力则不太突出。对于职业选择和职业指导而言，应主要考虑一个人的最佳能力，选择最能运用其优势能力的职业。

了解个人能力倾向的方法以测验法为主。除了本书第一章中提到的霍兰德职业倾向测试之外，教师还可以组织学生根据下面的“职业能力倾向测试”开展自我评价，以帮助学生较为客观地了解自己的能力倾向。

职业能力倾向测试

请根据你在以下表格中各项具体能力上的表现为自己打分，打分的依据是和你的同龄人相比自己的表现如何。每一道题目均分为“强”、“较强”、“一般”、“较弱”、“弱”五个等级。

（G）一般学习能力倾向	强 1	较强 2	一般 3	较弱 4	弱 5
1. 快而容易地学习新内容					
2. 快而正确地解答数学题					
3. 你的学习成绩					
4. 对课文的字、词、段落、篇章的理解、分析和综合能力					
5. 对学习过的知识的记忆能力					

（V）言语能力倾向	强 1	较强 2	一般 3	较弱 4	弱 5
1. 善于表达自己的观点					
2. 阅读速度和理解能力					
3. 掌握词汇量的程度					
4. 你的语文成绩					
5. 你的文学创作能力					

（N）算术能力倾向	强 1	较强 2	一般 3	较弱 4	弱 5
1. 做出精确的测量					
2. 笔算能力					
3. 口算能力					
4. 打算盘或使用计算器					
5. 你的数学成绩					

＊（S）空间判断能力倾向	＊强 1	＊较强 2	＊一般 3	＊较弱 4	＊弱 5
1. 解答立体几何方面的习题					
2. 画三维度的立体图形					
3. 看几何图形的立体感					
4. 想象盒子展开后的平面图					
5. 想象三维度的物体					

（P）形态知觉能力倾向	强 1	较强 2	一般 3	较弱 4	弱 5
1. 发现极相似图形中的细微差别					
2. 识别物体的形状差异					
3. 注意物体的细节部分					
4. 观察物体的图案是否正确					
5. 对物体的细微描述					

（Q）书写知觉能力倾向	强 1	较强 2	一般 3	较弱 4	弱 5
1. 快速而准确地抄写资料（如姓名、日期、电话号码等）					
2. 发现错别字					
3. 发现计算错误					
4. 能很快查找编码卡片					
5. 自我控制能力（如较长时间抄写资料）					

（K）眼手运动协调能力倾向	强 1	较强 2	一般 3	较弱 4	弱 5
1. 玩电子游戏					
2. 参加篮球、排球、足球一类的活动					
3. 参加乒乓球、羽毛球运动					
4. 打算盘					
5. 打字能力					

(F) 手指灵巧度	强 1	较强 2	一般 3	较弱 4	弱 5
1. 灵巧地使用很小的工具					
2. 穿针眼、编织等使用手指的活动					
3. 用手指做一件小工艺品					
4. 使用计算器的灵巧程度					
5. 弹琴					

(M) 手腕灵巧度	强 1	较强 2	一般 3	较弱 4	弱 5
1. 用手把东西分类					
2. 在推拉东西时手的灵活度					
3. 很快地削水果					
4. 灵活地使用手工工具					
5. 在绘画、雕刻等手工活动中的灵活性					

统计分数的方法：

1. 计算每一类能力倾向的总分数：每组 5 道题完成后，分别统计各等级选择的次数总和，然后用下面的公式计算出该类的总计次数（把“强”定为第一项，以此类推，“弱”定为第五项；第一项之和就是选“强”的次数和）。

总计次数=（第一项之和×1）+（第二项之和×2）+(第三项之和×3）+（第四项之和×4）+（第五项之和×5）

2. 计算每一类能力倾向的自评等级。

自评等级=总计次数/5

3. 将自评等级填在下表中。

职业能力倾向	自评等级	职业能力倾向	自评等级
G		Q	
V		K	
N		F	
S		M	
P			

4. 根据结果对照下表，可以从能力倾向的角度出发，找到适合你的职业。

职业类型	职业能力倾向								
	G	V	N	S	P	Q	K	F	M
生物学家	1	1	1	2	2	3	3	2	3
建筑师	1	1	1	1	2	3	3	3	3
测量员	2	2	2	2	2	3	3	3	3
测量辅导员	4	4	4	4	4	4	3	4	3
制图员	2	3	2	2	2	3	2	2	3
建筑和工程技术员	2	2	2	2	2	3	3	3	3
建筑和工程技术专家	2	3	3	3	3	3	3	3	3
物理科学技术家	2	2	2	2	3	3	3	3	3
物理科学技术员	2	3	3	3	2	3	3	3	3
农业、生物、动物、植物学的技术专家	2	2	2	2	3	3	3	3	3
农业、生物、动物、植物学的技术员	2	3	3	3	2	3	3	3	3
数学家和统计学家	1	1	1	3	3	2	4	4	4
系统分析和计算机程序编制者	2	2	2	2	3	3	4	4	4
经济学家	1	1	1	4	4	2	4	4	4
社会学家、人类学者	1	1	2	2	2	3	4	4	4
心理学家	1	1	3	4	4	3	4	4	4
历史学家	1	1	4	3	3	3	4	4	4
哲学家	1	1	3	2	2	3	4	4	4
政治学家	1	1	3	4	4	3	4	4	4
政治经济学家	2	2	2	3	3	3	3	3	5
社会工作者	2	2	3	4	4	3	4	4	4
社会服务助理人员	3	3	3	4	4	3	4	4	4
法官	1	1	3	4	3	3	4	4	4
律师	1	1	3	4	3	4	4	4	4
公证人	2	2	3	4	4	3	4	4	4
图书管理学专家	2	2	3	3	4	2	3	4	4
图书馆、博物馆的档案管理员	3	3	3	2	2	4	3	2	3
职业指导者	2	2	3	4	4	3	4	4	4

（续表）

职业类型	职业能力倾向								
	G	V	N	S	P	Q	K	F	M
大学教师	1	1	3	3	2	3	4	4	4
中学教师	2	2	3	4	3	3	4	4	4
小学和幼儿园教师	2	2	3	3	3	3	3	3	3
职业学校教师	2	2	2	3	3	3	3	3	3
内、外科、牙科医生	1	1	2	1	2	3	2	2	2
兽医学家	1	1	2	1	2	3	2	2	2
护士	2	2	3	3	3	3	3	3	3
护士助手	2	4	4	4	4	2	2	3	2
工业药剂师	2	1	2	3	2	2	3	2	3
医院药剂师	2	2	2	4	9	2	3	2	3
营养学家	2	2	2	3	3	3	4	4	4
配眼镜医师	2	2	2	2	2	3	3	3	3
配眼镜商	3	3	3	3	3	4	3	2	3
放射科技术人员	3	3	3	3	3	3	3	3	3
药物实验室技术专家	2	2	2	3	2	3	3	2	3
药物实验室技术员	2	3	3	3	3	3	3	3	3
画家、雕刻家	2	3	4	2	2	5	2	1	2
产品设计和内部装饰者	2	2	3	2	2	4	2	2	3
舞蹈家	2	2	4	3	4	4	4	4	4
演员	2	2	3	4	4	3	4	4	4
电台播音员	2	2	3	2	2	4	2	2	3
作家和编辑	2	1	3	3	3	3	4	4	4
翻译人员	2	1	4	4	4	3	4	4	4
体育教练	2	2	2	4	4	3	4	4	4
运动员	3	3	4	2	3	4	2	2	2
秘书	3	3	3	4	3	2	3	3	3
打字员	3	3	4	4	4	3	3	3	3
会计	3	3	3	4	4	2	3	3	4
出纳	3	3	3	4	4	2	3	3	4
统计员	3	3	2	4	3	2	3	3	4
电话接线员	3	3	4	4	4	3	3	3	3

（续表）

职业类型	职业能力倾向								
	G	V	N	S	P	Q	K	F	M
办公室职员	3	4	3	4	4	3	3	4	4
商业经营管理	2	2	3	4	4	3	4	4	4
售货员	3	3	3	4	4	3	4	4	4
警察	3	3	3	4	3	3	3	4	3
门卫	4	4	5	4	4	4	4	4	4
厨师	4	4	4	4	3	4	3	3	3
招待员	3	3	4	4	4	4	3	4	3
理发员	3	3	4	4	9	4	2	2	2
导游	3	3	4	3	3	5	3	3	3
驾驶员	3	3	3	3	3	3	3	4	3
农民	3	4	4	4	4	4	4	4	4
动物饲养员	3	4	4	4	4	4	4	4	4
渔民	4	4	4	4	4	5	3	4	3
矿工	3	4	4	3	4	5	3	4	3
纺织工人	4	4	4	4	3	5	3	3	3
机床操作工	3	4	4	3	3	4	3	4	3
锻工	3	4	4	4	3	4	3	4	3
无线电修理工	3	3	3	3	2	4	3	3	3
细木工	3	3	3	3	3	4	3	4	4
家具木工	3	3	3	3	3	4	3	4	3
一般木工	3	4	4	3	4	4	3	4	3
电工	3	3	3	3	3	4	3	3	3
裁缝	3	3	4	3	3	4	3	2	3

除了指导学生进行自我评价之外，还可以引导学生邀请自己的同学、好友、老师和家长对自己在以上各方面的能力进行多角度的评价，以便对自己有一个更加客观而全面的认识，防止“夜郎自大”或“妄自菲薄”心理对测验结果的影响。

二、了解自己的性格特点与价值观

与兴趣和能力相比，性格和价值观对于职业选择的影响似乎没有那么明显。因为，在日常生活中我们常常会发现，在同一职业领域内，往往存在着多种性格的人。比如，同样是老师，有的人性格外向，风趣活泼；有的人性格内向，矜持严谨。另外，虽然人们从事着相同的职业，但每个人的职业追求似乎也不尽相同。比如，同为教师，有些人看重的是在失业率较高的情况下，这份职业带给自己的相对稳定感；而有些人看重的则是“桃李不言，下自成蹊”的那份成就感。

实际上，我们说，如果兴趣和能力决定了一个人是否愿意或者能否进入某一职业领域，那么，性格特点和价值观则决定了一个人能否在这份职业中获得足够的幸福感和成就感。因为职业成就感和职业满意度不仅与个人的兴趣和能力有关，而且也深受一个人的性格特点与价值观的影响。一个人做的最好的，往往是和他的性格和价值观相适应的。

（一）了解自己的性格特点

性格，也称个性，指的是一个人在一定情况下所作出的行为反应的特质，即人们在生活、工作中独特的行为表现，包括思考方式、决策方式等。人的性格千差万别，或热情外向，或羞怯内向；或沉着冷静，或火爆急躁。

人的性格塑成期通常在青春期，在这之后具有了较为稳定的个性类型，并在随后的岁月中动态地发展与完善。按照著名心理学家荣格的理论，人的个性一旦成型，就很难发生变化，之所以在后来展现出不同的表现方式，是由于环境、经历等因素的变化，性格在动态地发展，之前不太使用的功能也得到了相应的发挥。

一个人的性格，一般来说没有绝对的好坏之分。职业心理学的研究表明，不同的职业有不同的性格要求。每个人的性格，一般都有最适合他的职业。比如，有些人性格外向、喜欢与人沟通，他可能比较适合做公关、销售一类的工作；有些人性格内向，不善于与人打交道，但他搞研究和技术可能非常适合。

因此，我们要做的，不是要改变我们的性格——因为改变起来，往往让我们自身很不适应，甚至很痛苦，也往往很难改变。我们要想在学习和工作中获得成就感，关键是要全面、深入、准确、客观地了解自己的性格，同时在报考专业或找工作的时候，应该向相关人员了解清楚这个专业或这份工作需要什么性格的人，据此找到最适合我们学习的专业、最适合我们从事的行业和工作，而这些专业或工作应该正好有利于发挥我们性格的特点，以便我们更容易在学业和职业上获得成功。

最为常见的了解个性倾向的方法是测验法，相关的自测量表非常多，国际上通用的个性心理测验主要包括：16PF 人格测试、DISC 性格测试、九型人格测试、MBTI 人格类型测试等。在此，着重介绍一下在职业生涯规划领域里非常权威的 MBTI 人格类型测试。

MBTI 人格类型测试的理论基础始于著名心理学家卡尔·荣格先生的心理类型学说，后经布里格斯（Katharine Cook Briggs）与迈尔斯（Isabel Briggs Myers）深入研究而发展成型。MBTI 性格类型揭示了一个人深层的“本我”、真实的我、自我的核心，最为本能、最为自然的思维、感觉、行为模式，而不是在别人面前所表现出来的表面的性格特征，它能有效地反映人们的心理特性，如积极性、自信心、主动性等，这是事业成功与否的关键因素。

近几十年来，这种理论在全球范围内得到了广泛运用，公司利用它进行招聘选拔、人—岗匹配、组织诊断、改善团队沟通及人际关系；青年人利用它进行职业生涯规划；学生和教师利用它提高学习、授课效率。据统计，世界前一百强公司中有89%的公司使用MBTI作为员工和管理层自我发展、改善沟通、提升组织绩效的重要方法。

MBTI将人格类型分为四个维度，每个维度有两个方向，共计八个方面，即共有八种人格特点，分别是：内倾（I）—外倾（E），感觉（S）—直觉（N），思维（T）—情感（F），判断（J）—知觉（P）。

内倾（I）—外倾（E）	我们与外界相互作用的程度以及自己的能量被引向何处
感觉（S）—直觉（N）	我们自然注意到的信息类型
思维（T）—情感（F）	我们作决定和得出结论的方法
判断（J）—知觉（P）	我们喜欢以一种较固定的方式生活（或作决定），还是以一种更自然的方式生活（或获取信息）

维度解释

第一个维度：根据个人的能量更集中地指向哪里来区分，分为内倾与外倾两种类型（I—E）。

内倾型的人（I）：独自一个人感到振奋；避免成为注意的焦点；先思考，再行动；在脑中思考；注重隐私，只与少数人共享个人信息；听的比说的多；不把热情表现出来；思考之后再反应，喜欢慢节奏；较之广博更喜欢精深。

外倾型的人（E）：与他人在一起时感到振奋；希望成为注意的焦点；先行动，再思考；喜欢边想边说出声；易于被了解；愿与人共享个人信息；说的比听的多；热情地交流；反应迅速，喜欢快节奏；较之精深更喜欢广博。

第二个维度：根据个人收集信息方式的不同，分为感觉与直觉两种类型（S—N）。

感觉型的人（S）：相信确定而有形的事物；喜欢具有实际意义的新主意；崇尚现实主义与常识；喜欢运用和琢磨已有的技能；留心特殊的和具体的事物，喜欢给出细节；循序渐进地给出信息；着眼于现在。

直觉型的人（N）：相信灵感和推理；喜欢新主意和新概念只出于自己的意愿；崇尚想象力和新事物；喜欢学习新技能，但掌握之后容易厌倦；留心普遍和有象征性的事物；喜欢使用隐喻和类比；跳跃式地以一种绕圈的方式给出信息；着眼于将来。

第三个维度：根据个人作决定的方式的不同，可分为思维与情感两种类型（T—F）。

思维型的人（T）：后退一步，客观地分析问题；崇尚逻辑、公正和公平；

有统一的标准；自然地发现缺点，有吹毛求疵的倾向；可能被视为无情、麻木、漠不关心；认为诚实比机敏更重要；认为只有合乎逻辑的情感才是正确的；受到获得成就欲望的驱使。

情感型的人（F）：向前看，关心行动给他人带来的影响；注重感情与和睦；看到规则的例外性；自然地想让别人快乐；易于理解别人；可能被视为过于感情化、无逻辑、脆弱；认为诚实与机敏同样重要；认为所有的感情都是正确的，无论有意义与否；受到获得被理解欲望的驱使。

第四个维度：根据个人最感觉舒适的生活方式的不同，可分为判断与知觉两种类型（J—P）。

判断型的人（J）：作完决定后感到快乐；具有“工作原则”，先工作再玩；确立目标并按时完成任务；想知道自己的处境；注重结果；通过完成任务获得满足；把时间看成有限的资源，认真对待时间限制。

知觉型的人（P）：因保留选择的余地而快乐；具有“玩的原则”，先玩再工作；当有新的情况时便改变目标；喜欢适应新环境；注重过程；通过着手新事物而获得满足；把时间看成无限的资源，认为时间期限是活的。

每个人的性格都会位于四种维度的相应分界点的这边或那边，我们称之为“偏好”。例如，如果你落在外倾的那边，称为“你具有外倾的偏好”；如果落在内倾的那边，称为“你具有内倾的偏好”。但在现实生活中，每个维度的两个方面你都会用到，只是其中的一个方面你用得更自然、更容易、更快、更舒适。如果用左手和右手来打一个比方的话，一个人的 MBTI 倾向就是他最熟悉使用的那只手，就好像每个人都会用到左手和右手，习惯用左手的人是左撇子，习惯用右手的人是右撇子，但随着阅历的增加，他也会开始练习使用另外一只手。

根据每一个维度的测试判定，最终可以得出十六种组合，如下表所示。需要说明的是，这其中的每一种都是独特的类型，没有哪一种类型最好，也没有哪一种类型不好，只是对于不同的工作内容来说，会存在着“适合”或“不适合”。

十六种性格类型表

内倾感觉思维判断型（ISTJ）	内倾感觉情感判断型（ISFJ）	内倾直觉情感判断型（INFJ）	内倾直觉思维判断型（INTJ）
内倾感觉思维知觉型（ISTP）	内倾感觉情感知觉型（ISFP）	内倾直觉情感知觉型（INFP）	内倾直觉思维知觉型（INTP）
外倾感觉思维知觉型（ESTP）	外倾感觉情感知觉型（ESFP）	外倾直觉情感知觉型（ENFP）	外倾直觉思维知觉型（ENTP）
外倾感觉思维判断型（ESTJ）	外倾感觉情感判断型（ESFJ）	外倾直觉情感判断型（ENFJ）	外倾直觉思维判断型（ENTJ）

MBTI 测试有多个版本，下面的问卷是其中的版本之一。

MBTI 职业人格测验问卷

对于下列每项陈述，请你在 a、b 两个选项中选出适合你的一个。任何选择没有对错之分，因为无论你选择哪一个，总是会有将近一半的人同意你的选择。

1. 电话铃响的时候，你会	a. 马上第一个去接	b. 希望别人去接
2. 你更倾向于	a. 敏锐而不够内省	b. 内省而不够敏锐
3. 对你来说哪种情况更糟糕	a. 想入非非	b. 循规蹈矩
4. 同别人在一起，你通常	a. 坚定而不随和	b. 随和而不坚定
5. 哪种事更使你感到惬意	a. 作出权威判断	b. 作出有价值的判断
6. 面对工作环境里的噪声，你会	a. 抽出时间整顿	b. 最大限度地忍耐
7. 你的做事方式	a. 果断	b. 某种程度的斟酌
8. 排队时，你常常	a. 与他人聊天	b. 仍考虑工作
9. 你更倾向于	a. 感知多于设想	b. 设想多于感知
10. 你对什么更感兴趣	a. 真实存在的东西	b. 潜在的东西
11. 你更有可能依据什么对事件作出判断	a. 事实	b. 愿望
12. 评价他人时，你易于	a. 客观，不讲人情	b. 友好，有人情味
13. 你希望通过什么方式制订合同	a. 签字、盖章、发送	b. 握手，搞定
14. 你更愿意拥有	a. 工作成果	b. 不断进展的工作
15. 在一个聚会上，你倾向	a. 与许多人包括陌生人交流	b. 只与几个朋友交流
16. 你更倾向于	a. 务实而不空谈	b. 空谈而不务实
17. 你喜欢什么样的作者	a. 直述主题	b. 运用隐喻和象征手法
18. 什么更吸引你	a. 思想和谐	b. 关系和睦
19. 如果一定要使某人失望，你通常	a. 坦率、直言不讳	b. 温和、体谅他人
20. 工作中，你希望你的行动进度	a. 确定	b. 不确定
21. 你更经常提出	a. 最后、确定的意见	b. 暂时、初步的意见
22. 与陌生人交流	a. 使你更加自信	b. 使你伤脑筋
23. 事实	a. 只能说明事实	b. 是理论的例证
24. 你觉得幻想家和理论家	a. 有些讨厌	b. 非常有魅力
25. 在一场热烈的讨论中，你会	a. 坚持你的观点	b. 寻找共同之处

（续表）

26. 哪一个更好	a. 公正	b. 宽容
27. 你觉得工作中什么更自然	a. 指出错误	b. 设法取悦他人
28. 什么时候你感觉更惬意	a. 作出决定之后	b. 作出决定之前
29. 你倾向于	a. 直接说出你的想法	b. 听别人发言
30. 常识	a. 通常是可靠的	b. 经常值得怀疑
31. 儿童往往不会	a. 做十分有用的事	b. 充分利用想象力
32. 管理他人时，你更倾向于	a. 坚定而严格	b. 宽厚而仁慈
33. 你更倾向于做一个	a. 头脑冷静的人	b. 热心肠的人
34. 你倾向于	a. 将事情办妥	b. 探究事物的各种潜质
35. 在多数情况下，你更	a. 做作而不自然	b. 自然而不做作
36. 你认为自己是一个	a. 外向的人	b. 自闭的人
37. 你更经常是一个	a. 讲求实际的人	b. 沉湎于幻想的人
38. 你说话时	a. 详细而不泛泛	b. 泛泛而不详细
39. 哪句话更像是赞美	a. 这是一个逻辑性强的人	b. 这是一个情感丰富的人
40. 你更易受什么支配	a. 你的思想	b. 你的体验
41. 当一个工作完成时，你喜欢	a. 把所有未了结的零星事务安排妥当	b. 继续干别的事
42. 你喜欢什么样的工作	a. 有最后期限	b. 随时进行
43. 你是那种	a. 很健谈的人	b. 认真聆听的人
44. 你更容易接受	a. 较直白的语言	b. 较有寓意的语言
45. 你更经常注意的是	a. 恰好在眼前的事物	b. 想象中的事物
46. 成为哪一种人更糟糕	a. 过分心软	b. 顽固
47. 在令人难过的情况下，你有时表现得	a. 过于无动于衷	b. 过于同情怜悯
48. 你在作出选择时倾向于	a. 小心翼翼	b. 有些冲动
49. 你更喜欢	a. 紧张而不悠闲	b. 悠闲而不紧张
50. 工作中你倾向于	a. 热情与同事交往	b. 保留更多私人空间
51. 你更容易相信	a. 你的经验	b. 你的观念
52. 你更愿意感受	a. 脚踏实地	b. 有些动荡
53. 你认为你自己更像是一个	a. 意志坚强的人	b. 心地温和的人
54. 你对自己的哪种品格评价更高	a. 通情达理	b. 埋头苦干
55. 你通常希望事情	a. 已经被安排、确定	b. 只是暂时确定

（续表）

56. 你认为自己更倾向于	a. 严肃、坚定	b. 随和
57. 你觉得自己是个	a. 好的演说家	b. 好的聆听者
58. 你很满意自己能够	a. 有力地把握事实	b. 有丰富的想象力
59. 你更注重	a. 基本原理	b. 深层寓意
60. 什么错误看起来比较严重	a. 同情心过于丰富	b. 过于冷漠
61. 你更容易受什么影响	a. 有说服力的证据	b. 令人感动的陈述
62. 哪一种情况下你的感觉更好	a. 结束一件事	b. 保留各种选择
63. 较令人满意的是	a. 确定事情已经做好	b. 只是顺其自然
64. 你是一个	a. 容易接近的人	b. 有些矜持的人
65. 你喜欢什么样的故事	a. 刺激和冒险的	b. 幻想和豪勇的
66. 什么事对你来说更容易	a. 使他人各尽其用	b. 认同他人
67. 你更希望自己具备	a. 意志的力量	b. 情感的力量
68. 你认为自己基本上	a. 禁得住批评和侮辱	b. 禁不住批评和侮辱
69. 你常常注意到的是	a. 混乱	b. 变革的机会

MBTI 人格测验计分表

题号	a	b	题号	a	b	题号	a	b	题号	a	b	题号	a	b	题号	a	b	题号	a	b
1			2			3			4			5			6			7		
8			9			10			11			12			13			14		
15			16			17			18			19			20			21		
22			23			24			25			26			27			28		
29			30			31			32			33			34			35		
36			37			38			39			40			41			42		
43			44			45			46			47			48			49		
50			51			52			53			54			55			56		
57			58			59			60			61			62			63		
64			65			66			67			68			69					
合计																				
类型	E 外倾	I 内倾		S 感觉	N 直觉		S 感觉	N 直觉		T 思维	F 情感		T 思维	F 情感		J 判断	P 知觉		J 判断	P 知觉

根据计分表，可以确定一个人在四个维度上的倾向性。比如，一个人的得分分布为：E（7 分）—I（3 分）；S（6 分）—N（14 分）；T（15 分）—F（5 分）；J（6 分）—P（13 分），那么，这个人的人格类型就是 ENTP 型。

在完整的测试报告中，除了会指出一个人的人格类型和性格特点之外，还会给出与这种人格类型相适应的职业以供参考。例如：

ENTP 逻辑的探险家

性格特点		
1. 反应快、聪明、长于多样事务；2. 具有激励伙伴、敏捷及直言不讳的专长；3. 会为了有趣而对问题的两面加以争辩；4. 对解决新的及挑战性的问题富有策略，但会轻忽或厌烦经常的任务与细节；5. 兴趣多元，易倾向于转移至新生的兴趣；6. 对所想要的会有技巧地找出逻辑的理由；7. 长于看清楚他人，有智能去解决新的或有挑战的问题。		
适合的职业		
演员	采购员	风险投资者
广告创意人员	营销研究人员	职业/业务顾问
广告经理	机械工程师	作家
艺术老师	音乐老师	青少年发展顾问
艺术家	音乐家	电视脱口秀主持人
律师/法律代理人	网络维护专家	营销主管
生物学家	新闻广播员	电视制造商
漫画家	营养学家	经理
化学工程师	专门的临床医学家	专门技术培训师
社区学院教授	民政专员	管理顾问
作家/作曲家/设计者	新职介绍顾问	战略策划师
电脑程序员	人事系统开发者	杂志美编
电脑系统分析师	摄影师	运动市场专家
会议策划者	医师	后勤顾问
建筑工人	政治分析师	言语病理学家
校对员	政治家	文稿代理商
口腔卫生专家	精神病医师	领导层顾问
戏剧老师	心理治疗师	特殊项目开发者

（续表）

编辑	公共关系专家	记者
教育顾问	宣传人员/公共关系人员	特教老师
电气技师	广播主持人/采访者	社会工作者
演艺人员	广播生产商	投资经纪人
企业家	房地产代理商	投资计划者
金融计划者	房地产开发商	科学研究者
艺术家	康复顾问	科学调查员
健康教育老师	僧院工人	学校指导顾问
卫生保健工作者	记者/通讯员	销售员
人力资源职员	研究助理	工业设计经理
餐厅/酒吧经理	内政策划者	国际营销专家
发明家		

由于篇幅所限，对于16种人格类型的结果解释无法在此一一列出。教师可以建议学生到专业的测评机构或测评网站进行测试，也可以由教师在互联网上搜索相关资料、购买正版的测试材料或软件，组织学生进行集体施测，以帮助学生了解自己的个性特点和适应的职业类型。

关于性格测验，需要说明的是：每个人的性格都是非常复杂的，不管是多好的测验，仅仅靠一套测验数据来解释或者归纳人的性格总会显得单薄。同时由于答题者在答题的时候，难免受到答题时间、答题环境、答题认真程度以及答题时心情的影响，因此最终的测评结果与其自身的真实情况难免存在一些偏差，甚至在测评结果出来之后，会觉得有些地方与自己的实际情况完全不符。

如果出现了这种情况，可以引导学生思考以下几个问题：请回忆你答题时候的情形，你是根据自己的第一反应作出的回答吗？你是否受到自己应该选择什么或者别人希望你选择什么的影响？你答题时候的心情是不是比较放松？你是否对绝大多数的题都进行了认真回答？你答题的时候有没有受到干扰？

为了使学生对自己的了解更加客观准确，教师还可以建议学生在完成测验题目之后，对照着测评结果，询问一下周围那些比较了解自己的人，他们是怎样看待自己的，这样可以帮助学生更好地了解和把握自己的个性倾向。

（二）了解自己的价值观

在生活中，我们经常面临着选择：什么是对，什么是错；哪些重要，哪些不重要；等等。每个人心中都有着自己的一杆秤，衡量着周围事物的是非、善恶和重要性，这杆秤就是我们的价值观。

在面临人生重要的决定或职业选择时，一个人越清楚自己的价值观是什么，就越能为自己作出确切的选择，因为他拥有了明确的“生涯动机”。

在此，我们要讨论的主要是“工作价值观”，即与职业有关的那些价值标准，它反映了个人对某种职业优劣和重要性的内心尺度，常常与个体内心的需要紧密相连。比如，人们经常会考虑的工作价值标准包括：工资高、福利好；工作环境（物质方面）舒适；人际关系良好；工作稳定有保障；能提供较好的受教育机会；有较高的社会地位；工作不太紧张、外来压力小；能充分发挥自己的能力特长；社会需要与社会贡献大，等等。不同的人重视的标准可能也会不同。

对于高三学生而言，了解自己的职业价值观十分必要，因为这直接关系到他们选择报考什么样的专业，以及未来打算迈入哪一职业领域。作为教师，可以设计一些班级活动，帮助学生澄清自己的价值观。

活动案例

梦想大拍卖

游戏规则：

1. 每人有 100 万元可以使用，且不得转借。
2. 每件货品的底价为 10 万元。
3. 每次竞拍加价，必须以万元为单位，且至少为 1 万元。

备选货品：

1. 消除世界上现有的偏见。
2. 帮助病人与穷人。
3. 成为有名的人物（如电影明星、篮球明星、太空人）。
4. 一个能使你的公司多赚三倍钱的企划案。
5. 天天按摩并能够吃到世界上最好的厨师烧的菜。
6. 了解生活的意义。
7. 一种能使大家不再贪污或说谎的疫苗。
8. 布置你工作（或学习）的环境。
9. 成为世界上最富有的人。
10. 当总统（或国家主席）。
11. 一次最完美的恋爱。
12. 一栋房子，有着你喜爱的艺术品，室内室外有着全世界最美的风景。
13. 成为全世界最有吸引力的人。
14. 活到一百岁而不曾生病。

15. 接受一个天才心理医师的心理分析。

16. 一个为你私人所用、收集名作最完备的图书馆。

17. 领略到上帝的存在，执行上帝的旨意。

18. 革除世界上不公平的事。

19. 发现蕴藏一百万吨的金矿，把它送给你最关心的慈善机构。

20. 被选为杰出人物，受全世界报纸的赞扬。

21. 精通你本行的事情。

22. 除了享受外，什么都不必做的时光，一切的需要和欲望都自动地会得到满足。

23. 成为世界上最聪明的人。

24. 一种把“真诚的溶液”渗入世界每一个水源的设备。

25. 能轻轻松松地做你想做的事情，一点儿也不需奔忙。

26. 一个装满了金币的大房子。

27. 控制五十万人的命运。

28. 受到全世界人的热爱与崇拜。

29. 有无限的车票、机票、戏票，使你能欣赏世界各地音乐、舞蹈和戏剧的演出。

30. 新的发型、任你选择设计师为你裁制的衣服，再加上给你两星期的时间到能美肤的温泉去泡温泉。

31. 成为世界上最好的健康俱乐部的会员。

32. 能免除心理困扰的药物。

33. 拥有一个全能的电脑，要什么情报就有什么情报。

34. 和你所信仰的宗教中的圣人（过去的或现在的都行）长久相处。

逐一拍卖34件备选货品，并将每件货品的购买人和成交价格记录在下表中，以免学生忘记了自己还有多少余额可以支配。

1	2	3	4	5
6	7	8	9	10
11	12	13	14	15
16	17	18	19	20
21	22	23	24	25
26	27	28	29	30
31	32	33	34	

拍卖结束后，将下面的表格（“我的生命之翼”）发给学生，以帮助他们了

解这些货品背后所代表的价值观，同时，根据自己已经买到和虽然没有买到，但却非常想购买的那些货品来了解自己重视的价值观主要有哪些。

我的生命之翼

重要性排序	货品代码	代表的价值观	解　释
	1 和 18	公平	不偏不倚
	2 和 19	人道主义	关心别人的利益
	3 和 20	认可	能使人自觉重要
	4 和 21	成就	完成事情
	5 和 22	快乐	满足、喜悦
	6 和 23	智慧	洞见、良好的品味和判断
	7 和 24	诚实	坦白、廉正
	8 和 25	自主	独立的能力
	9 和 26	经济	物质的占有；财富
	10 和 27	权力	对别人的控制权
	11 和 28	爱	温情、温暖的相处
	12 和 29	美感	为了美的缘故而欣赏美
	13 和 30	外表的吸引力	关心个人身体的外观
	14 和 31	健康	关心个人身体的健康
	15 和 32	情绪方面的圆满	免于焦虑；心灵平静
	16 和 33	知识	真实或情报的追求
	17 和 34	宗教信仰	和圣人沟通，遵从圣人的旨意

由于拍卖结果受到学生的个性、拍卖时机选择、金钱分配能力等多种因素的影响，拍卖的结果未必能够代表学生真实的价值观，所以，教师可以进一步组织学生对上述全部 17 种价值观重新进行个人排序，以了解自己最重视的人生价值是什么，最不重视的又是什么。

除了上述活动之外，教师还可以组织学生进行“职业锚”测试，以进一步了解自己的职业价值观。

在职业生涯规划领域里，“职业锚”是一个具有“教父”级地位的概念，它是由美国的埃德加·施恩教授提出的。施恩教授认为，职业设计是一个持续不断的探索过程，随着一个人对自己越来越了解，就会越来越明显地形成一个占主要地位的“职业锚”。

所谓“职业锚”，又称“职业系留点”。锚，是使船只停泊定位用的铁制器具。职业锚，实际上就是人们选择和发展自己的职业时所围绕的中心，是指当一个人不得不作出选择的时候，无论如何都不会放弃的职业中的那种至关重要的东西或价值观。

目前，“职业锚”测试已经成为职业发展、职业设计的必选工具。国外许多大公司均将“职业锚”作为员工职业发展、职业生涯规划的主要参考点，因为职业锚测试是对人们内心深层次的价值观、动力和能力整合体的测试，体现了较真实的自我。

每个人都会有一个占据主要地位的职业锚，它影响了我们一生的重要选择。“职业锚”通常可分为八大类：

技术职能型（TF）	对工作有专长和强烈兴趣，注重工作的专业化，对总经理工作缺乏热情，典型工作为技术主管、职能部门经理等。
管理能力型（GM）	精力充沛，喜欢有挑战、有压力的工作，适合组织里的高管。
自主独立型（AU）	喜欢能发挥所长、自主性高的工作，适合教师、咨询顾问、研发人员等。
安全稳定型（SE）	喜欢稳定、可测的工作，适合银行职员、公务员等。
创造型（EC）	喜欢不断有新的挑战目标，渴望变化，适合创新型的工作，如企业家等。
服务型（SV）	喜欢从事有明显社会意义的工作，希望得到他人的承认或认可，适合医护人员、社工等。
挑战型（CH）	喜欢有难度的工作，能不断挑战自我，适合特种兵、专家等。
生活型（LS）	强调工作和家庭的和谐，适合时间灵活的工作人士。

职业锚测试问卷

请根据以下题目的描述，确定最符合你自身情况的选项，并将该选项填写在每道题目右边的括号内：1. 从不　2. 偶尔　3. 有时　4. 经常　5. 频繁　6. 总是。

1. 我希望做我擅长的工作，这样我的内行建议可以不断被采纳（　　）

2. 当我整合并管理其他人的工作时，我非常有成就感（　　）

3. 我希望我的工作能让我用自己的方式，按自己的计划去开展（　　）

4. 对我而言，安定与稳定比自由和自主更重要（　　）

5. 我一直在寻找可以让我创立自己事业（公司）的创意（点子）（　　）

6. 我认为只有对社会作出真正贡献的职业才算成功的职业（　　）

7. 在工作中，我希望去解决那些富有挑战性的问题，并且胜出（　　）

8. 我宁愿离开公司，也不愿从事需要个人和家庭作出一定牺牲的工作（　　）

9. 将我的技术和专业水平发展到一个更具有竞争力的层次是成功职业的必要条件（　　）

10. 我希望能够管理一个大的公司，我的决策将会影响许多人（　　）

11. 如果允许我自由地决定自己的工作内容、计划、过程，我会非常满意（　　）

12. 如果工作的结果使我丧失了自己在组织中的安全稳定感，我宁愿离开这个工作岗位（　　）

13. 对我而言，创办自己的公司比在其他的公司中争取一个高的管理位置更有意义（　　）

14. 我的职业满足来自于我可以用自己的才能去为他人提供服务（　　）

15. 我认为职业的成就感来自于克服自己面临的非常有挑战性的困难（　　）

16. 我希望我的职业能够兼顾个人、家庭和工作的需要（　　）

17. 对我而言，在我喜欢的专业领域内做资深专家比总经理更有吸引力（　　）

18. 只有在我成为公司的总经理后，我才认为我的职业人生是成功的（　　）

19. 成功的职业应该允许我有完全的自主与自由（　　）

20. 我愿意在给我安全感、稳定感的公司中工作（　　）

21. 当我通过自己的努力或想法完成工作时，我的工作成就感最强（　　）

22. 对我而言，利用自己的才能使这个世界变得更加适合生活或居住，比争取一个高的管理职位更重要（　　）

23. 当我解决了看上去不可能解决的问题，或者在必输无疑的竞赛中胜出时，我会非常有成就感（　　）

24. 我认为只有很好地平衡了个人、家庭、职业三者之间的关系，生活才能算是成功的（　　）

25. 我宁愿离开公司，也不愿频繁接受那些不属于我专业领域的工作（　　）

26. 对我而言，做一个全面的管理者比在我喜欢的领域内做资深专家更具有吸引力（　　）

27. 对我而言，用我自己的方式不受约束地完成工作，比安全、稳定更重要（　　）

28. 只有当我的收入和工作有保障时，我才会对工作感到满意（　　）

29. 在我的职业生涯中，如果我能成功地创造或实现完全属于自己的产品或点子，我会感到非常成功（　　）

30. 我希望从事对人类和社会真正有贡献的工作（　　）

31. 我希望工作中有很多的机会，可以不断挑战我解决问题的能力（　　）

32. 能很好地平衡个人生活和工作，比获得一个很高的管理职位更重要（　　）

33. 如果工作中经常用到我特殊的技巧和才能，我会感到特别满意（　　）

34. 我宁愿离开公司，也不愿意接受让我离开全面管理的工作（　　）

35. 我宁愿离开公司，也不愿意接受约束我自由和自主控制权的工作（　　）

36. 我希望有一份让我有安全感和稳定感的工作（　　）

37. 我梦想着创建属于自己的事业（　　）

38. 如果工作限制了我为他人提供帮助或服务，我宁愿离开公司（　　）

39. 去解决那些几乎无法解决的问题，比获得一个高的管理职位更有意义（ ）

40. 我一直在寻找一份使得个人和家庭之间的冲突最小化的工作（ ）

计分方法：

请根据以下表格，累计你在各类型职业锚上的得分，得分最高的就是你的职业锚。

类 型	对应题号	得 分	排 序
TF——技术职能型	1 9 17 25 33		
GM——管理能力型	2 10 18 26 34		
AU——自主独立型	3 11 19 27 35		
SE——安全稳定型	4 12 20 28 36		
EC——创造型	5 13 21 29 37		
SV——服务型	6 14 22 30 38		
CH——挑战型	7 15 23 31 39		
LS——生活型	8 16 24 32 40		

第二节 了解影响专业选择的环境因素

英雄之能事，以用时势为起点，以造时势为究竟。

——梁启超

高三学生在进行生涯规划时，不仅要考虑个人的专业潜能，还必须充分了解自身所处的周围环境，比如社会发展的需求、就业趋势等。如果仅从自我的角度出发，不考虑现实社会因素的影响，设计出来的生涯规划一定是有缺陷的。因为职业生涯规划的最终目的是为了进入未来的职业世界，并发挥自己的能力与专长，为社会和他人贡献出自己的才智，与此同时，获得个人在职业生活中的成就感与幸福感。

除此之外，高三学生还必须对自己即将进入的大学和专业有一个现实、科学、全面的了解，因为大学是高中与未来职业世界之间的桥梁，如果大学专业选择得不合适，未来的职业选择也会受到很大影响。

一、了解社会需求和就业趋势

当今的中国社会正处于一个典型的社会转型期。与我们的祖辈不同，他们所处的传统社会具有较高的同质性和稳定性，几代人似乎遵循着相同的生活轨迹，而现代社会则表现出了较高的异质性和变迁性，生活中充满了更多的选择和变数，固有的生活模式正在消解，以往的思维方式正在失效，人们的生活方式越来越多元化，升学和就业也不例外。

因此，在高三阶段，教师有责任提示学生：在关心学习成绩的同时，一定要及时关注不断变化中的社会需求和就业趋势。因为社会需求是推动高等教育发展的根本力量，更是考生在进行专业、职业选择和填报高考志愿时的重要考虑因素；而关注自己感兴趣的专业所涉及的领域或行业的发展前景以及就业趋势也是考生科学填报志愿的必要前提。

教师要指导学生留心收集国际、国家或区域的发展热点、经济走势、规划布局、科技发展等方面的问题。比如，关注未来几年国家或区域经济发展会优先扶持哪些学科、哪些产业是今后经济发展的支柱等。关心社会的发展态势，将个人的职业生涯规划融入社会发展的大坐标，个人的前景才会在国家和社会发展的基础上明朗开阔，自身能力才会在实现社会价值的同时得到个人价值的体现。

由于高三学生课业繁重、学习压力大，此项工作也可以交由学生家长、家长委员会或由学校安排专门的教师（如心理辅导教师、生活辅导教师、职业指导教师或教务处干事等教辅人员）来协助完成。

了解社会需求和就业趋势的方式和渠道有很多，比如，关注报纸、电台、电视等传统媒体提供的相关信息；关注网络、手机平台等新型媒体上的相关信息；关注人力资源和社会保障部、人才交流中心、职业介绍所、人才招聘会等渠道提供的就业招聘信息；关注高校招生咨询会上由高等院校发布的信息；等等。

由于现代社会的信息量过于庞杂，为了提高效率，在收集信息时，不妨从以下几个角度入手。

（一）了解目前哪些行业领域的社会需求量较大

社会需求量较大的领域，其就业前景也必定相对较好。

比如，近年来，能源问题受到了越来越多的关注。能源、信息和材料被认为是人类社会发展的三大支柱，而能源又是材料和信息的基础。近几年爆发的石油危机不仅是一个全新的考验，而且来得急，来得猛，并将长期持续。其影响不仅波及生产、消费等经济层面，更影响着国家的安全。如何应对这种情势，相关政策遍及产业、科技、金融、运输、油储、海外勘探与投资，甚至外交、军事等。石油化工这一行业无论如何都将是国家发展的支柱产业，且随着新一届政府对能源的重视、体制的改变、高新技术的采用、融资渠道的灵活，都将推动石油化工行业的发展。其实，在国外，石化一直是经久不衰的行业，美国的杜邦、荷兰的壳牌、英国的 BP，无一不是世界百强企业。因此，与石油、化工类等传统行业相关联的专业的就业前景一定会是相对广阔的。

另外，根据当今科技发展和行业调整的趋势，目前世界上代表未来的学科方向的有生命科学、新材料、新能源和环境等领域，而这些都是脱胎于化学或化工有关的传统专业。例如生物工程、生物技术、制药工程、生物功能材料、材料化学、安全工程、工业设计等都是结合社会发展需要，借助原有的学科交叉、整合，衍生出的新学科、新方向。这些新兴专业有基础、有底蕴，前景也是广阔的。

除此之外，在未来的二十五年内，交通、农业、服务（健康、教育、建筑）和旅游业的前景也会较为看好。

（二）了解目前就业市场上的“热门专业”有哪些

教育部每年都会公布高校本科及专科不同专业的就业率统计数据，建议高三学生也要适当参考一下这些数据，以便了解不同专业的就业前景。

根据去年教育部发布的高校本科专业就业率数据，工科专业的就业率普遍较高，其中采矿工程、石油工程、飞行技术和航海技术等专业的就业率均超过95%；在经管类专业中，经济学、金融工程、市场营销、保险等热门专业的就业率都在80%以上；在文科专业中，除了中国少数民族语言文学专业外，其他语言类专业的就业率也都超过了75%。

此外，也有调查指出，在2011届大学毕业生中，签约率较高的专业类别绝大部分是工科类专业。其中，本科毕业生签约率最高的专业依次为能源动力类（60%）、环境与安全类（55%）、仪器仪表类（55%）；高职毕业生签约率最高的专业依次为测绘类（53%）、化工技术类（50%）、机械设计制造类（48%）；研究生签约率最高的专业依次为测绘类（42%）、轻工纺织食品类（37%）、工程力学类（36%）。

需要注意的是，前面提到的采矿工程、石油工程、飞行技术和航海技术等并不为人津津乐道的专业，其就业率均超过95%，高于大多数经管类“热门专业”，原因是这几个专业的专业性较强、就业面相对狭窄，所以招生并不多，因此并不是经常被人们谈及的“热门专业”，但这些专业存在定向培养的性质，所以就业率一般很高。

（三）根据个人的学业规划，了解不同专业毕业后的出路与前景

对于部分高三学生来说，可能并不想大学毕业后就马上工作，也许在踏入大学校门前，就已经计划大学毕业后要考研、出国留学……对于有如此求学和人生规划的高三学生，建议从就业、考研和留学三大出路来进一步聚焦自己的专业选择方向。因为这三条出路的难易程度，不同的专业还是有很大差异的。

据调查显示，2010年，本科毕业生就业签约率最高的专业为工科类，其中，医学、机械工程等专业对口率较高。在国内读研，理工类和医学类较多，比例最高的专业是生态学、哲学、大气科学、口腔医学等；毕业即出国留学，比例最高的专业中，除了理工类、经管类外，一些文科类专业也较多，比如德语、法语、国际政治、国际商务等。

需要说明的是，随着时代的高速发展、国际国内的形势变化、社会经济结构的不断调整，对于职业和专业的社会需求也必定会不断地发生变化，而就业趋势的排名情况也必定会发生相应的改变。今天的“热门”可能就是明天的“冷门”，而今天的“冷门”也可能成为未来的“热门”。比如，二十几年前的美术设计是冷门专业，而今天却翻身成了供不应求的高报酬行业；十几年前热门的核能工程，十几年后的今天，反核声浪不断，工作机会日少。

另外，有些“热门”专业的确社会需求量较大，在一段时间内炙手可热，但是，由于各学校纷纷开设“热门”专业，最终缩短了这些专业的“热度”周期，使原本的长期需求变成了短期需求。所以现在“热门”的专业，不一定永远“热门”，它们是随着社会经济的发展而不断变化的。

因此，教师需要提示学生和家长，一定要学会用发展的眼光来看待问题，并及时关注媒体或网络上的相关动态。学校也可以适时地邀请来自一些大学或社会机构的就业指导专家来校为学生和家长开展相关的报告，帮助他们了解最新的社会需求和就业趋势。

二、了解大学和专业的相关信息

对于在国内参加高考的高三学生来说，必须在志愿填报的过程中确定自己未来想要升入的大学和具体专业（或专业门类）。因此，教师还需要指导高三学生结合个人的专业潜能，全面了解自己感兴趣的国内大学的发展现状和专业优势，同时一定要提示学生充分了解自己感兴趣的专业的具体内涵，防止“望文生义”，贻误终生。

（一）了解国内大学的发展现状和专业优势

好的大学，好的专业，往往意味着更多的就业或考研深造的机会。

这方面的信息来源有很多，比如网络、高校开放日、高校招生咨询会等，教师可以指导学生和家长多关注这些信息渠道，并特别留意一下自己想要报考的学校的专业设置情况，包括其主要发展方向、本科生所学的知识、是否有独特的培养模式（如双学位、全外教）、毕业生出国情况和就业率等指标。

例如，我们通过网络搜索，可以了解到以下一些数据（信息来源：清北学堂，http：//www. topschool. org/）。

中国最好的几所大学毕业生继续深造情况排名

1. 中国科技大学某年的应届毕业生共 1 710 人，1 313 人选择继续深造（77%），其中 328 人出国（25%），397 人选择就业（23%）。

2. 清华大学当年的应届毕业生共 3 450 人，2 415 人选择继续深造（70%），其中 240 人出国（10%），1 035 人选择就业（30%）。

3. 北京大学 3 400 人毕业，2 380 人深造（70%），1 020 人就业（30%）。
4. 南京大学 2 823 人毕业，1 230 人深造（44%），1 593 人就业（56%）。
5. 浙江大学 5 691 人毕业，2 338 人深造（41%），3 353 人就业（59%）。
6. 上海交大 3 553 人毕业，1 424 人深造（40%），2 129 人就业（60%）。
7. 复旦大学 3 200 人毕业，1 216 人深造（38%），1 984 人就业（62%）。

中国毕业生出路最好的 10 所大学

1. 北京外国语大学

北京外国语大学号称“中国外交官的摇篮”，中国超过三分之一的外交官出自北外。这是因为北外确实有其先天的优势，尤其是在英语、法语、德语等一线外语语种的教学实力在国内遥遥领先。而随着改革开放的进一步深入，高端外语类人才也必然会越来越抢手，目前同声传译的月收入一般都在三万元以上，比较好的同声传译年薪可以超过一百万。所以说要是学习外语类的专业，北京外国语大学是当之无愧的第一选择。

2. 中央财经大学

中央财经大学号称“银行行长的摇篮”，目前各大银行的管理层超过三分之一出自中财，其毕业生在金融行业内的影响力无人可以匹敌。而执全国高校同类学科牛耳的货币银行学和金融学等学科也给每个毕业于中财的学子打下了坚实的基础，保证他们能够在行业内获得长足而稳健的发展。最近几年，金融领域的热度持续升温，而中国经济的进一步发展也离不开一个完善的金融体系。所以有理由相信，今后几年，中财在就业榜上的排名还会进一步攀升。

3. 同济大学

位于上海的同济大学是一所具有雄厚实力的老牌大学，其专业设置的三个杀手锏足以保证同济在就业排行榜上占据一席之地。汽车、建筑和土木是同济的三个王牌强系，除了在北京的清华，国内几乎没有可以与之抗争者。在蓬勃发展的中国建筑业行政部门和大型企业的高层中，同济学子占据着重要的地位，发挥着巨大的影响力。而最近几年汽车制造业和房地产市场的火爆，无疑让每个毕业的同济学子都能获得一份让自己十分满意的职位。

4. 北京大学

北京大学在中国无疑是一个跟清华齐名的金字招牌。但是在全国实力数一数二的北京大学在就业上的地位似乎与其排名不太相称。主要是由于北大校内学科设置主要以文理为主，较为冷门的人文类专业和理科专业毕业生多，与社会需求结合小，类似于考古、地质、气象、力学和马列主义学院以及理科的众多冷门院系在就业上并没有很好的前景。因此网上常常炒作诸如“北大学子卖猪肉”的爆料新闻。但是北大的光华管理学院、经济学院、国际关系专业的就业实在足以让绝大多数的学校眼红。而北大理科院系的竞争力也在国内名列前茅，每年去国外一流高校深造的学生数量在内地高校中遥遥领先。

5. 中国人民大学

中国人民大学最近几年已经从前些年的衰落中走了出来，其优秀的生源保证了学生的高质量，人大的毕业生仍然是国内高校就业市场最强有力的竞争群体之一，在公务员、法律、金融保险、新闻等众多热门行业的录取名单中都可以看到大批人大学子的身影，人大在政界的中层实权校友国内高校无出其右，每年人大考取的公务员是最多的。这主要得益于人大至今仍然牢牢把持着国内高校社会科学总体实力第一的地位，具有社科培养大平台化的优势，而且人大的学生具有强烈的入世精神，深谙实习、求职、面试之道。人大的法学、社会学、新闻学、经济学等就业热门学科的实力仍然在国内数一数二。但是由于人大招收的学生，尤其是研究生过多，所以在某种程度上削弱了其精英程度。

6. 对外经济贸易大学

对外经济贸易大学曾经在20世纪90年代火了一阵子，当时文科的分数线之高几乎可以跟北大抗衡，后来因为经济的调整有些走入低潮，但是最近几年又开始有了强劲的抬头趋势。国内以外贸作为导向的经济结构每年都会制造出对于国际贸易及相关领域的巨量需求，而对外经济贸易大学无疑是其中的执牛耳者。再加上整个学校的教学体制相当先进，毕业生的外语水平在国内高校中名列前茅，因此也成为就业市场上的抢手人才。每年进入德勤、毕马威等国际知名会计事务所的人数有35%来自于对外经贸大学。

7. 北京邮电大学

北邮在某些排行榜上的排名虽然低，但是因为其在整个通信行业的影响力无人匹敌，所以就业形势之好几乎不亚于清华。每年中国移动、中国联通、中国电信和中国网通所招聘的新人中，北邮的学生几乎占了一半以上，甚至这几个公司每年的招聘笔试主会场就设在北邮，而四大公司的领导层75%以上都是北邮毕业的。所以，虽然北邮的出国比例稍逊，但是通信行业的超高待遇，无疑是吸引众多学子的巨大魅力所在。

8. 上海交通大学

上海交通大学在上海几乎跟复旦齐名，其地位和影响力可见一斑。上交的学科设置以工科为主，其中制造业相关领域和IT类专业的实力在全国名列前茅，而上海恰恰是中国最大的制造业基地，所以上交的学生也是受到了广泛的欢迎。交大学子脑筋灵活，善于经营，管理能力强，也比较容易进入管理层，尤其是一些在上海的IT类大型外企，每年都会给上交单独留出名额。但是上海交大由于学科覆盖面的影响不够宽广，而且在上海的声誉似乎总是稍逊复旦和同济一筹，因此暂列第三。不过上交大最近十年来的上升势头强劲，随着上海第二医科大学的加盟和文科的发展，学校整体发展前景非常看好，学校整体形象实力的提升对学生就业出路一定会起到良好的促进作用。

9. 复旦大学

复旦大学一直以来号称“江南第一学府”，其强劲的理科在出国上极具优势，也是跟清华、北大、中科大并列的四所学分被国际承认的内地高校之一。新兴的工科里面的微电子和飞行器制造在全国的高校里面名列前茅。而这两个领域恰恰是近年来的热点，因此复旦的学子在原本不甚擅长的工科里面也开始崭露头角。文科的设置以热门文科为主，而且历史悠久，新闻、国际关系这些学科国内高校无出复旦之右者。尤其重要的是，复旦具有在上海的本土优势，一些在上海开展业务的大公司对于复旦学生都是青睐有加。因此，对于想要毕业后在上海和长三角地区发展的学生，复旦无疑是一个最佳的选择。

10. 清华大学

“清华制造”无疑是就业的第一保障，这一地位至今无人撼动。一直在国内一骑绝尘的理工科所培养的毕业生至今仍然是各个行业的追捧对象，出国率和深造的比例也是国内第一。清华新兴的文科院系也以学科新、精度高为特点，拥有新闻、社会学、公共管理、金融和法学等一批热门学科，就业出路令人羡慕。多年来清华学子在社会主流的政界、企业界和学术界均有着极其出色的表现，以基本功扎实、勤奋聪颖和具有团队精神而被评为国内最受欢迎的毕业生。

中国最好的几所大学各专业就业排名

1. 清华大学：材料科学与工程、电气工程、电子科学与技术、动力工程及工程热物理、光学工程、核科学与技术、化学工程与技术、机械工程、计算机科学与技术、建筑学、控制科学与工程、力学、生物医学工程、水利工程、土木工程、信息与通信工程、工商管理、管理科学与工程、生物学、数学、物理学、药学。

2. 北京大学：法学、社会学、政治学、电子科学与技术、计算机科学与技术、力学、理论经济学、大气科学、地理学、化学、生物学、数学、物理学、历史学、中国语言文学、口腔医学、药学、哲学。

3. 浙江大学：材料科学与工程、电气工程、动力工程及工程热物理、光学工程、机械工程、控制科学与工程、生物医学工程、土木工程、管理科学与工程、化学、数学、农业资源利用、园艺学、植物保护。

4. 复旦大学：电子科学与技术、理论经济学、化学、生物学、数学、物理学、新闻传播学、中国语言文学、基础医学、中西医结合、哲学。

5. 上海交通大学：材料科学与工程、船舶与海洋工程、动力工程及工程热物理、机械工程、计算机科学与技术、控制科学与工程、力学、生物医学工程、管理科学与工程。

6. 哈尔滨工业大学：材料科学与工程、动力工程及工程热物理、机械工程、计算机科学与技术、控制科学与工程、力学、土木工程、仪器科学与技术、管理科学与工程。

7. 中国科学技术大学：核科学与技术、力学、地球物理学、化学、科学技术史、生物学、数学、物理学。

（二）了解自己感兴趣专业的具体内涵

专业选择是一件需要慎重考虑的事，很多时候专业的实际情况跟学生、家长甚至教师的想象之间存在着很大的区别。教师有必要指导学生深入实际，多方了解，以确定自己感兴趣专业的具体内涵，杜绝“望文生义”的现象。

有研究指出，在高校招生的260多个专业目录中，有90%的专业，考生并不了解，要么根本没听说过，要么听说过但不知道具体内容是什么。例如，一名高三女生想学“经济学”，理由是将来准备当企业家，而实际上，“经济学”主要是培养研究和教学类人才的；还有把“新闻学”和“记者”、“法学”和“律师”混为一谈的。类似这样对专业认识模糊的例子不胜枚举，这是眼下高三学生在专业选择时一个典型的误区，就是把职业与专业当成了一回事。

还有一些“孪生”专业，名字看上去很像，但实际上内涵和要求并不一样。比如，金融学和金融工程。前者偏理论，研究理论问题、质的问题较多，知识多属文科范畴，主要研究资金融通方式、金融市场和金融机构的职能与运作，包括货币银行和国际金融两部分，毕业生的就业去向主要是到银行、证券公司、投资公司、保险公司及其他经济管理部门从事相关业务和管理工作；后者重开发和应用，研究数理技术、量的问题较多，主要学习现代金融理论、现代数理工具和计算机信息技术，较注重数学和计算机在金融产品及衍生品技术开发、资产定价等方面的应用，因而金融工程一般只招理科生，对数学的要求比较高，毕业生的就业去向主要是到商业银行、证券公司、保险公司、基金管理公司等金融机构和其他相关单位从事资产定价、金融风险管理、金融产品设计等工作。

类似的“孪生”专业还有：生物技术和生物工程、汉语言文学和汉语言、制药工程和药学类、财会和财政学、高分子材料与工程和材料科学与工程、金属材料工程和冶金工程、信息工程和信息与计算科学等。如果对其中的某一个专业感兴趣，一定要注意查询有关资料，避免与类似专业相混淆。

另外，即使是相同的专业，不同的学校，侧重点也会有所不同。

例如，一位高三学生从小就喜欢熊猫，立志要成为一个熊猫研究专家。高三毕业时，第一志愿填报了某农业大学的“动物科学”专业。大学毕业后，她并没有继续追求自己的职业梦想，而是开了一家小饰品店。理由是，在大学四年里，她从未接触过任何与熊猫有关的“动物科学”课程，而是一直在“被动”地学习如何饲养家禽和家畜的各种专业技术，对于生性爱干净的她来说，大学四年的生活简直如同炼狱！

还有一位学生选读了某农业大学的“植物学”专业，可惜实际情况与她的想象相去甚远——进入大学后，几乎每天都要待在实验室里仔细观察和记录花朵授粉后的细微变化，而不是走遍天下寻觅那些奇花异草！用她自己的话说，她对“植物学”专业的理解并非是一种理性的认知，而是仅仅停留在“文艺层面”上。

另外还有一位学生在高中阶段对生物课的内容很感兴趣，于是选读了清华大学生物系，上了一年之后才发现，大学的生物课程和高中相比有着很大的不同，主要以实验为主，而自己的动手操作能力并不出色，对这些操作类的活动也毫无兴趣，于是，经过一番犹豫与抉择，最终放弃了生物学，改读了更适合自己的心理学，虽然成功地转了专业，却必须比同年级的同学多读一年大学。

从以上几个事例可以看出，目前，许多高三学生对于自己“感兴趣”的专业缺乏足够深入的了解，包括专业的就业方向、课程内容设置、对学习者能力类型的特殊要求等。因此，教师一定要指导学生和家长多方了解专业的有关信息，加强对专业内涵的理性认知。具体方法有：通过网络和书籍收集相关资料；通过高校的宣传海报和“高招咨询会”了解相关内容；有条件的话，与该专业的工作者或就读该专业的学长深入交流，获得第一手资料；学校也可以组织学生参观一些大学的实验室，与大学里的教师和学生面对面地交流等。

第三节　目标与抉择

一个人若是看不到未来，就掌握不了现在。

——金树人

“能否请你告诉我，我应该走这里的哪条路？”

“这要看你想去哪儿。”

“我去哪儿都是一样的。”

“那么，走哪条路都是一样的”。

这是来自于《艾丽斯漫游仙境》中的一段艾丽斯与猫的对话。短短的四句对白，目标的重要性却已经不言而喻。

哈佛大学的学者们曾经设计过一个非常著名的关于目标对人生影响的跟踪调查。研究对象是一群智力、学历、环境等条件差不多的年轻人，调查结果发现：在他们当中，3%的人有清晰且长期的目标；10%的人有清晰但比较短期的目标；60%的人目标模糊；27%的人没有目标。

25 年后的跟踪研究结果十分有趣——

那些占 3%、有清晰且长期目标的人，几乎从未曾改变过自己的人生目标。

25 年来，他们一直在向着同一个方向不懈努力；25 年后，他们几乎都成了社会各界的顶尖成功人士，他们中不乏创业者、行业领袖、社会精英。

那些占 10%、有清晰但比较短期目标的人，大多生活在社会的中上层。他们的共同特点是，那些短期目标不断被达成，生活状态稳步上升，成为各行各业不可或缺的专业人士，如医生、律师、工程师、高级主管等。

那些占 60%、目标模糊的人，几乎都生活在社会的中下层，他们能安稳地生活与工作，但都没有什么特别的成绩。

剩下的 27%是那些 25 年来都没有目标的人群，他们几乎都生活在社会的底层，生活过得很不如意，并且常常在怨天尤人。

原来，杰出人士与平庸之辈最根本的差别，并不在于天赋，也不在于机遇，而在于有无人生的目标！

在人生的旅途上，没有目标，就好像走在黑漆漆的路上，不知往何处去。美国的一份统计结果显示，一个人退休后，特别是那些独居老人，假若生活没有任何目标，每天只是刻板地吃饭、睡觉，虽然生活无忧，但他们后来的寿命一般不会超过七年。而当一个人为自己设定了目标时，就会带出希望，所有的行为都将会凝聚在这个希望的周围，从而活出生命的意义来。

一、确立自己的人生目标

唐太宗贞观年间，长安城西的一家磨坊里，有一匹马和一头驴子。它们是好朋友，马在外面拉东西，驴子在屋里推磨。贞观三年，这匹马被玄奘大师选中，出发经西域前往印度取经。

17 年后，这匹马驮着佛经回到长安。它重到磨坊会见驴子朋友。老马谈起这次旅途的经历：浩瀚无边的沙漠，高入云霄的山峰，凌峰的冰雪，热海的波澜……那些神话般的境界，使驴子听了大为惊异。驴子惊叹道："你有多么丰富的见闻呀！那么遥远的道路，我连想都不敢想。""其实，"老马说，"我们跨过的距离是大体相等的，当我向西域前进的时候，你一步也没停止。不同的是，我同玄奘大师有一个遥远的目标，按照始终如一的方向前进，所以我们打开了一个广阔的世界。而你被蒙住了眼睛，一生就围着磨盘打转，所以永远也走不出这个狭隘的天地。"

曾经有一位刚毕业的学生这样描述过自己的高中生活："回想起来，高一高二那两年就像是一幅《清明上河图》，丰富生动，多姿多彩；高三这一年却像是一张密密麻麻、布满了对钩与红叉的试卷，单调压抑，触目惊心。"

相信许多经历过高考的人都曾有过类似的心路历程。高三，仿佛是黎明前最黑暗的一段时光。很多学生都会觉得自己仿佛就是那只在"磨房"里辛苦工作的驴子，在"盲"与"忙"中浮沉于题海，内心却常常茫然若失。当然还有一些学生，他们似乎每一天都过得非常忙碌充实而有成就感，因为他们就像是那匹老马，内心中始终有一个遥远的目标在指引和激励着他们奋勇向上、努力前行，那就是他们的人生目标。

所谓人生目标，是指一个人终生追求的比较固定的目标，是对人生的展望，对未来的憧憬。它是我们整个生涯的导向标，生活中其他的一切事情都围绕着它而存在，并将在相当长的时期内，对我们的行为和各个时期的生涯抉择起到指导作用。因为职业生涯规划的核心要领就是"以终为始"，也就是说，首先要明白你自己的终极目标，再去设计你的路，否则规划只是空话，再过几年又会觉得计划没有变化快了。

一般来说，就个人的生涯发展而言，人生目标可以分为生活目标和职业目标。生活目标是人们对未来生活的追求和向往，比如，你想过怎样的生活，你在物质上（衣食住行等）和精神上（文化、娱乐等）有什么目标，怎样才能让自己生活得更有意义、更充实等；职业目标则是指人们对自己的工作领域、工作种类以及工作业绩的追求，因为职业不仅是我们谋生的手段，也是实现我们人生重要价值的途径。

有了目标才会有结果，目标能够激发我们的潜能。随波逐流、缺乏目标的人，永远不可能淋漓尽致地发挥自己的潜能。因此，我们一定要做一个目标明确的人，生活才会有意义。

对于一些人来说，树立人生目标是一个自我发现的愉快的过程；而对于另一些人，也许是一个痛苦的过程，对他们来说，拟定人生目标实在不是一件容易的事，每天单是忙日常的学习和工作就已透不过气，还哪来时间好好设想自己的将来？但这正是问题的症结所在，就是因为没有目标，每天才弄得没头没脑、蓬头垢面，这只是一个恶性循环罢了。另外还有一些人之所以没有目标，则是因为他们不敢接受改变，与其说安于现状，不如坦白一点，那便是没有勇气面对新环境可能带来的挫折与挑战，这些人最终只会是一事无成！

那么，究竟应该如何选择或是确立自己的人生目标呢？我们认为，在选择或确立目标时，主要应考虑两个方面：一是目标要符合自己的价值观；二是要了解自己目前的状况。

作为教师，有责任指导高三学生及早确立自己的生活目标和职业目标。需要注意的是，人生目标应尽量清晰明确，例如，"我要做个有钱人"就不如"我要通过创立广告公司成为一个有钱人"来得具体明确；而"我要让别人因我的存在而感到幸福"也不如"我要成为一名悬壶济世的医生，让别人因我的存在而感到幸福"更富有动力性和方向性。

具体指导方法不妨参考以下一些活动案例。

活动案例

自画像

1. 将全班学生分成几个小组，发给每个小组一盒彩笔，每个学生一张白纸（A3 大小）。

2. 指导学生将白纸从中对折一下，然后再展开，接下来，用彩笔在对折线两边各画一幅自画像，主题分别是：“现在的我”和“十年后的我”。可以写实，也可以用抽象的事物来代替。具体要求是：“现在的我”要能反映出自己目前主要的生活状态和内心感受；“十年后的我”要能反映出自己理想中未来的职业和生活状况，以及自己在那时的情绪状态。

3. 全部画完后，学生们在小组内轮流分享介绍自己的自画像。

4. 用击鼓传花的方式请三位学生在全班分享自己的自画像。

5. 教师总结，引导启发学生及早确立自己的生活目标和职业目标。

生命链

1. 宣布“生命链”游戏开始。

2. 发给每个学生一串曲别针（每串 10 个）。

3. 宣布任务：你将怎样投资自己的人生？哪些“东西”对你是重要的？请看 PPT，并在待售物品中进行选择，根据你的喜欢程度，可以选择 A，也可以选择 B，注意 A、B 不可以同时选，但可以都不选。

4. 宣布规则：选择 A 或 B，按照规定，把相应的曲别针（也就是 PPT 里所说的“时空金币”，简称“金币”）放在桌子的左上角；如果什么都没有选，曲别针不动；一旦决定不许把曲别针再拿回来；不许相互借用。现在开始选择。

PPT1 的具体内容如下图所示：

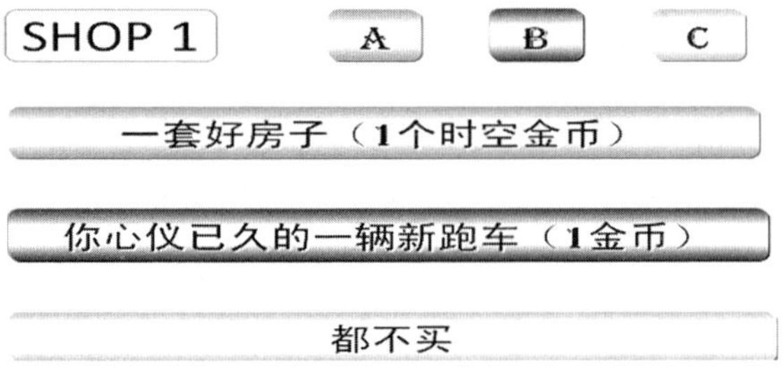

等所有学生都选择完后，再逐一展示余下的 PPT，规则相同。

PPT2 的具体内容：

A. 一次花光所有积攒的假期（一个月），带一个朋友去世界上任何一个地方（2 金币）

B. 保证你最理想的结婚对象一定会在不久的将来与你结婚（2 金币）

PPT3 的具体内容：

A. 两年内在你的朋友圈里成为最红的人（1 金币）

B. 一个真正的朋友（2 金币）

PPT4 的具体内容：

A. 良好的教育（2 金币）

B. 一份赚钱的生意（2 金币）

PPT5 的具体内容：

A. 可以改变你一处外形的能力（1 金币）

B. 五年无拘无束的身体享受（2 金币）

PPT6 的具体内容：

A. 干净的良心（2 金币）

B. 在任何一件事上成功的能力（2 金币）

PPT7 的具体内容：

A. 为你爱的人创造一个奇迹（2 金币）

B. 一个重新经历（或重复）任何一件过去发生的事情的机会（2 金币）

PPT8 的具体内容：

A. 被你最在乎的人尊重和关爱（2 金币）

B. 一生的自我满足（2 金币）

PPT9 的具体内容：

A. 一个幸福的家庭（3 金币）

B. 享誉世界的名声（3 金币）

注意：等学生选择完后，允许选择 A 的同学拿回 2 个曲别针作为奖励，选择 B 的同学可以拿回 1 个曲别针作为奖励。

PPT10 的具体内容：

A. 增加 7 年寿命（3 金币）

B. 无痛死亡（3 金币）

注意：等学生选择完后，允许选择 A 的同学拿回 2 个曲别针作为奖励。

5. 请学生们看看自己手中还剩下多少个曲别针，并回想一下自己都买到了什么。

6. 学生分小组讨论，每个小组派代表分享：什么是你买到的最满意的？对你没买到的东西是否心存遗憾？结合生涯规划，谈谈这个游戏让你想到了什么？

7. 教师小结，要点可以包括：

（1）人生常常需要作出选择，鱼与熊掌往往不可兼得（A、B 不可以同时选）；

(2) 人生常常无法提前预知未来会遇到什么（PPT 一页一页点击，不可能先看到有哪些选择）；

(3) 人生是一条单程线，机会错过了就错过了（以为后面会有更好的东西，结果错过了自己本来想买的东西，后悔不已）；

(4) 没有目标，没有实施方法的人生是苍白的（太早用光了自己的曲别针，就会无法购买后来出现的更想要的东西）；

(5) 人生就是一次次选择，每个人都要学会为自己的选择负责。

游戏说明："生命链"游戏可以用来帮助学生澄清自己的价值观，也可以用来帮助学生厘清自己的生活目标；更重要的是，它可以启发学生认识到，生涯规划活动不仅强调个人的自由选择，更强调自由选择背后的责任承担，从而促使高三学生自主、理性地确立自己的人生目标。

二、确立适合自己的升学目标

职业生涯规划的过程简而言之就是：知己知彼—择优选择目标—用高效行动达成目标。对于高三学生而言，在对个人专业潜能和现实环境因素分析的基础上，确立适合个人的升学目标是高三生涯规划活动中最为关键的一个环节。

（一）建立适合自己的目标金字塔

所谓"目标金字塔"，是指个人的目标设置应该包括长期目标、中期目标和近期目标三个层级，如图 4-1 所示。

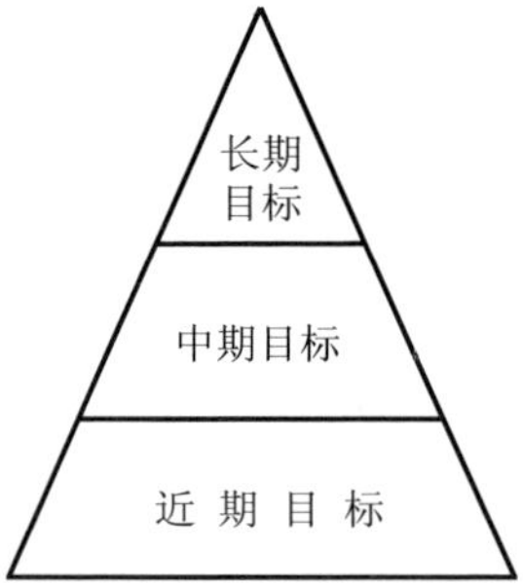

图 4-1　目标金字塔

在建立目标金字塔时，需要特别注意以下几个原则：

1. 目标的设置必须是一个完整的体系，不能单打一，近期目标和中期目标应有利于长期目标的实现，不能背道而驰，同样，近期目标也不能脱离中期目标来制订；

2. 目标的难度水平要与自己的实际相吻合，过高、过低都不利于自己的发展；在制订中期目标时，不妨把难度设置在比现有水平高 15%—25% 的水平上，而拟订近期目标时，则一定要以现有水平为基础，略高于现有水平即可；

3. 近期目标一定要具体，不能太笼统，否则就会失去它应有的对行动的指导性（具体方法可以参考本章第四节中将要提到的SMART原则）。

教师可以通过班会或讲座的形式，有意识地指导高三学生建立自己的目标金字塔，初步确立未来的升学目标，明确高考和升学对于自己人生目标实现的重要意义。

对于高三学生而言，“长期目标”指的是人生目标（即生活目标和职业目标）；“中期目标”指的是高考升学目标（即想要上什么大学、学习什么专业）；“近期目标”指的是高三这一年，特别是学期内的一些目标（包括学习成绩和学习能力、人际交往、身心健康等各个方面）。

根据目标金字塔的设置原则，高三学生的升学目标必须有利于实现自己未来的生活目标和职业目标。教师可以指导学生采用“目标倒推法”来初步确立自己未来的升学目标。

所谓“目标倒推法”，是指做任何事情的时候，都从目标出发，根据目标的要求，规划实现目标的路径，明了实现目标的条件，并在实际工作或生活中，努力去发现、借助和创造实现目标的条件，按照路径一步步推进，最终实现目标。

目标倒推法借助的是一种反向思维方式，强调精神引领物质，从无到有。采取目标倒推法的人更容易获得成功。首先，目标是标杆，给了追求的人一个方向；其次，目标也是一个压力，在追求的人身上会转化为动力，促使他不断地努力；再次，也是最重要的，采取目标倒推法的人，会将天下的资源都视为自己可以利用的资源，他的能力、资源会比“资源导向式”的人要大不止千百万倍，自然更容易实现目标。

根据目标倒推法，如果一个高三学生的人生目标是“做一个悬壶济世的良医，让别人因我的存在而感到幸福”，那么他的中期目标（即升学目标）就应当是考取国内教学水平较高的医学院校。再比如，一位学生的人生目标是“成为一个核物理专家，为祖国的国防事业贡献自己的力量”，那么他的中期目标就应当是在大学阶段选择攻读相关的专业。

需要指出的是，有些情况下，专业目标和职业目标并非必须保持一致，比如，有的人想在将来成为成功的企业家（商人），但他不一定非要在本科阶段报考经济类或管理类的专业，其他一些专业一样可以选择。比如，比尔·盖茨本科阶段学习的是计算机，但后来却成为了最成功的商人之一。因为商业属于专业面较宽的行业，而对于那些专业性较强、需要深厚的学科知识为基础的职业，则最好能够在本科阶段即选择相应的专业，比如，我们前面提到的医药、科研领域。总之，要具体问题具体分析，做到因人、因专业而异。

（二）科学填报高考志愿

高考作为一项系统的工程，分数固然决定了考生能否获得录取的候选资格，然而填报志愿更为重要，它关系到考生能否梦圆“象牙塔”，更会影响到考生在大学里所学专业的适应情况、未来的职业去向，甚至整个人生和事业的发展。如何填报志愿，就像一道坎，横亘在每个高三学生（包括家长）的面前，顺利跨过去，大学之路才会更加开阔。

1. 选择适合自己的专业

很多考生过于看重学校，而忽略了专业；也有许多考生寄望考上大学后再调整专业，其实在大学里面，调整专业是比较困难的，所以选择专业尤其重要。在大学校园里，经常会看到有些学生因为在填报高考志愿时，专业选择的不合适，结果明明不喜欢自己的专业，但却不得不硬着头皮去学习，去听课，去应付考试。遗憾的是，不论花了多少时间，对自己说了多少次“我一定要学好”、“我喜欢学××”，实际的结果却是，一次次地受到打击，一次次地失去信心。不是他们学不好，也绝对不是他们比别人差，而是因为他们没有规划好自己的职业生涯，所选择的专业不适合他们的潜能，激发不了他们的潜力。

那么，到底应该如何选择专业呢？建议最好结合以下三个方面来考虑。

首先，应考虑本章第一节中所提到的个人的专业潜能，特别是学科兴趣，最好根据兴趣类型选择专业，不妨参考一下表 4-2。

表 4-2　学科兴趣与专业选择

序号	学科兴趣类型	可选专业
1	喜欢谈论生意、挣钱的方法	经济学类（如经济学、财政学、金融学、国际经济与贸易等）
2	喜欢分析辩论，语言逻辑性强，能对事物作出快速反应，并冷静地进行分析	法学类（如法学等）
3	有相当强烈的工作责任感，喜欢为集体服务，以促成同学之间友好相处	社会学类（如社会学、社会工作等）
4	喜欢把自己的知识和才能教给别人，喜欢通过自己的努力来改变他人	教育学类（如教育学、学前教育、特殊教育、教育技术学等）
5	喜欢看新闻和谈论国家大事，喜欢辩论	政治学类（如国际政治、外交学、政治学与行政学、思想政治教育等）
6	喜欢户外运动	体育类（如运动训练、体育教育、社会体育、民族传统体育等）
7	喜欢用文字表达思想，喜欢写作，喜欢形象记忆	中国语言文学类或外国语言文学类
8	喜欢关注国家大事或周围发生的事件，喜欢发表自己独特的见解	新闻传播学类（如新闻学、广告学、广播电视新闻学、编辑出版学等）
9	喜欢了解过去发生的事件，并发表自己的看法，谈起历史事件往往兴趣盎然	历史学类（如历史学、世界历史、考古学、博物馆学、民族学等）

（续表）

序号	学科兴趣类型	可选专业
10	喜欢数字方面的游戏、数学公式的推导以及精确计算、简便运算等	数学类（如数学与应用数学、信息与计算科学等）
11	对物理现象的原理、规律感兴趣，喜欢探究物理现象的基本规律	物理学类（如物理学、应用物理学等）
12	喜欢做实验，细致观察事物变化过程，反复了解事物变化原理	化学类（如化学、应用化学、化学工程与工艺、制药工程等）
13	喜欢观察动植物的生长和变化，并了解其内在发展规律	生物科学类（如生物科学、生物技术等）
14	对地壳和海洋的地质变迁规律、地貌和岩层的构成及变化规律感兴趣	地质学类（如地质学、地球化学等）
15	喜欢自然景观，对自然界的构造、地质、地貌的变迁规律感兴趣	地理科学类（如地理科学、地理信息系统等）
16	喜欢从事电路设计、开发及维护等工作，尤其对微电子技术感兴趣	电子信息科学类（如电子信息科学与技术、微电子学、光信息科学与技术等）
17	喜欢操作工具来解决一些实际问题，如修理、组装配件等	机械类（如机械设计制造及其自动化、工业设计、过程装备与控制工程等）
18	喜欢手工、美术设计，喜欢观看不同风格的建筑，喜欢空间想象和构思	土建类（如建筑学、城市规划、土木工程、建筑环境与设备工程等）
19	对车辆、航空和航海等交通工具的管理及相关的工程技术问题感兴趣	交通运输类（如交通运输、交通工程、飞行技术、航海技术等）
20	喜欢从事食品、纺织、日用品等的生产工艺和流程及其开发和设计工作	轻工纺织食品类（如食品科学与工程、轻化工程、纺织工程、服装设计与工程等）
21	喜欢从事农业生产与开发的工作，如农作物生长规律、生态农业开发等	农学类（如农业资源与环境、水土保持与荒漠防治等）
22	对植物的生态规律、生长规律以及林业的生态与社会效应感兴趣	森林资源类（如林学、森林资源保护等）
23	喜欢了解病症发生的原因，希望通过自己的力量来减轻他人的病痛	医学类（如基础医学、预防医学、临床医学、口腔医学、护理学等）

其次，要考虑自己所报考专业的发展方向及就业情况。

在选择专业的时候，尽可能选择一些就业面比较宽的一级学科，因为一级学科往往是国际前沿技术，所代表的行业往往是国家重点投资和保护的、与国计民生相关的行业，科研方向容易做出成绩，社会需求人才量大。另外，一定要理性看待所谓的“热门专业”和“冷门专业”，因为二者往往是相对而言，不妨把目光放长远一点。

再者，要了解所报考专业在该学校的相对水平。

很多学校都有自己的名牌专业，名牌专业的形成，往往是多年的积累，教学水平、教学质量也会更有保证。但近年来，很多学校都有向综合方向发展的趋势，比如，很多理工科院校都开设了文科专业。一般说来，新开设的专业往往不及该校老牌专业的师资力量雄厚、教学水平高，所以，在填报志愿专业的时候，应该尽量考虑填报该校“本色”一点的专业。但如果一个学校名气较大，实力雄厚，那么所设置的新专业也不会差到哪里去，这时，也可以适当考虑报考。

另外，近几年，“按大类招生”已经成为许多高校重要甚至是主要的招生录取方式。在许多高校公布的招生章程中，出现了“按院系招生”、“按大类培养”之类的词汇，它们指的是将相同或相近学科门类的专业合并，按一个专业大类招生。考生填报志愿时，直接填报该大类名称而非具体专业。通过这个方式录取的考生，在本科阶段的前一年或前两年统一学习基础课程，此后，根据对学科和专业的了解，并结合自己的兴趣、特长，在院系范围内再自主选择专业。实际上，大学教育还是一个培养基础能力的阶段，按大类招生可以有效地使大学生接触到较为广博的基础知识，有利于培养全面性的人才。虽然按大类招生可以大大减少考生面临的专业选择数量，但考生仍应认真把专业选择和个人职业发展规划紧密地结合在一起，对不同专业的职业发展方向有一定了解。

2. 选择适合自己的学校

填报高考志愿前，高三学生应当在教师指导下，结合几次模拟考试的成绩，客观评价出自己的位置。这个位置，不仅是在班里、年级里的名次，更是在当地（市、县、区）的位置，再结合该地区历年高考的成绩，便可大致推算出自己在高考中的位置，以便确定自己可以冲刺哪一个批次的学校。

在保守估计好自己的位置之后，不妨把目标定高一点，可以加大自己下一阶段学习的动力，发挥出自己的潜能。但是千万要注意的是，报的学校只能是高“一点儿”，形象说来，即“跳起来能够得着的高度”。如果盲目迷信于自己的实力与状态，而一味追求名校，到最后吃亏的往往是自己。

现在每一个批次都有若干个志愿可以填，但其实最重要的还是每一个批次的头两个志愿，对于这两个志愿，应该慎之又慎，建议填写熟悉的或有一定知名度的学校。在选择好第一志愿后，填报的第二志愿一定要与第一志愿所填报学校的分数拉开档次。建议第二志愿填一个保底的学校，即使高考分数不理想，也不会使自己落榜。

由于扩招，很多学校都在异地建立了新校区，但有时这些校区往往是二级学院，招生分数会大幅度降低。报考前，要注意这一点。往往新建的校区都不及老校区，很多新建的校区除了环境较好之外，在实验器材、藏书、师资、人文环境、学术气氛方面都不如本部。如果可能的话，在学校本部里读大学，收益或许会更多一点。

另外，有些考生可能还需要考虑其他一些环境影响因素，如家庭因素（经济状况、家人期望、家族文化等）、学校的地理环境（是否在外地、学校所在地区的经济和文化发展情况）等。

目前，市场上关于如何填报高考志愿的书籍可谓五花八门，网络上的相关资讯也十分丰富。教师可以指导学生及家长有目的地去搜索，获取自己想要了解的有关信息。

除此之外，学校还可以组织高三学生在填报志愿之前自愿参加一些“专业选择潜能测试”活动，目前已经有多家单位开发出了有关的系统；另外，也可以聘请一些高考志愿填报方面的专家，到校开设讲座，帮助学生和家长答疑解惑；还可以建议学生和家长充分利用每年 4 月份的高校招生咨询会了解有关信息。

第四节　行动与坚持

一个人若是掌握不了现在，就看不到未来。

——金树人

杨培东博士，1971 年出生于中国苏州，2004 年获得美国材料学会（MRS）青年科学家大奖，2007 年，被美国科学基金会（NSF）授予“艾伦 · 沃特曼”奖，这一研究奖项每年仅授予一位杰出的青年科学家，在业内被称为“青年诺贝尔奖”。在谈到他为什么能够取得如此巨大的成绩时，他说：“在确定你的奋斗目标后，最重要的是行动，而在行动中，首先是要明确每一个时间段做什么，其次是克服一切困难，将每一个时间段的事情做好。”记者采访了杨培东高中时期的 10 位同班同学，当问到这位当年的同学获得成功的最大因素时，10 个人全部首选勤奋，其次才是天分等。“印象最深的是，这家伙当时为了提高语文成绩，找到一本读物《古诗一日一首》，每天宿舍熄灯后，他都要打着手电背古诗，真的是一天一首，从来不落。为了提高英语成绩，他找来《新概念英语》，每天早上起来第一件事，就是背其中的课文，一个学期下来，第二册和第三册全部背完。”一位目前从事热工研究的同学这样回忆到。

杨培东的成功事例充分证明——“舌下无英雄，笔底无奇士”，行动与坚持的力量在生涯规划的过程中举足轻重，没有行动与坚持的生涯规划充其量只能算是一个美好的梦想。一个人的目标再明确，潜力再大，如果没有全力以赴的行动，也不可能收获成功和幸福的喜悦。

对于高三学生来说，如何根据个人目标制订具体的行动规划至为关键，而高三生活以学习为主，注定不可能再像高一、高二那样丰富多彩。为了实现自己的人生目标和升学目标，再贪玩、再懒惰的学生都会尽力将自己的能量聚焦到学业上来，所以，在本节中，我们将重点探讨如何制订具体的学业行动规划，以及如何做好时间和压力的管理。

一、制订自己的学业行动规划

一个科学的行动规划至少应该包括以下几个部分：客观分析现状、订立明确目标、制订行动计划。

（一）全面解析自己的学业发展现状

真正行之有效的行动规划必须建立在对现状的准确把握之上。教师应当指导高三学生充分了解自己的学业现状，然后再根据个人的目标金字塔来制订具体的行动计划。学业发展现状分析应该包括以下几个步骤。

1. 了解自己的学业总体水平

确立目标前，需要先根据自身的学习实情，给自己的总成绩来个客观的“层次”定位。

（1）一贯领跑型：成绩算佼佼者，有良好的学习习惯和较强的学习能力，没有明显的偏科现象，成绩稳定。

（2）中游稳定型：成绩处于中游水平，有自主学习的要求，灵活运用知识的能力不强，往往存在偏科现象；成绩有很大的提高空间，后期有可能具有极强的爆发力。

（3）奋进直追型：成绩不够理想，基础薄弱，学习习惯的养成不够，学习的热情不足。还需要奋起直追、下一番苦功夫才有可能考取大学。

确定自己“位置”的好处是：不会给自己制订过高或过低的目标。因为过高的目标会带来巨大的压力，导致自卑，影响学习效率；过低的目标则会由于太容易实现而盲目自负，进步缓慢。科学的目标应该是“踮踮脚”、“跳一跳”就能够得着的。

2. 利用 BCG 矩阵找到自己的“优势科目”

总分最大化是高考成功的核心原则。选择自己最擅长的科目，找到潜藏的薄弱点，运用最适合自己的前进策略，是高考制胜的关键。而优势科目的好成绩是总成绩高的质变因素。总成绩的优异在各科都不低的前提下，肯定是优势科目发挥了顶梁柱的作用。可见找出自己的优势科目是非常重要和必要的，因为确定了自己的优势科目以后，我们就可以找准自己的学习大方向和主要着力点，从而获得总成绩的提高。

首先，需要明确什么是自己的优势科目。所谓“优势科目”是指自己投入产出比最大的科目，不仅包括那些自己没花多少时间就已经取得不错成绩的科目，还应该包括那些如果多花一些时间就可以取得显著效果的科目，而要找出自己的优势科目，并据此制订相应的学习战略，BCG 矩阵分析不失为一个好的方法。

BCG 矩阵（BCG Matrix），又称“波士顿矩阵”，是由美国著名管理学家、波士顿咨询公司创始人布鲁斯·亨德森于 1970 年首创的一种用来分析和规划企业产品组合的方法。根据其绘制原理，我们也可以用它来分析学生的某些学习特征。

一般说来，在学习中，个人精力的投入和成绩提升之间的关系可以用图4-2中的学习曲线来表示。

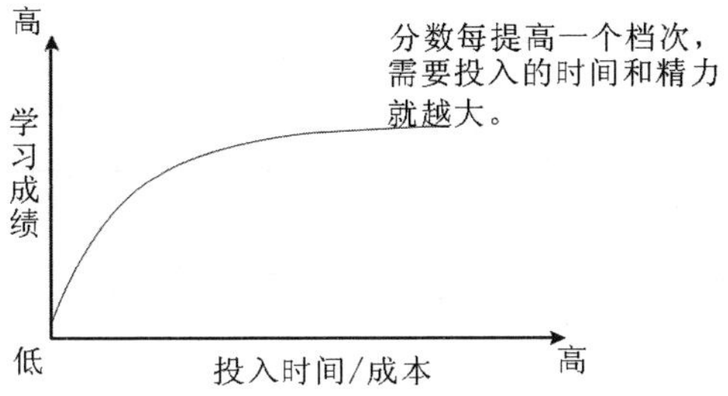

图 4-2　个人精力投入与成绩提升关系图

其中，学习曲线的横轴代表对该科目的投入时间量，纵轴代表该科目的学习成绩。从图中可以看出，当该科目的学习成绩比较低的时候，多花一点时间，效果一般就会立竿见影，成绩几乎成正比例上升；而当成绩高到一定水平之后，再想提高相应的分数就必须付出成倍的努力，正所谓“高处不胜寒”。

根据这一原理，我们就可以根据自己在各科上的时间投入产出比，把各科的学习曲线加以累计、比较后，整理成如图 4-3 所示的 BCG 矩阵。

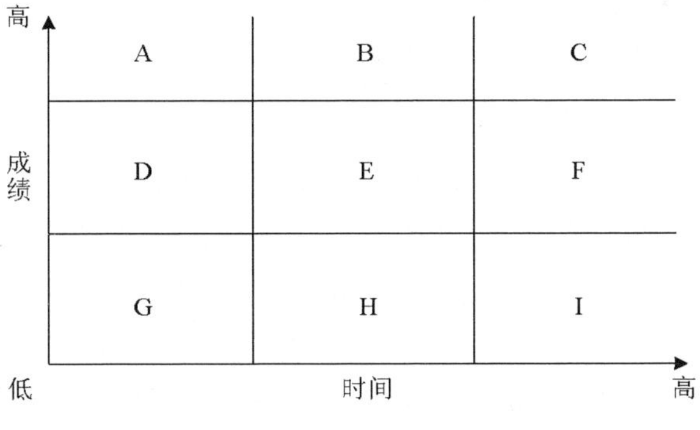

图 4-3　BCG 矩阵

根据前面提到的优势科目的定义，可以看出，其中，优势科目不仅包括处于 BCG 矩阵 A、B 区间的科目，还应当包括处于 BCG 矩阵 D、E 区间的科目，而科目 C，虽然目前的成绩不错，但却需要投入大量的时间，因此，不能算是优势科目。

下面，我们以一位学生在高三上学期期末的成绩为例，加以具体说明。

科目	成绩	全班排名
语文	110	5
数学	145	3
英语	128	6
物理	95	4
化学	97	2
生物	77	1

从表面的分数和名次来看，他的各科成绩都还不错，但这是否意味着他的各科很平均呢？其实不然。因为平时除了上课之外，他花在各科上的学习时间是不一样的。根据他在各个科目上的时间投入产出比，可以得到如下的 BCG 矩阵：

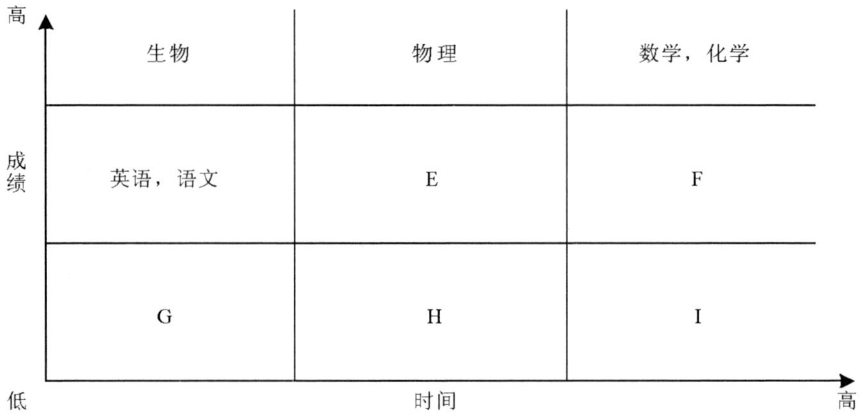

从 BCG 矩阵可以看出，他平时在数理化三个科目上的投入时间最多，成绩也基本达到了极限；而生物属于花时间少、成绩也不错的科目；英语和语文的投入时间都不多，名次上虽然很理想，但是离真正的高分还有差距。在得到这个结论之后，该生还思考了一些深层次的问题，为什么生物、语文、英语投入时间不多，却能够取得不错的成绩呢？经过思考，他发现，自己属于思维和运算能力强的人，而且在生物上面兴趣很浓厚，因此能够取得事半功倍的效果，而英语和语文则是因为底子好，虽然投入时间很少，但是靠吃老本也还可以维持较高的水平。经过这么一番分析，他对自己的学习情况已经很清楚了：自己在英语和语文方面的潜力还相当之大。因此，在接下来的几个月里，他主攻英语和语文，把这两个科目的水平又提升了一个层次，并最终取得了优异的高考成绩。

根据以上事例，我们建议学生可以在成绩提高潜力较大的科目上投入更多的时间，因为每科成绩的提高都是有上限的，而优势科目的上升空间相对较大。尤其是在即将参加高考的时候，没有必要在一些提升空间有限的科目上纠缠。当然，各个同学情况不同，不能把这一规律当做公式一般，完全生搬硬套。

3. 利用 BCG 矩阵找出自己的“薄弱知识点”

确定了自己最合适的复习方向，并不意味着高考成功就得到了保证。每一个人无论他多擅长文科或者理科，都必然有所缺陷，高考成功的关键在于保持并发挥自己已有优势的情况下，增加自己的优势项目，减少薄弱知识点。因此，如何找出这些薄弱的环节就成为了提高成绩的关键。

什么时候我们最迫切地需要找出自己薄弱的知识点呢？高三第一轮总复习结束之后，会有第一次模拟考试，这次考试结束之后的总结对于我们高考备考具有十分重要的意义。这个时候如果我们能够系统地找出自己每个科目中薄弱的知识点，将会对下一步的复习提供很大的帮助。

找出自己薄弱的知识点，其实是一种总结，而总结需要建立在考试结果上。这里问题就出现了。考试中我们做错的题目是很零碎的，所反映的知识点也是很分散的。这个时候利用下面的两个步骤可以有助于完成这一关键任务。

第一步，对知识点进行逻辑分类。

首先，要明确一门学科中有哪些知识点。但是，这并不只是将学科内的知识进行简单的罗列，而是应该根据它们的逻辑关系进行分类。这种分类过程本身也有助于学生结构化所有的学科内容。

接下来，把考试成绩按照分完类的知识点进行归类。看看每一类知识点中做对了多少分，做错了多少分。这将有助于下一步的分析。

第二步，利用 BCG 矩阵找出不足。

在明确了各个知识点的逻辑结构之后，我们需要在 BCG 矩阵上，依据在各个知识点上的得分情况，确定它们的位置。

在确定位置之前，我们需要对常规的 BCG 矩阵加以变化。由于不同的知识点在整个考卷中所占的比例不同，因此不能单纯按照每个知识点上所得的分数值在纵轴上进行排列。比较合理的是用每个知识点的得分率作为纵坐标。横坐标依然是平时在每个知识点上投入的大概时间。

这里我们以语文为例，分析一下如何利用 BCG 矩阵找到我们每个学科的薄弱之处。

语文的知识点从大的方面可以分为基础和综合两个部分。基础部分包括语言知识和文学常识，综合部分包括阅读和写作。我们可以把语文试卷上的所有题目分成这四个部分，然后算出每个部分的得分率。接下来我们需要回忆自己平时在语文学习上大概在每个部分投入的时间，从而就可以确定各个部分在 BCG 矩阵上的位置。

比如，我们假设，一位同学在语言知识上的得分率为 40%，文学常识得分率为 80%，阅读得分率为 85%，写作得分率为 50%。而在平时学习中，该同学在写作和文学常识上投入较多，在语言知识和阅读上投入较少。

由此，我们可以得到如下的 BCG 矩阵：

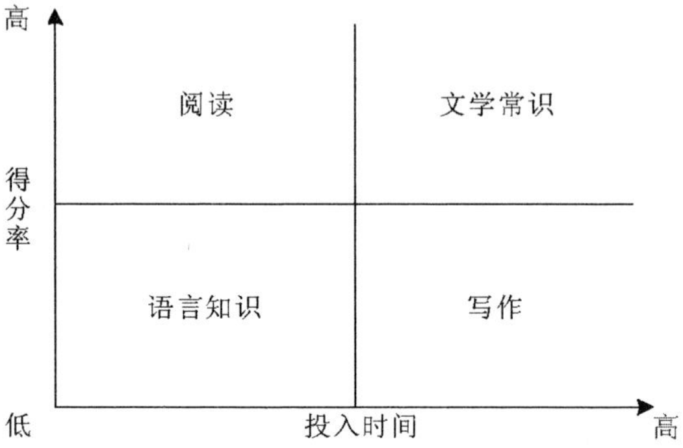

接下来，我们就可以根据 BCG 矩阵分析法来明确对各个知识点的掌握情况，并制订相应的学习策略："阅读"处于 BCG 矩阵的左上角，属于今后只需花少量的时间维持的知识点；"文学常识"属于投入时间较多、收效也不错的知识点，按照以前的计划维持即可；而比较薄弱的知识点是"语言知识"和"写作"。但是对于该同学来说，更应该关注的是"语言知识"。因为和"写作"相比，"语言知识"投入的时间少，如果投入时间增加，可能会有比较大的上升空间。而"写作"本身显然不是短期投入就能够提高的知识点，并且在高考中判卷老师的主观性很大，存在着很强的不确定性。对于该同学来说，比较理性的是减少在"写作"复习上投入的时间，将这部分时间运用到对"语言知识"的复习中去。

需要说明的是，并非每个高三学生都有能力客观、准确地分析和把握自己的学业现状，正所谓"不识庐山真面目，只缘身在此山中"。因此，在对学生进行个别指导之余，建议教师还可以采用一些班级活动来帮助和指导学生全面了解自己的学业现状，比如，"师生小组会诊"活动，具体操作方法请参见第三章的有关内容。

（二）制订适合自己的学业发展目标

在制订计划时，必须加强目标管理。一个人有了目标，一定会为实现这个目标而勤奋努力，因为有了目标，就有了压力和动力，就会变得信心十足，毅力无穷。

订立目标的方法有很多，比如目标分解法。

1984 年，在东京国际马拉松邀请赛上，夺得冠军的是一位日本选手，名叫山田本一。此前，他名不见经传，于是有人问他："你凭什么取胜？"山田本一属于那种性格木讷的人，他只说了一句话："凭智慧战胜对手。"两年后，在意大利国际马拉松比赛上，山田本一再次夺冠，又有记者问他："你凭什么夺冠？"

他还是那句简单的回答："凭智慧战胜对手。"他所说的"智慧"到底是什么呢？

十年后，山田本一在自传中说："每次比赛前，我都要乘车把比赛的线路仔细看一遍，并画下沿途醒目的标志。比如，第一个标志是银行，第二个标志是红房子……这样一直画到比赛的终点。比赛开始后，我就全力以赴地冲向第一个目标，等到达到第一个目标后，我又以同样的速度向第二个目标冲去。四十多公里的赛程，就被我分成这么几个小目标，一个一个地完成了。但是在此之前，我不懂这个道理，我把目标定在 40 公里外的终点上，结果我跑了十几公里就疲惫不堪，我被前面那段遥远的路程给吓倒了。"

山田本一采用的正是"目标分解法"，即先将一个大的总体目标分解开来，化整为零，变成一个个容易实现的小目标，然后再将其各个击破，直至实现终极目标。

利用"目标分解法"，以及前面提到的"目标金字塔"和"目标倒推法"，可以将高三学生的学业发展目标大致分解如下。

1. 长期目标

一是要明确一个大概的专业方向，二是要预期一所理想的大学。如果暂时无法对未来的兴趣发展作出判断，也无法选择自己喜爱的大学，就大致确定一下自己想要报考的大学档次，比如，是要立志考上北大、清华等一流院校，还是考一所一般的"一本"院校，或者通过几个月的努力尽量上一所专科院校等。

2. 中期目标

中期目标指的是高三这一年在不同学习时段所要达到的目标。可以把一学年的学习时间分成几个学习时段，再根据个人的学业发展现状，制订各时段的不同目标。比如，根据已经确立的"长期目标"所要求的分数段或排名，勉励自己的成绩在不同的时段分别提升几个名次，或占据班级、年级多少名；也可以依次定为夯实基础、提高解题能力、强化应试技巧；还可以确定为重点补习哪门学科等。

3. 近期目标

近期目标指的是一个月、一周乃至一天所要达到的小目标，可以指一个月某门学科要复习的重点，可以指一周要补差的内容，还可以指一天要完成的学习任务，等等。近期目标有助于我们关注学习细节，提高学习效率，但在制订过程中，必须满足"SMART 原则"。

SMART 原则是指目标应该同时具备以下五个特征：具体明确（specific）、可以衡量（measurable）、可以达成（attainable）、有相关性（relevant）、有时间限定（time-based）。

（1）具体明确

有人曾经做过一个实验。把一群人分成两组，让他们去跳高。两组人的个子和能力都差不多，先是一起跳过了 1 米。接下来，他对第一组说："你们能够跳过 1.2

米。”对第二组说：“你们能够跳得更高。”经过练习后，让两组人分别来跳。由于第一组的人有具体明确的目标，结果每个人都跳过了 1.2 米，而第二组的人由于没有具体明确的目标，他们中的大多数人只跳过了 1 米，只有少数人跳过了 1.2 米。

这就是有和没有具体明确目标的差别所在。

有人说：“我将来要做一个伟大的人”。这就是一个不够具体明确的目标。目标一定要是具体的、明确的，比如，“今天晚自习我要认真复习”就不如“今天晚自习我要认真复习数学和英语”来得具体明确。

（2）可以衡量

如果你要买一栋房子，一定先要在心里有个底：房子要多大？需要多少间卧室？坐落在哪儿？位于几层楼？你的预算有多少？有了这些明确的数据标准，你才有可能顺利地买到你的房子。

任何一个目标，都应该有可以用来衡量目标完成情况的数据标准。你的目标越清晰可测，越能提供给你更多的指引。

比如，我们可以把“今天晚自习我要认真复习数学”这一目标细化为“今天晚自习我要做 1 套数学模拟试卷”、“今天晚自习我要做 10 道数学大题”等。

（3）可以达成

多年前，有人在美国进行过一项成就动机的试验。15 个人被邀请参加一项套圈游戏。在房间的一边钉上一根木棒，给每个人几个绳圈，要求他们套到木棒上，离木棒的距离可以自己选择。结果，站得太近的人很容易就能把绳圈套在木棒上，但是很快就都泄气了；有的人站得太远，老是套不进去，于是也很快就泄气了；但有少数人，他们站的距离恰到好处，不但使游戏具有了挑战性，而且他们也都很有成就感。

实验者的解释是，这些人具有高度的成就动机，他们通常会不断地为自己设订具有挑战性、但又做得到的目标。不能达到的目标只能说是幻想、白日梦，太轻易达到的目标又没有挑战性，只有那些“跳一跳，够得到”的目标才能激发我们不断地获取成功。

根据这一原则，“今天晚上我要背 1 个单词”和“今天晚上我要背 1 000 个单词”就都不是“聪明的（SMART）”目标，而“背 30 个单词”则比较现实可行。

（4）有相关性

目标的制订应考虑和自己的生活、学习有一定的相关性。特别是近期目标的制订，应当有利于中期目标和长期目标的实现。比如，恋爱问题虽然是人生的一个重要课题，但对于即将参加高考的学生来说，却不应当成为近期目标，因为对于大多数人来说，它极有可能会影响到中期目标的实现。

（5）有时间限定

任何一个目标的设立都应该考虑时间的限定，比如“我一定要拿到律师证书”，目标很明确，只是不知是在一年内完成，还是十年后才完成。期限设定的不同，对当下行为的激励效果也会不同，因此，设立目标时一定要加上具体的执行时间或完成期限，这对于高三学生来说尤其重要。

活动案例

目标搜索

1. 活动目的

（1）帮助学生学会树立目标，让目标引领自己的行为。

（2）帮助学生澄清并明确自己近期的目标，懂得分清主次。

2. 活动时间：大约需要 25 分钟。

3. 活动道具：每人一张白纸、笔。

4. 活动场地：以室内为宜。

5. 活动程序

（1）请同学们在纸上写出你近期内要完成的五件重要事情，可以是学习、交友、旅游、练字、买衣服、读完某一本书或参加某方面活动，等等。

（2）假如现在有特殊情况发生，要求你必须在五件事中去掉两项，体验一下你现在的心情如何？你会去掉哪两项呢？

（3）现在又有特殊情况发生，你必须再去掉一项，你的心情又如何呢？你又会去掉哪一项呢？现在还要再去掉一项，你又会作出怎样的决定呢？

（4）最后只剩下一件事了，这就是在近期内你最想做的、对你来说最重要的一件大事，这就是你当前的奋斗目标。

（5）小组分享：和大家谈一谈，你的奋斗目标是什么？（一般来说，几乎所有同学的奋斗目标都会跟学习进步有关）

（6）分享结束后，大家静坐在自己的座位上，思考下面三个问题：

①我是不是想要实现那个目标？我是不是一定要实现那个目标？

②我有没有实现那个目标的条件？我怎样发挥这些条件？

③实现那个目标的困难和障碍有哪些？难以克服吗？我要不要克服？我一定要克服吗？我打算怎样克服？

6. 注意事项

在对学生强调目标的重要性时，一定要让学生注意以下几点：

（1）目标应当是跳一跳就够得着的，可以实现的，而不是高不可攀的，如完成一项计划或在现在的基础上学习进步等。那种恨不得一下子在半个学期内就提高某门学科的成绩 30 个名次的目标是很难实现的，因为太难实现，所以这种目标对指导实际的学习行为往往效果不大，有时甚至还起到反作用。

（2）目标的制订要有期限。为自己要实现的目标，明确设定一个实现的期限，如近期目标就可以是以一个星期、一个月为期限，中期目标可以是以半个学期或一个学期为期限等。

（三）制订适合自己的学习计划

在对自己的学业发展现状有了一个全面的了解后，就可以根据个人的学业发展目标来制订适合自己的学习计划了。

1. 了解高三各复习阶段的特点

在制订计划之前，还有必要先来了解一下高三各复习阶段的具体要求和学习重点。因为在高三阶段，学生应当首先根据教师的教学安排来进行全面复习，其次才是结合自己的实际情况，有选择、有重点地进行复习。

高三的复习计划大致可以分为三个阶段，每个阶段都有不同的任务、目标和学习方法。

（1）第一阶段为基础复习阶段，是指整个高三的第一学期，大约五个月左右，约占整个高三复习的一半时间左右。

这一阶段，每一个科目都在逐册逐章节地进行复习，此时，学生应该和教师步伐一致，进行各科的细致复习。学生应充分利用这五个月，把每一科在高考范围内的每个知识点都逐章逐节、逐篇逐段，甚至逐字逐句地复习到，应做到毫无遗漏。在此阶段，复习中切忌急躁、浮躁，要知道“万丈高楼平地起”，只有这时候循序渐进、查缺补漏、巩固基础，才能在高考中取得好成绩；只有这时候把边边沿沿、枝枝杈杈的地方都复习到，才能在今后有更多的时间去攻克一些综合性、高难度的题目。

在此阶段，还有一项重要任务，那就是高三第一学期的期末考试。这次考试十分重要，它既可以检验一学期来的复习效果，又可以查找出亟待解决的问题漏洞，还可以向学生提出新的挑战。因此，我们把它戏称为一次“小高考”。这次考试还有一层特殊的含义：它是高校招生中，保送、推荐、评选市级三好学生的重要依据。特别提醒那些学习较好的高三同学，一定要格外重视这次考试。

（2）第二阶段为全面复习阶段，从寒假到第一次模拟考试前，时间大约为四个月。

这个阶段是高三复习的最宝贵的时期，堪称复习的“黄金期”。之所以这样说，是因为这个时期复习任务最重，也最应该达到高效率的复习。学生的任务是把前一个阶段中较为零散、繁杂的知识系统化、条理化，找到每科中的一条宏观的线索，提纲挈领，全面复习。

这个阶段的复习，直接目的就是准备第一次模拟考试，“一模”是高考前最重要的一次学习检验和阅兵，是学生选报志愿的重要分数依据。“一模”成功，可以使自己信心倍增，但不要沾沾自喜；“一模”受挫，也不要灰心丧气，妄自菲薄。应该为“一模”恰当定位，在战略上藐视它，在战术上重视它。

（3）第三阶段为综合复习阶段，从“一模”结束至高考前，时间大约为两个月。

这是高考前最后的一段复习时间，随着高考的日益迫近，有些学生可能心理压力会越来越重。因此，这个时期应当以卸包袱为一个重要任务。要善于调节自己的学习和生活节奏，放松一下绷得紧紧的神经。古语云：“一张一弛，文武之道”。在此阶段，每天不必复习得太晚，要赶快调整高三一年紧张复习中形成的不当的生物钟，以保证充沛的精力。另外，这个时期不必再做过量的习题，更不应死抠难题和偏题，应该做少而精的练习。比如，花些工夫研究一下历年高考的题目，因为这些题目既是经过千锤百炼的精品，又是高考命题人意志的直接体现，可谓字字珠玑。

2. 制订具体的学习计划

“千里之行，始于足下”，在高三复习过程中，最重要的是从一点一滴做起，重视每天每周的复习安排，特别应当注意合理安排每一天的复习时间。在紧张的复习过程中，每天可供学生自己利用的时间并不多，其中最长的一段时间大约就是晚饭后至睡觉前的几个小时。能否利用好这段时间，是高三复习成败的关键。建议学生在每个晚上专攻一门到两门，抓住重点，集中精力，以争取达到较高的学习效率。

在制订计划时，要列出具体任务，然后把学习任务具体分配到每一周、每一天，再计算一下：每天可以有多少时间用于学习、学习每项内容大致需要花费多少时间。计划中一定要安排严格的、足够数量的基本功训练，力戒好高骛远。另外，千万不要贪心，要注意留出吃饭、睡觉、休息、娱乐、体育锻炼等活动时间。

一般来说，确定计划后，应该严格执行。但在学习中，还应当根据实际情况灵活安排，不可过于拘泥。在执行计划的过程中，要注意检查效果，及时调整。每个计划执行到结束或执行一个阶段后，就应当检查一下效果如何。如果效果不好，就要找原因，进行必要的调整。检查内容包括：是不是按计划去做了；计划任务是否完成；学习效果如何；没完成计划的原因是什么；什么地方安排得太紧、哪些环节安排得较松；等等。通过检查后，再修订计划，改变不科学、不合理的地方。

另外，在制订计划时还应当注意以下几点：（1）晚上一定要保证睡眠，不要熬夜，以免影响第二天的听课效率；（2）一定要保证上课时的听课质量（不要只忙着记笔记，听明白其实更重要）；（3）上课听不懂的部分应该作为当天要重点复习的内容，不积攒问题；（4）每个周末，都要把这周的知识过一遍，哪怕是简单的梳理。

为了帮助高三学生掌握更加有效的学习方法，制订更为周密的复习计划，教师可以经常组织一些同学间的学习心得交流，也可以聘请学科专家开展一些学法指导讲座，帮助学生提高自己的学习效率，具体做法可以参考第三章的有关内容。

二、时间管理

时间管理能力是影响学生学习效率和学业成绩的重要因素之一，也是每个中学生，特别是高三学生最为关心的话题之一。

管理大师彼得·德鲁克曾说过："时间是世界上最短缺的资源，除非善加管理，否则一事无成。"所谓"时间管理"，是指为了提高时间的利用率和有效性，而对时间进行合理的计划和控制、有效安排与运用的管理过程。时间管理可以帮助人们提高时间利用率，从而提高学习效率。善于驾驭时间意味着出色快捷地完成学习任务，有时间进行自我提高，生活方式丰富多彩。

研究发现，时间管理与学业表现或学习成绩之间呈正相关，善于管理时间的学生，其学习成绩普遍高于时间管理差的学生。因为缺乏时间管理会造成拖延，长期的拖延会使学习时间减少，结果造成考试成绩较差；而增加学业努力的时间会改善学业表现。实际上，只要加以训练，有效地利用时间是一种人人都可以掌握的技巧。通过训练，不少学生能够养成良好的时间管理的行为习惯，学业成绩也能够相应地得到提高。

（一）时间管理的基本原则

有效的时间管理通常需要遵循许多原则，在此，仅介绍两种与高三学习生活密切相关的原则：目标导向原则和四象限原则。

1. 目标导向原则

让我们先来看一段小文：

上初中时，老师给我们讲了一个故事：有三只猎狗追一只土拔鼠，土拔鼠钻进了一个树洞。这只树洞只有一个出口，可不一会儿，从树洞里钻出一只兔子。兔子飞快地向前跑，并爬上一棵大树。兔子在树上，仓皇中没站稳，掉了下来，砸晕了正仰头看的三只猎狗，最后，兔子终于逃脱了。

故事讲完后，老师问："这个故事有什么问题吗？"我们说："兔子不会爬树。""一只兔子不可能同时砸晕三只猎狗。""还有呢？"老师继续问。直到我们再也找不出问题了，老师才说："可是还有一个问题，你们都没有提到，土拔鼠哪里去了？"

在追求人生目标的过程中，我们有时也会被途中的细枝末节和一些毫无意义的琐事分散精力，扰乱视线，以致中途停顿下来，或是走上岔路，而放弃了自己原先追求的目标。

不要忘了时刻提醒自己，土拔鼠哪去了？自己心目中的目标哪去了？

"时间管理"所探索的是如何减少时间浪费，以便有效地完成既定目标。但在现实生活中，人们常常会"忙"得忘记了自己一开始设立的目标，等到时间一点点地流逝、原定的任务难以完成时，才会发现自己已经浪费了很多时间。因此，时间管理中最重要的原则就是“目标导向原则”。

目标，具有锚定作用，它指引着我们前进的方向，决定着我们的将来。无论是管理一生、一年、一个月、一天，还是一小时，甚至一分一秒的时间，都应当首先考虑我们的目标是什么，然后再来讨论在某个时间段里应该做什么事。

许多年前，某家报社曾做过一篇 300 条鲸鱼突然死亡的报道。这些鲸鱼在追逐沙丁鱼时，不知不觉被困在一个海湾里，报道上说：“这些小鱼把海上巨人引向死亡。鲸鱼因为追逐小利而暴死，为了微不足道的目标而空耗了巨大力量。”

因此，教师有必要提醒高三学生时刻树立目标优先意识，以免虚度时光。具体做法可以采用让学生将自己的目标以座右铭的形式贴在自己的课桌上，或是在班里开展“目标树”活动，让每个学生把自己的近期目标写在一张绿叶形的即时贴（或纸片）上，然后再把全班同学的即时贴拼接成一棵树的样子，贴在教室的宣传栏里，等等。通过这些让目标可视化的方法，来激励学生根据目标导向原则管理好自己的时间。

2. 四象限原则

“四象限原则”是美国管理学家柯维提出的一个关于时间管理的理论，他按照“重要”和“紧急”两个不同的维度，把工作分为四个“象限”：既重要又紧急、重要但不紧急、紧急但不重要、既不紧急也不重要，如图 4-4 所示。

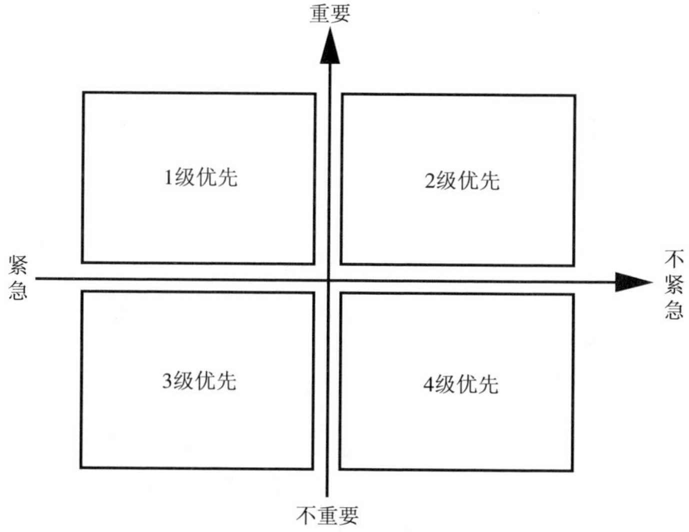

图 4-4　“时间管理四象限”图

其中，“重要的事”是指那些与目标有关的活动（即根据“目标导向原则”来确定事情是否重要），这些活动有意义、有价值，且有利于个人目标的实现；“紧急的事”是指在规定时限内，那些必须立即处理的事，这些事很急迫，不能拖延，可能比较讨好、有趣，却不一定很重要。

按处理顺序划分：先是既重要又紧急的（1级优先），接下来是重要但不紧急的（2级优先），再到紧急但不重要的（3级优先），最后才是既不紧急也不重要的（4级优先）。这里的关键在于第二类和第三类的顺序问题，必须非常小心区分。人们常犯的毛病是把“紧急”当成优先原则。其实，许多看似很紧急的事，拖一拖，甚至不办，也无关大局。另外，也要注意划分好第一类和第三类事，都是紧急的，分别就在于前者能带来价值，实现某种重要目标，而后者不能。因此，处理事情优先次序的判断依据应当是事情的“重要程度”。简而言之，就是“重要的事先做”，而不是“紧急的事先做”。

在日常生活中，一个人的大部分时间花在哪个象限上，不仅会在很大程度上影响到他的工作效率，还会在一定程度上影响到他的生活状态和身心健康，具体影响如下图所示：

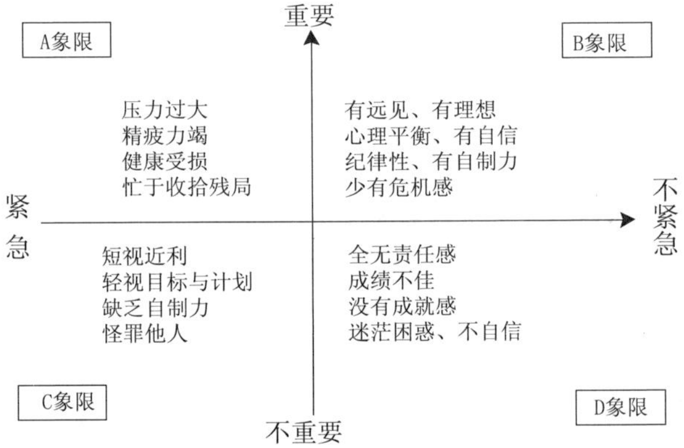

作为教师，我们可以指导高三学生根据四象限原则，合理安排自己的学习与生活，例如：

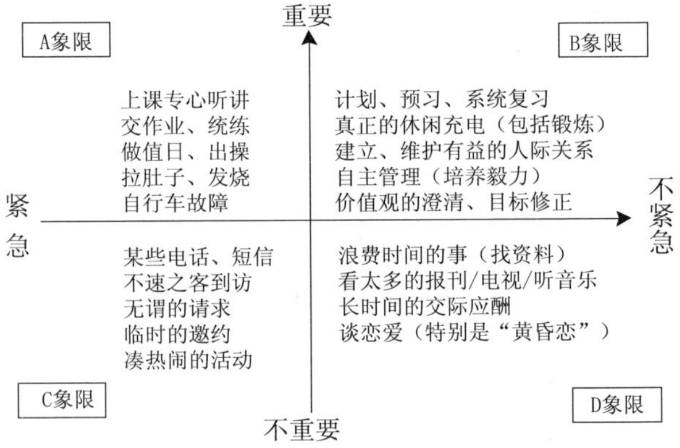

可以利用班会，组织学生定期（如一周、一个月等）回顾和讨论一下，自

己在某一阶段学习与生活上的四象限安排情况，检视一下自己在四个象限上花费的时间是否有利于个人目标的实现，特别要提醒学生在高三阶段应尽量学会“简单化生存”，就像下面提到的这位“水果达人”一样。

在日本“电视冠军”节目中，有一位水果达人，为了让果树结出最硕大、最甜美的果实，他会在果树开花后摘掉大部分的花朵，仅留下两三个花苞。“我要让全部的养分都灌注在这几个花苞上，这样自然能够结出最大、最甜的果实。”达人自信满满地说。

水果达人的秘诀非常值得我们参考。让我们想想，有这么一株小树，状似茂密，但向侧边横生出许多细小枝干。那么，如果把主树干比喻为本业工作的话，那些细小枝干就可能相当于琐碎的杂务，例如，不具意义的小事、冗长无聊的会议、徒具表面功夫的人际交往等。以“时间养分”来说，这些细小枝干与主树干是竞争者，主树干吸取的养分不足，以致无法持续向上成长茁壮。

若你将那些抢夺“时间养分”的旁枝细干大刀阔斧地砍除，所有的养分将悉数灌注在主树干上，故可使树干迅速拔高，成为顶天立地、高耸入云的大树。

（二）时间管理的方法和技巧

在介绍具体的时间管理的方法与技巧之前，先有必要帮助学生分析一下自己是如何使用时间的。

1. 了解自己使用时间的方式和状况

为了使学生易于理解和接受，建议参考以下几个活动案例来进行，具体使用时，请根据实际情况作些适当的调整和改变。

活动案例

小测试：测测你的时间管理状态

请根据你在日常的学习和生活中对待时间的方式与态度，在 A、B、C 中选择最适合你的一种答案。

1. 星期天早晨醒来时，发现外面正在下雨，而且天气阴沉，你会怎么办？

A. 倒头接着睡　　B. 在床上逗留　　C. 按照生活规律，穿衣起床

2. 平时吃完早饭后，上课之前，还有一段自由支配的时间，你会怎样利用？

A. 无所事事，根本没有考虑去学点什么，时间不知不觉地就过去了

B. 准备学点什么，但又不知道学什么好

C. 按照预先订好的学习计划进行，充分利用这一段时间

3. 除了每天上课外，对所学的各门课程，在课余时间里你会怎样安排？

A. 没有任何学习计划，喜欢学什么就学什么

B. 按照自己最大的能力来安排复习、作业、预习，并紧张地学习

C. 按照当天所学的课程和明天要学的内容制订计划，严格有序地学习

4. 每天晚上，你会怎样安排第二天的学习时间？

A. 不作安排

B. 心里或口头作些安排

C. 书面写出第二天的学习安排计划

5. 我为自己拟订了“每日学习计划表”，并严格执行。

A. 很少如此　　　B. 有时如此　　　C. 经常如此

6. 我每天的作息时间表有一定的灵活性，以便留出一定时间去应付预料不到的事情。

A. 很少如此　　　B. 有时如此　　　C. 经常如此

7. 当你学习忙得不可开交，而又感到有点力不从心时，你会怎样处理？

A. 开始泄气，认为自己能力不足，自暴自弃

B. 有干劲和用不完的精力，但又感到时间太少，仍拼命学习

C. 开始分析检查自己的学习时间分配是否合理，找出合理安排学习时间的方法，在有限的时间里提高学习效率

8. 在学习时，如果常常被人干扰打断，你会怎么办？

A. 听之任之　　　B. 抱怨，但又毫无办法　C. 采取措施防止外界干扰

9. 当学习效率不高时，你会怎么办？

A. 强打精神，坚持学习

B. 休息一下，活动活动，轻松一下，以利再战

C. 暂时停下来，转换一下兴奋中心，等到效率最佳的时刻到来，再高效率地学习

10. 阅读课外书籍时，你会怎样进行？

A. 没有明确目的，见什么看什么，并常读出声来

B. 能一边阅读一边选择

C. 目的明确地阅读，运用快速阅读法，加强阅读能力

11. 你喜欢什么样的生活？

A. 按部就班，平静如水

B. 忙忙碌碌，非常紧张

C. 轻松愉快，节奏明快

12. 你的手表或闹钟经常处于什么状态？

A. 常常慢　　　B. 比较准确　　　C. 比标准时间快一些

13. 你的书桌井然有序吗？

A. 很少如此　　　B. 有时如此　　　C. 经常如此

14. 你经常反省自己处理时间的方法吗？

A. 很少如此　　　B. 有时如此　　　C. 经常如此

评分方法：

选择 A 得 1 分，B 得 2 分，C 得 3 分；然后把各题的得分相加求和。

结果分析：

35—42 分有很强的时间管理能力，在时间管理上是一个成功者，不仅时间观念强，而且还能有目的、有计划、合理有效地安排学习和生活时间，时间的利用率高，学习效果良好。

25—34 分较善于对时间进行自我管理，时间管理能力较强，有较强的时间观念，但是在时间的安排和使用方法上还有待进一步提高。

15—24 分对时间的自我管理能力一般，在时间的安排和使用上缺乏目的性，计划性也较差，时间观念较淡薄。

14 分不善于时间管理，时间观念淡薄，不能合理安排和支配学习和生活时间，需要好好地训练，以便逐步掌握时间管理的技巧。

撕纸条

游戏的引入：

假如现在你个人的生命处于 0 到 100 岁之间，接下来我们来玩一个游戏。请准备一张长条纸，用笔将它划分成 10 等份（中间部分刚好每两列一份代表生命中的 10 年，分别写上 10、20 等，最左边的空余部分写上“生”字，最右边的空余部分写上“死”字）。

下面我给大家出几个问题，请大家按我提的要求去做：

第一个问题：请问你现在多少岁？(把相应的部分从前面撕掉)

过去的生命是再也回不来了！请把你撕掉的部分彻底撕碎、撕干净！

第二个问题：请问你想活到多少岁？（如果不想活到 100 岁的话，就从后面把那部分撕掉)

第三个问题：请问你想多少岁退休？（请把相应的退休以后的部分从后面撕下来，不用撕碎，放在桌子上)

就剩这么长了，这是你可以用来工作的时间。

第四个问题：请问一天 24 小时你会如何分配？

一般人通常是睡觉 8 小时（有人还不止呢!)，占了 1/3；吃饭、休息、聊天、看电视、游玩等又占了 1/3；其实真正可以工作的时间约 8 小时，只剩 1/3。所以请将剩下来的纸条折成三等份，把 2/3 撕下来，并放在桌子上。

第五个问题：比比看。

请用左手拿起剩下的 1/3，用右手把退休那一段和刚才撕下的 2/3 加在一起，并请思考一下你要用左手的 1/3 工作赚钱，提供自己另外 2/3 的吃喝玩乐及退休后的生活。

第六个问题：想一想。

你要赚多少钱、存多少钱才能养活自己上述的日子，这还不包括给父母、子女、配偶的哦！

第七个问题：请问你现在有何感想？

第八个问题：请问你会如何看待你的未来？

备注：完成上述游戏后，还可以对该游戏进行进一步的扩充改编，比如，把事先准备好的 1 厘米宽、100 厘米长的纸条发给每位同学。告诉大家，每个人手中的纸条代表时间，假如这个时间是一天，那就是 24 小时。每个人想一想：自己的一天是怎样度过，睡觉用了多少时间，把它撕去；吃饭、看电视、玩游戏、踢足球、聊天发呆等分别用了多少时间，把它们一一撕去，看看还剩多少时间是用来学习的？大家比一比，谁留给学习的时间最多？

时间馅饼

1. 游戏目的：指导学生学会时间管理。

2. 游戏程序

（1）发给每位学生一张事先印好的“时间馅饼图”，参见本案例结尾处的“活动材料”。

（2）教师在黑板上画一个圆圈，然后告诉学生：“这个大圆圈代表一天 24 小时（或者是一周 7 天），让我们来看看你是怎样使用自己的时间的。”

（3）请每位学生估计一下下列每项事宜（睡眠、学习、锻炼、休闲、应酬、家庭琐事、与家人共处、其他）所占用的时间，然后把自己的时间馅饼按各项的比例分割，画在自己的纸上，分割时可以采用线条，也可以用彩色笔涂出色块。

（4）等每位学生都画好自己的时间馅饼后，开始作相应的讨论，讨论主题如下：

①你对自己目前使用时间的情形满意吗？

②你觉得该怎样安排时间才算合理？

③如何才能使自己的时间安排更加合理？

4. 游戏规则

每个人都能自由地安排自己的时间，每个人对每样事情给予的时间也是不同的，开始就是要很随意地分割自己的时间，然后再集中讨论怎样安排最合理。

5. 游戏准备

（1）材料：无需特别准备，只需黑板、纸笔。

（2）时间：40 分钟左右。

6. 注意事项

教师举例时最好不要作出一个具体的示范，以免首先造成一种安排的带动，我们希望看到各种的安排，然后可以有更多、更具体的讨论与分析。学生在规划时也要认真地想清楚，而不是敷衍了事。

7. 小结提示

人生就像是一局棋，每个人最强大的对手是时间。如果动手前你犹豫不决，或者没有立即采取行动，你的棋子会被时间夺去，那么就无法达到你最想要得到的生活。同样这个游戏不仅可以用在时间管理上，还能够用在金钱、精力的合理分配上。因为时间是有限和固定的，对每个人来说也都是公平的，但是每个人怎样去安排，主动性就在自身了，所以要认真地对待游戏里的提示和讨论。

活动材料：我的时间馅饼图

我的时间馅饼

想想一年365天，一天24小时都花到哪里去了？

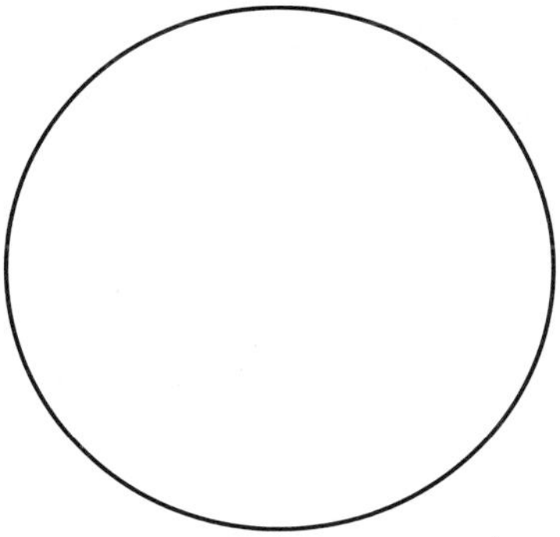

知道自己的时间都花到哪里去了吧！

想一想：

1. 对自己一天中时间的安排满意吗？理由是什么？
2. 哪一部分占的时间最多？
3. 哪一部分的时间是可以增加的？
4. 哪一部分时间是可以减少的？

做时间的主人——

不要让时间控制了自己，而要做自己时间的小主人哦！让我们改变一下，过自己理想的一天吧！

2. 学会制订学习计划（时间表）

究竟应该怎样制订计划呢？一般说来，制订计划的步骤大致如下。

第 1 步，目标视觉化，自己的 SMART 目标是什么？——写下来！

第 2 步，列任务清单，都要做些什么事情？——写下来！

第 3 步，排优先次序，先做什么，后做什么？——标出来！

第 4 步，作时间估计，每件事大概需要多长时间？——标出来！

第5步，保证灵活性，有没有预留时间给突发事件？

第6步，形成时间表，在什么时间处理什么事务？

我们可以建议学生根据这种制订计划的方法，建立几种时间表。

（1）一周作业时间表

一周作业时间表主要是根据作业的情况而不是根据可用的时间来安排的。由于它是为特定的作业而制订的，所以只适用于这一特定的星期之中。根据作业制订一周时间表，格式很简单。在一张有线格的纸上划一条横线，将它大约分成上下两半。上面一部分列入课目、作业、估计所需的时间及预定的完成日期。然后将预定完成日期和估计的所需时间作为主要因素，给每一项作业都找出足够的时间，写在一周作业时间表下半部适当的横线上面。

在一周之内，要严格遵守这张时间表，优先考虑学习时间，并时时提醒自己要做的作业，只有这样做，剩下的空闲时间才真正是空闲的。

（2）每日时间表

这种时间表最好是要一张能随身携带的，一张学生证大小的卡片正合适，可以将它放在衣服口袋或书包里，这样，需要的时候就可以随时查看。

每晚离开书桌前，先想一下第二天要上哪些课，并且有多少空闲时间，然后在一张卡片上草草写上第二天的计划：准备学习的课程、要办的事、体育锻炼、休闲娱乐以及想参加的其他活动，给每一项活动规定好时间。这样花费五分钟是非常重要的。理由有两个：

第一，把安排记在卡片上随时可以查阅，这样可以使你的脑子不会一片混乱；

第二，能将未来的一天先在脑子里过一遍，这样好像就开动了一个心理钟，使你能按照预定的时间行动。

注意，每日时间表是以时段为基础组成的，不是由小片时间组成的。给每一个题目或活动规定一段时间将保证你学习的效率最高。

3. 督促自己严格执行计划

首先，必须保证即时计划的落实。即时计划一般指日计划，即计划进行适当分解后，落实到具体每一天的任务，以及每天的即时任务构成的计划。它是非常具体的，具有可操作性，是最现实的。即时计划要服从老师的教学进度与要求，把与教学进度同步的任务优先安排，并保证完成，如果在新讲授的内容还不清楚的情况下去做其他的事情，会得不偿失，事倍功半。如果新学的内容已经得心应手，学有余力，也可以适当安排自主学习的内容。

其次，完成日计划要不折不扣。一旦计划订好以后，必须坚决执行，保证完成。不能找种种借口拖延计划的完成，必须今日事今日毕。任务不能积累，因为明天又有新的任务在等待着你。每天10道题，可以克服困难，完成任务。如果几天积累到一起，就是几十道题，似乎没有办法完成了，有时就会横下心——干脆不做！丧失了信心和斗志。

4. 掌握一些时间管理的技巧

（1）学会逆势操作

什么是逆势操作？在华尔街，逆势操作者就是当多数人都在买股票时卖股票，而大多数人都在卖股票时买股票的人；如果每个人都在观望，逆势操作者则疯狂地大买大卖。1980年，美国人肯·库珀写了一本书名相当吸引人的书：《一直左转》。这本书的要旨是：“远离高峰时刻，避免一窝蜂。”

将逆势操作运用在时间管理上，就意味着当别人没有在做某件事的时候，你就去做，这样可以省下许多等待的时间。比如，逆势操作者会在没有人排队的时候去兑现支票、采购，他们不会在周五下午去兑现支票，也不会在周五晚上进超市，而会选在晚上11点或早上六七点逛逛24小时开放的超市。在办公室里，逆势操作者会在中午大多数职员外出午餐时，使用传真或复印机。逆势操作者会在人潮涌入餐厅前或人潮散去后去吃饭，等等。后面这一点对于高三学生尤其适用。另外，也可以建议走读的学生放学后先留在学校里自习，等交通高峰过去之后再回家，等等。

（2）遵循“办公室美学”

调查表明，在日常生活中，有相当多的人由于不善整理，而把大量时间浪费在了找东西上。秩序是一种美。均匀、对称、平衡和整齐的事物能给人一种美感。简洁就是速度，条理就是效率。简洁和条理也是一种美，是一种办公室的美学、工作的美学。这一原则对于试卷和参考资料堆积如山的高三学生来说同样适用。

我们应当指导学生养成如下良好习惯：东西用毕物归原处；不乱放东西，应把文具、课本、参考书、试卷等分门别类放置；把整理好的东西编上号，贴上标签，作好登记；好记性不如烂笔头，要勤于记录。

例如，对于做过的试卷，要及时整理：需要保留的，要迅速放入文件夹，及时归档，以免弄乱或弄丢；不再需要的，要及时销毁处理掉，以免继续浪费空间和时间。在平时，可以有意识地组织学生进行一些训练，比如，利用班会时间组织学生开展“1分钟找试卷”活动，要求学生要在1分钟之内找到教师提到的某张试卷，最后，看看谁找得快，找得多，再请这些同学来介绍一下自己的经验，以此来督促和指导学生及时整理自己的学习资料。

（3）采用“莫法特休息法”

《圣经新约》的翻译者詹姆斯·莫法特的书房里有三张书桌：第一张摆着他正在翻译的《圣经》译稿；第二张摆的是他的一篇论文的草稿；第三张摆的是他正在写的一篇侦探小说。

莫法特的休息方法就是从一张书桌搬到另一张书桌，继续工作。

“间作套种”是农业上常用的一种科学种田的方法。人们在实践中发现，连续几季都种相同的作物，土壤的肥力就会下降很多，因为同一种作物吸收的是同一类养分，长此以往，地力就会枯竭。人的脑力和体力也是这样，如果每隔一段时间就变换不同的工作内容，会产生新的优势兴奋灶，而原来的兴奋灶则会得到抑制，这样人的脑力和体力就可以得到有效的调剂和放松。

高三学生也可以采用这种时间管理的方法来提高学习效能。例如，文理科交叉学习，在学习之余穿插体育锻炼，等等。特别是下课的 10 分钟一定要注意充分休息，以免影响下一节课的学习效率。

三、压力管理

压力是个体基于外界刺激所产生的一种紧张状态。压力的实质是个体面对那些自认为很难应付的情况时所产生的情绪和身体上的异常反应，是人和环境相互作用的结果，是机体的内部状态，是一种强烈的情绪和生理上的唤醒。压力的产生主要与我们的目标和目标是否实现有关。

（一）正确认识压力

有一位经验丰富的老船长，当他的货轮卸货后在浩瀚的大海上返航时，突然遭遇了可怕的风暴。水手们惊慌失措，老船长果断地命令水手们立刻打开货舱，往里面灌水。“船长是不是疯了，往船舱里灌水只会增加船的压力，使船下沉，这不是自寻死路吗?”一个年轻的水手嘟囔。

看着船长严厉的脸色，水手们还是照做了。随着货舱里的水位越升越高，随着船一寸一寸地下沉，依旧猛烈的狂风巨浪对船的威胁却一点一点地减少，货轮渐渐平稳了。

船长望着松了一口气的水手们说：“百万吨的巨轮很少有被打翻的，被打翻的常常是根基轻的小船。船在负重的时候，是最安全的；空船时，则是最危险的。当然这种负重需要根据船的承载能力界定，适当的压力可以抵挡暴风骤雨的侵袭，但如果是船不能承受之重，它就会如你们担心的那样，消失在海面。”

这就是“压力效应”。那些得过且过的人，没有一点压力，像风暴中没有载货的船，往往一场人生的狂风巨浪便会把他们打翻。而那些负荷较重的人，却并没有被风浪击倒，而是自己沉浮于忙碌的生活。

所以，我们应当首先意识到，适度的压力是有益的。因为它能为我们提供行为的动机。事实上，人在很多时候都还是有点惰性的。这时，就需要一种力量来推动我们。假如凡是会让我们产生压力的事我们都回避去做，我们又如何得到关于我们能力和潜质的证明呢？美国作家福斯迪克说得好：“蒸汽或瓦斯只有在压缩状态下，才能产生动力；尼亚加拉瀑布也要在巨流之后才能转化成电力。而生命唯有在专心一意、勤奋不懈时，才可获得成长。”

很多研究发现，适度的压力有利于我们保持良好的状态，更有助于挖掘我们的潜能，从而提高个人与社会的整体效率。比如运动员每到参加比赛，一定要将自己的压力调整到适度的水平，让自己兴奋，进入最佳的竞技状态，如果他不紧张、没压力感，则不利于出成绩。再比如考试时，适度的压力能调动我们的大脑，让我们兴奋，考出好的成绩。

但是反过来说，如果压力过大，那它也会对人产生毁灭性的破坏。有些人就因为承受不住某些压力，要么对他人造成伤害，要么自毁自己。压力其实是一把双刃剑，关键是我们如何利用它。所以不要一说到压力大家都觉得是坏事，实际上每个人都需要把自己的压力调节到一个适度的状况，面对适度的压力，人们在内心会产生一定的承受力，若能正确视之，积极应对，将及时转化为一种内在驱动力，在学习中暴发出一股强有力的前进力，在有压力的情况下可能会出现最好的学习状态，所谓“有压力才会有奇迹”。

刚才说到了一个词“适度”，这是个关键词，这个“度”怎么来把握？弗瑞德·史丹伯瑞在《生活》杂志上说：“压力将引发许多疾病，诸如癌症、关节炎、心脏和呼吸器官疾病、偏头痛、敏感症，以及其他心理和生理上的官能障碍。”其他的压力症状还包括：肌肉痉挛、肩背颈部酸痛、失眠、疲劳、厌倦、沮丧、情绪低落、反应迟钝、缺乏喜好、饮酒过多、摄食过多或过少、腹泻、痛经、便秘、心悸、恐惧、烦躁等。在日常生活中，我们可以观察一下自己的生理反应或者是情绪反应，如果出现上述一些情况，那就很可能是压力偏大了，这样的话应该想办法调节一下。

总结起来，压力水平和工作效率的关系大致如图 4-5 所示。

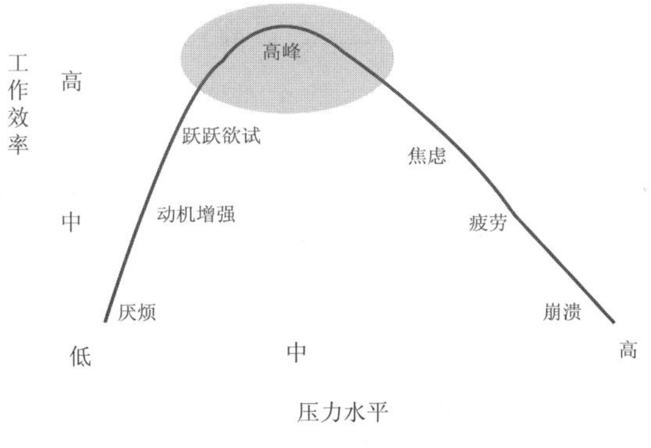

图 4-5　压力水平与工作效率的关系

（二）学会管理压力

许多高三学生都会在不同阶段出现不同程度的心理压力，当压力过大时，有可能影响到他们在学习上的自信，从而影响到行动规划的坚持执行，因此教师有必要指导高三学生学会管理好自己的压力，将其调整到一个适度的水平。

1. 了解自己的压力水平

教师可以通过一些测试活动来帮助学生客观地了解自己的压力水平和压力来源，比如下面的“学习压力自测”。

学习压力自测

请根据你最近两周来的实际情况，回答下列各题（在相应的括号里打“✓”）。

1. 常常因为出现了意料外的考题而感到心烦意乱。
——是（　　）否（　　）
2. 感觉自己不能控制自己的学习。——是（　　）否（　　）
3. 常常感到紧张。——是（　　）否（　　）
4. 常常不能应付和他人的争吵。——是（　　）否（　　）
5. 常常觉得自己不能面对学习中的变化。——是（　　）否（　　）
6. 对自己没有信心。——是（　　）否（　　）
7. 感到成绩不是像自己希望的那样发展。——是（　　）否（　　）
8. 发现自己很难完成一些必须要做的任务。——是（　　）否（　　）
9. 不能控制自己去不停地烦恼。——是（　　）否（　　）
10. 觉得自己很失败。——是（　　）否（　　）
11. 发现很多事情自己已无法控制，因此很烦恼。
——是（　　）否（　　）
12. 常常惦记一些自己必须完成而未完成的任务。
——是（　　）否（　　）
13. 不能控制地消磨时间。——是（　　）否（　　）
14. 发觉自己积累了一堆难以解决的难题。——是（　　）否（　　）
15. 有些场合（考试、被提问）给你压力，你想逃避。
——是（　　）否（　　）
16. 发现自己最近因为一些很小的事情而愤怒或沮丧。
——是（　　）否（　　）
17. 发现自己很难忘记一些烦心的事情。——是（　　）否（　　）
18. 父母责备你的学业时，你不愿争吵，自己压抑自己。
——是（　　）否（　　）
19. 经常莫名其妙地难过或郁闷。——是（　　）否（　　）
20. 在任何科目的学习上都难以完全投入。——是（　　）否（　　）

结果统计：“是”计1分，“否”不计分。看看你得了多少分？______分。

0—6 分：你能应付自己的压力，有时候可能也会有烦恼，但是你处理得不错。

7—14 分：有轻度的压力，但是你能处理很多遇到的问题和烦恼。可以尝试学习一些压力缓解的方法。

15—20 分：你有可能过于紧张、不安。别担心，学会调节自己会帮助你更好地面对学习和生活！

这个小测试虽然有些简单，但是它可以帮助每个学生大致了解一下自己目前的压力水平，以确定是否需要作些改变，以及时调整自己的心理状态。另外，教师，特别是班主任，还可以通过分析全班（或全年级）的测试数据，了解学生整体的压力水平，以确定是否需要进行有关的心理干预。除此之外，还可以通过分析全班学生在每道题目上的作答情况，初步了解学生主要的压力来源。比如，某位教师通过“一模”后本班学生在该压力测试上的数据分析，得到以下一些结果：

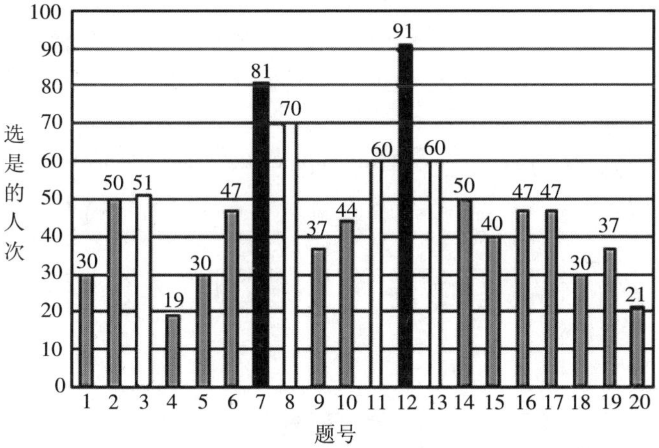

其中，横坐标代表题号，纵坐标代表选择“是”的人次，直方图中的数值代表本班中在该题上选择“是”的人所占百分比。从图中可以看出，选择第 12 题（常常惦记一些自己必须完成而未完成的任务）和第 7 题（感到成绩不是像自己希望的那样发展）的人最多，这提示教师，在“一模”之后，本班学生在心理上已经出现了“高原现象”，亟需相关的指导和鼓励。

2. 学会把压力转化为动力

教师不妨和学生分享以下一些调节压力的要点。

（1）正确面对高考竞争。它是人生众多挑战中的一种，需要我们全力以赴，但它远远不是生活的全部。

（2）正确看待自己。认识到自己的实力和差距，给自己确定一个力所能及的目标，并学会将目标逐级分解，让自己经常处于目标不断实现的成就感中。

（3）积极实行自己的计划，把注意力放在“你能做到的事”上，而不是为不可知的结果担忧。只要坚持下去，努力学习的结果不仅仅是学业的进步，更多的是将获得学习的信心，知道自己能够坚持学习并且能够取得进步，这才是长久消除学习压力的方式，也是获得学习动力的途径。

（4）主动与同学沟通，或帮助别人，获得积极的情感交流。压力会因为交流而得到有效释放，而信心也会因交流而得到重建。通过沟通，会发现大家都用什么样的方法来缓解压力，也可以找老师、家长谈谈心，或者找你所信赖的朋友或者心理咨询人员来诉说一下你的感受，将会直接减轻你的压抑感，并且有益于你客观、冷静地思考和计划。

（5）学会正面思维，让微笑常挂脸上。爱默生曾经说过：“心理健康的一个重要标志就是要懂得凡事都往好的方向看”。因为乐观的心态会增强你的判断力，这是人们常说的“好运”的根源。

（6）坚持锻炼身体。运动，比如跑步，也是一种有效的释放压力的方式，它能使我们更健康，并且有利于消耗掉多余的肾上腺素，而肾上腺素能够引发压力和伴随而来的焦虑。

（7）在长时间的学习过程中，不妨安排一些短时间的放松。比如说，讲一个小笑话，或者是听一些小相声，或者听一些轻音乐，这样可以使我们身心放松。

除此之外，教师还可以采用下面一些活动来帮助学生管理自己的压力。

活动案例

1分钟鼓掌

1. 活动目的：信心激励

2. 活动程序

（1）先请每位学生估计一下，自己在一分钟之内能够连续不断地快速鼓掌多少次（要求必须拍出声响），并把自己的“目标”大声说出来。

（2）教师计时，让学生在1分钟之内快速鼓掌。

（3）请每位学生说出自己实际鼓掌的次数是多少（绝大多数的人都会超过自己的目标，除非一开始目标订得太高）。

（4）讨论与分享：这个活动让你联想到了什么？你现在的感觉如何？（通过讨论引导学生认识到“人的潜力是很大的——一切皆有可能”、“要想知道自己的潜能到底有多大，需要我们全力以赴！”，等等。）

数字游戏

1. 活动目的：帮助学生正确认识学习过程中的“高原现象”，树立信心。

2. 活动材料：连数字游戏材料（每人8张），空白学习曲线图（每人1张）。

3. 活动程序

（1）发给每位学生一沓（共8张）印有“数字游戏”的纸质材料，要求背面向上放在桌子上。

（2）请学生将最上面的一张纸翻过来，告诉学生：“这是一个挑战你的手眼协调能力的小游戏，请在1分钟之内，将纸上的数字按照从1到60的顺序连接起来，可以用直线，也可以用曲线，但必须按照数字的顺序连接，不允许跳过某个数字后再连接”。

（3）教师计时，学生开始连数字，1分钟之后，宣布“时间到”，请学生在纸的左上角写上“1”（代表第一次），在纸的右上角写上自己连接到的最后一个数字，比如“19”。

（4）依次完成剩下的7张材料（与第一张完全相同），方法同上。

（5）发给每位学生一张空白的学习曲线图，请学生将自己第1张至第8张的成绩（每次连接到的最后一个数字）填在表中相应的位置上，并把8次的成绩连接成线，从而得到自己的“学习曲线”。

（6）分享和讨论：为什么经过多次练习之后，成绩并没有直线上升，而是出现了停滞或下降现象呢？当游戏过程中出现这种现象时，你是怎样调节自己的？这个游戏对你的学习有什么启示吗？

（7）教师展示“常见学习曲线图”，讲解“学习高原现象”及其成因，并引导学生进一步讨论如何调节自己，以便尽快走出学习高原。

常见学习曲线图

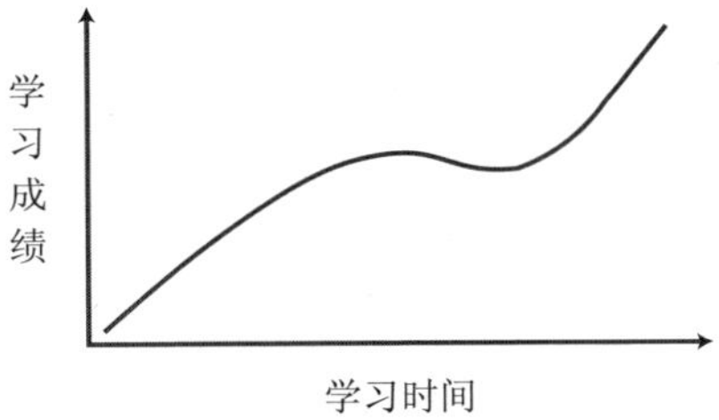

（8）教师提问：尽管出现了学习高原，但是与第一次相比，自己最后一次的成绩是不是有了明显的提升？（鼓励学生只要继续坚持，就一定能超越自己，取得成功。）

连数字游戏所用材料：

空白的学习曲线图：

学习曲线

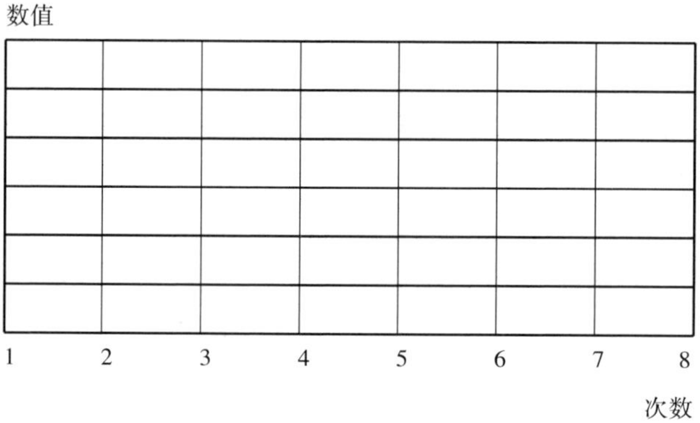

托笔实验

1. 活动目的

(1) 让学生体验坚持所需要的耐心和毅力，培养学生的意志力。

(2) 让学生认识到意志力的培养要从小事做起。

2. 活动程序

(1) 全体同学分成10人左右的小组，每组围坐成一圈，每个人的右臂伸直向胸前平举，右手轻握成拳，并托住一只笔，身体尽量保持不动，坚持15分钟(教师可根据学生实际情况选择时间长短)，看谁能坚持到最后，注意不能让笔掉下来。

(2) 团体分享

①当时间过了一半的时候，你有什么感受？

②当你坚持到最后的时候，你有什么感受？

③在坚持的过程中遇到了哪些困难？你是如何克服的？

④你觉得这个游戏对你的学习与生活有什么启发？

3. 注意事项

（1）教师本人最好也参与这个游戏，和学生一起体验，给学生树立一个榜样。

（2）游戏过程中，为了打发难挨的时间，教师可在学生举手的时候播放一些激励性的歌曲或音乐，或者鼓励他们喊一些能够激励自己的口号等。等时间到的时候，教师要给那些坚持到最后的同学以鼓励，此时游戏还可继续做下去，可把时间再拉长一分钟，看还有哪些同学能坚持。若有些同学能坚持到最后，教师应当在全班同学面前大力表扬，以鼓励他们的耐力和毅力。

（3）教师可以介绍一些积极暗示的方法，比如，对自己说“再坚持一下！”

背后的祝福

1. 活动目的：信心激励，通过“背对背”的积极评价和鼓励，帮助学生树立自信心。

2. 活动道具：A3 白纸（最好硬一些，每人一张），大头针（或别针）若干，背景音乐（最好是一些励志歌曲）。

3. 活动场地：以室内为宜。

4. 活动程序

（1）宣布活动规则：每个人一张白纸，在纸的最上面一行写下自己的姓名和对留言者说的一句话，大家相互帮助用大头针把白纸固定到自己的后背上。

（2）接下来大家在同学的后背上写留言（不用署名），留言内容：

①写出这个同学在你眼中最大的优点是什么；

②即将高考了，你想送给他什么样的祝福；要求尽量能够给每位同学都写到。

（3）30 分钟之后，教师示意大家停下，同学们再次围坐一起，拆下背后的白纸，看看同学们对自己背后的评价。

（4）团体分享“背后的留言”：

①你有没有看到自己潜在的优势或特长，可能你从未注意，而在别人的眼中可能是那么的明显？

②这个游戏还带给你哪些其他的感受？

5. 注意事项

（1）在写之前，教师最好要强调对待这次活动的态度：真诚、客观、负责。

（2）在不同的班级，活动气氛可能会有所差别。如果班级内部同学关系融洽，做这个活动应该会取得非常好的效果。

十巧操

手掌和手背上有许多经络的起始部位，含有很多重要的穴位，因此，进行手部锻炼可以达到强身健体的目的。下面是健康在我手——十巧操运动，练习方法参见相关图片。

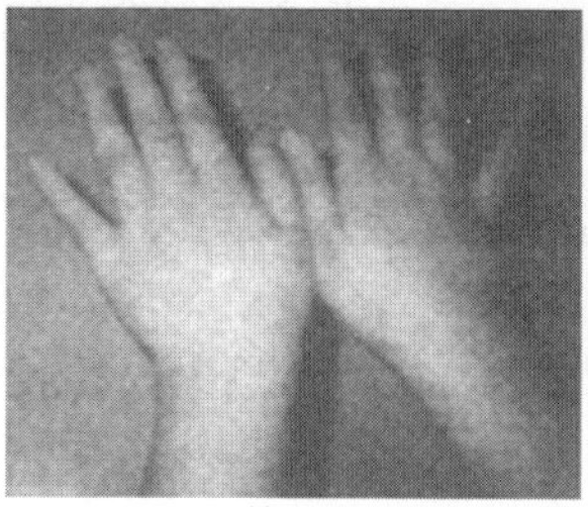
第一节

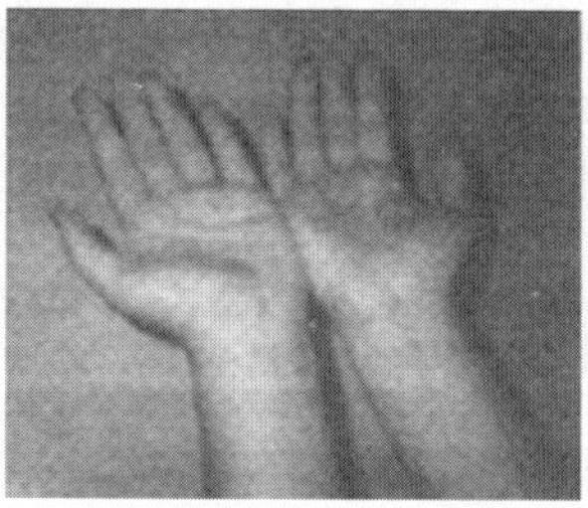
第二节

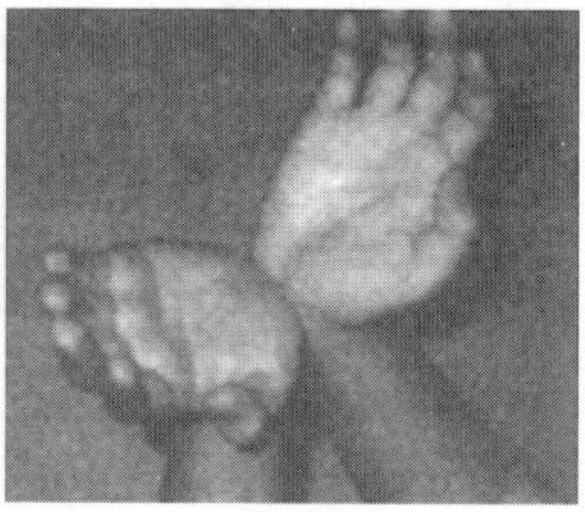
第三节

第一节：双手前伸，手肘微屈，掌心向下，大拇指内缩，平衡互相打击侧面20次。

第二节：双手前伸，手肘微屈，掌心向上，平衡互相打击侧面20次。

第三节：双手掌心向上，手掌相对，以手腕互相打击20次。

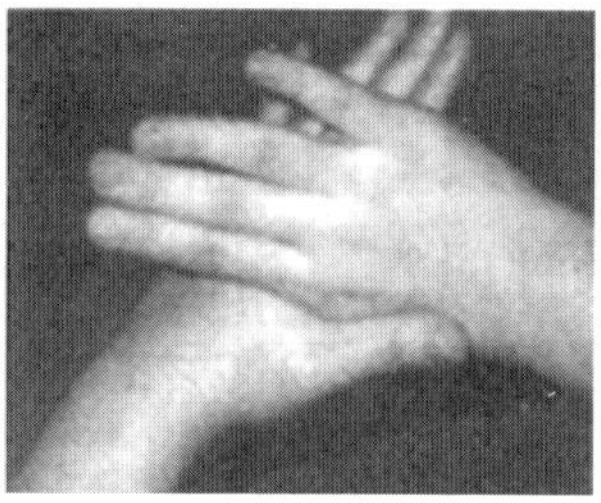
第四节

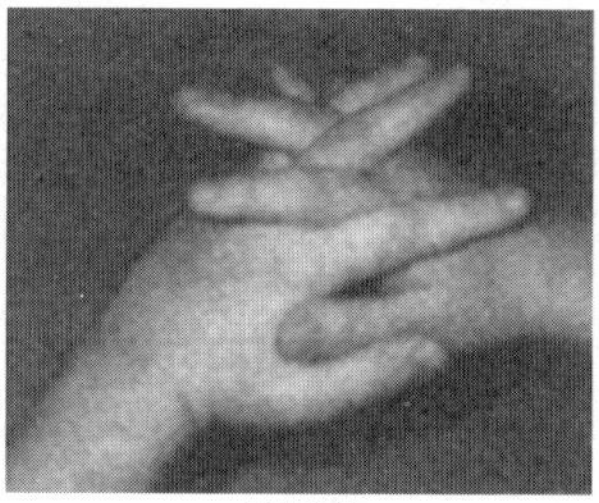
第五节

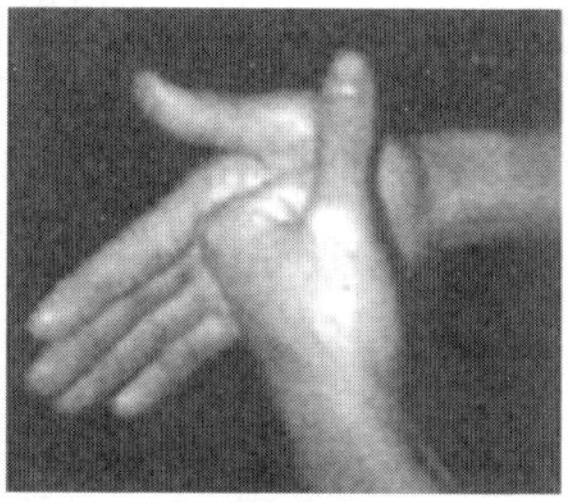
第六节

第四节：双手掌心向下，食指与大拇指展开成90度，左右手虎口互相交叉打击20次。

第五节：双手掌张开，十指互相交叉打击20次。

第六节：左手掌握紧，右手掌面向左手掌头伸直，互相打击20次。

第七节：右手掌握紧，左手掌面向右手掌头伸直，互相打击20次。

第八节：右手掌心向上，左手掌心向下，以手背互相打击20次。

第九节：双手大拇指、食指分别捏住左、右耳垂，向下拉动20次。

第十节：左右手掌心互相紧擦6圈至微热，双手掌心轻按双眼，眼球左右转6次；双手再搓热，轻合双眼共6次。

结束动作：完成上述动作后，此刻的手掌心发热，全身血液循环畅顺，用发热的手掌心从头上沿着脸部做几次轻抚，或轻抚颈椎等部位，体会一下放松的感觉。

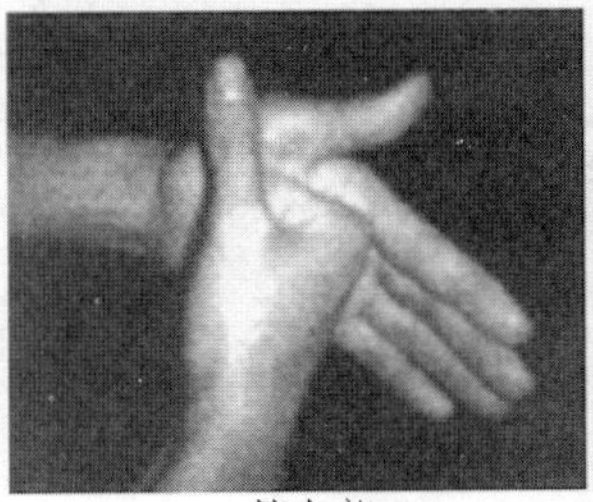
第七节

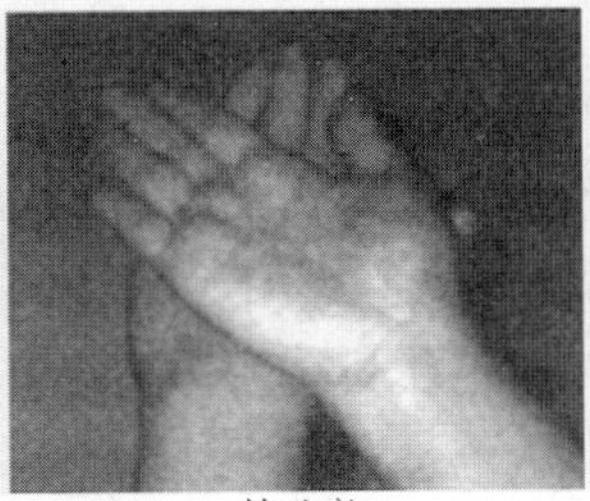
第八节

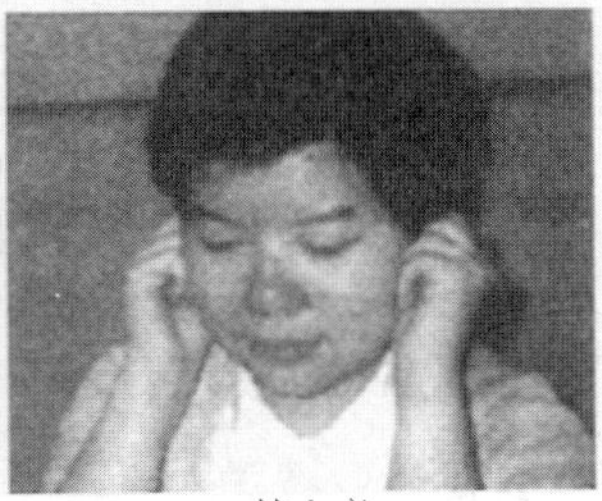
第九节

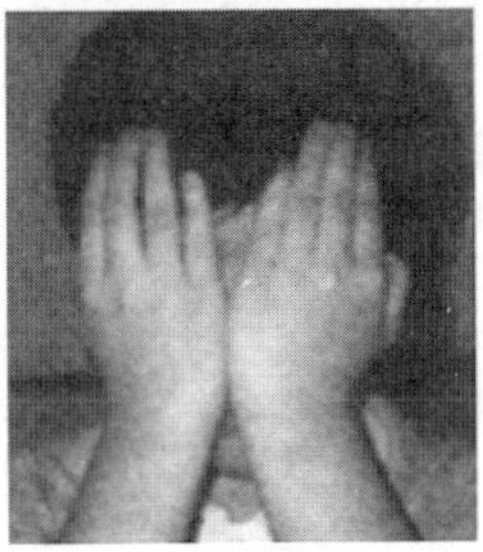
第十节

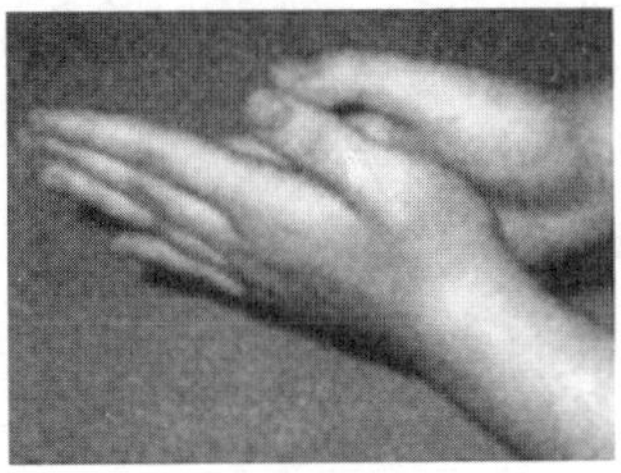
结束动作

【问题与思考】

1. 影响职业与专业选择的个人因素有哪些？
2. 影响职业与专业选择的环境因素有哪些？
3. 建立目标金字塔的步骤、原则和方法分别有哪些？
4. 高三学生在制订和执行学业行动规划时应注意哪些问题？
5. 学校应如何发挥家长在高三学生生涯规划活动中的作用？

第五章　历练舞台

【本章提要】

高中生活阶段就是一个历练的舞台。对于学生来说，心有多大，舞台就有多大。对于学校和老师来说，舞台有多大，精彩就有多大。因此，为学生搭建校园生活的精彩舞台，使之成为展示学生才华的舞台，更成为使学生开阔视野、提高素养和增长才干的历练的舞台。

第二章至第四章从高中三年不同年级学生成长历程的角度论述了高中生涯规划的主要内容，本章主要从校园活动的角度论述学校和教师在高中阶段可以为学生的发展创造良好的条件，为学生搭建各种历练的舞台。在高中开展生涯规划，还包括开展理想信仰教育和爱国主义教育，引导学生进行兴趣发现和自我探索，同时不断提高学生的综合能力。同时使高中学生树立自主参与和“我的舞台我做主”的观念，使学生在历练中获得自信，提升自我。

【学习重点】

1. 了解理想信仰教育、爱国主义教育的重要性，掌握开展这些教育的活动形式。

2. 了解为学生提供兴趣发展平台的方法。

3. 了解高中学生综合能力的具体内容，掌握高中学生综合能力培养的一些方法。

第一节　追寻理想和爱国担当的舞台

理想信仰教育和爱国主义教育是高中生涯规划的重要内容，在度过高中三年生活和进行未来选择时，有理想信仰和有爱国主义情怀的高中生一定会有更多的责任感和时代担当。

一、理想信仰教育，为未来指引方向

（一）理想导航人生

理想对人生有巨大的导向和激励作用。一个人必须有自己的生活理想、职业理想、人生理想，才能成为一个独立的人。“求其上者得其中，求其中者得其下，求其下者无所得”，没有理想的人生很容易随波逐流，碌碌无为。当代青年的理

想也影响着中国未来的发展和中华民族复兴的实现。

中学阶段是确立人生理想的重要时期，因此，确立人生理想就是高中生生涯规划的重要内容。在高中三年不同阶段的学习生活中，学生的生涯规划过程也就是不断确立并实践着自己的学习目标和能力发展目标的过程，在此过程中学生会结合国家社会发展的需要，将小我融入社会，不断地社会化，不断地明确自己的人生方向，树立人生理想，并为追寻理想而不断努力。同时，学生也在生涯规划的过程中不断明确、调整并确立自己的人生理想。

在生涯规划的过程中，在校园中营造追寻理想的校园文化，用理想的光芒让学生产生积极向上的心态，比如在环境布置上张贴追寻理想、坚持不懈的名人名言，进行名人传记阅读活动，参观博物馆、知名企业等，开展“梦想成就人生”、“我的理想我做主”、“仰望星空脚踏实地”系列主题班会等。学生们也会在老师家长的鼓励中培养自信和成就感。一句看似不经意的话，一个鼓励的眼神，往往能使学生产生内心的力量和自我发展的动力。比如有一位老师在高考两个月前的一个周末下午，带全班学生在学校操场上放风筝。当风筝飞起的时候，学生们释放的是高考的压力，放飞的是希望和梦想。这位老师的行动不仅起到了润物细无声的效果，还体现出了一种深深的人文情怀。

案例　　两只杯子

——理想、奋斗、成功

开学初，老师拿来两只杯子，里面装满了泥土。老师要同学们把杯子放在窗台上，每天轮流给它们浇水。

两个星期后，其中一只杯子的泥土里冒出了两片细细的嫩叶，学生把这个消息告诉了老师。

老师问学生：“你们同时给两只杯子里的泥土浇水，同时为它们付出了辛劳和汗水，为什么一只杯子里长出了新叶，而另一只杯子里却什么也长不出来呢?”

学生确实不知道里面有什么奥妙。老师接着说：“那是因为我在其中一只杯子里埋入了一粒种子，另一只则没有。”

第二天，老师又拿来两只杯子，里面也装满了泥土。这次，老师要学生们轮流只给其中的一只杯子里浇水。

两个星期后，那只浇水的杯子里冒出了新叶，而另一只没有浇水的杯子里却什么也没有长出来。老师说：“在这两只杯子里，我各埋入了一粒种子，为什么浇水的那只冒出了新叶，而没有浇水的那只却没有呢?”

同学们各抒己见，最后老师总结说：

“在第一次播种和浇水的过程中。一粒种子就代表着生命的理想、信念和目标。那个没有种子的杯子就意味着生命没有理想、信念和目标，这说明如果生命没有理想、信念和目标，就是付出再多的辛劳和汗水，生命也不会有收获。

“在第二次播种和浇水的过程中，两个杯子里都播下了种子，都代表着生命的理想，但生命仅有理想、信念和目标是不够的，还要懂得为它付出，没有辛勤汗水的浇灌，就是再好的‘种子’，再好的理想、信念和目标，也只是海市蜃楼、空中楼阁，永远成不了现实。

“所以，播下一粒种子，并持续地为它辛勤浇灌，就像播下生命的理想，并不断地努力去追求理想，让理想真正成为现实。”

（二）信仰是一种力量

信仰，是人类的一种信念和坚持，是人们对世界观、人生观、价值观的持有和选择，是内心的充实。英国 19 世纪著名的社会改革家塞缪尔·斯迈尔斯在《信仰的力量》一书中写道：“能够激发灵魂的高贵与伟大的，只有虔诚的信仰。在最危险的情形下，最虔诚的信仰支撑着我们；在最严重的困难面前，也是虔诚的信仰帮助我们获得胜利。”

信仰教育也是高中生生涯规划的重要内容。一个有信仰的人，常常能够感受信仰给他带来的愉悦感、充实感和动力，从而使生命充满激情和诗意，从而超越生命的种种界限，克服生活的重重困难，通过成长中的一次次考验，一路向前。信仰教育关乎学生品格的养成和价值观的形成，比如对真善美的相信及对奋斗的坚持，信仰是学生成长时的方向和动力、成功时的提醒和失败时的激励。

作为高中生生涯规划的重要内容，信仰教育主要包括生命教育、人生观价值观教育、社会主义核心价值观教育三方面内容。

1. 生命教育

高中生生涯规划的基本观点是对自己负责任，生命教育引导学生关怀终极价值，关怀生命。既关怀个人生命，又关怀人类生命；既重视生命的物质价值，又重视生命的精神价值；既关注生命存在的价值，又关注生命的创造价值。

生命教育通过生命价值教育、安全教育、青少年自我保护教育等内容帮助学生更好地理解生命的意义和生命的精彩；帮助学生学会对自己的生活进行规划，提高抗挫折的能力，培养高中生健康的人格和心理；帮助学生提高自我保护的意识和能力。

2. 人生观、价值观教育

高中生生涯规划的基本目标之一是让学生在生涯规划的过程中树立健康的人生观、价值观。一个人的人生观和价值观大多形成于青年时代，也就是从初中到大学的这几年，而高中阶段正处于一个承上启下的重要时期，学生在这个时期接触、辨别不同的价值观，从而形成正确的人生观价值观，有助于其健康人格的形成。

高中阶段的人生观、价值观教育主要包括以下几个方面内容：诚信教育，感恩教育，责任意识，集体主义价值观，公益意识（志愿服务的意识），对多元文化的理解、尊重和包容，等等。

（1）诚信教育。有的学校在考试前推行申请无监考班的活动，一旦给了学生自主权，作弊的现象反而减少了。有的学校在校内设立“诚信水站”，学生在水站自觉投币就可以拿走一瓶水。

（2）责任教育。当代学生的权利意识增强了，同时需要强化义务意识，培养责任意识。包括对自己的责任，即珍惜生命发展自我的责任；对家庭的责任；对他人和社会的责任；对国家发展和民族复兴的责任；对环境的责任，正确看待处理人与自然的关系，树立生态价值观。

（3）公益意识的培养。学生们通过成为志愿者和参加公益活动，甚至亲自组织公益活动使公益服务常态化，极大增强了公益意识。比如组织学生参加敬老院服务，陪伴老人，为老人带去温暖和欢乐。

（4）对多元文化的理解、尊重和包容。正如 2008 年北京奥运会提出的口号是“同一个世界，同一个梦想”，21 世纪的世界已经是全球化的时代，不同文化之间的交流越来越频繁，学生可以通过关注多元文化、与友好学校同学的交流增加对多元文化的理解、尊重和包容。

作为高中生生涯规划的基本目标之一，高中阶段的人生观价值观教育应当引导学生关注社会，开阔视野，通过对人生观、价值观的讨论来帮助学生明确正确的价值观，并学会辨别错误的价值观。可组织开展时事关注活动及关于价值观的讨论。例如，从丈夫伪造医保为妻透析维持生命的新闻中讨论情与法，从主题为“价值拍卖”的班会中体验价值获得和珍惜的过程。

学校在开展各种活动的同时还应多关注互联网对人生观价值观教育的重要影响。QQ 空间、贴吧、人人网、微博、班级论坛已经成为学生们课后和假期交流的重要平台，很多老师也参与其中，不仅了解了学生的思想，还增进了师生间的交流和理解。

3. 社会主义核心价值观教育

高中生生涯规划的过程中，学生会逐渐树立社会化的观念，也需要了解社会主义核心价值观。社会主义核心价值观是指坚持马克思主义指导思想，坚持中国特色社会主义共同理想，坚持以爱国主义为核心的民族精神和以改革创新为核心的时代精神，坚持社会主义荣辱观。

在全球化、网络化的时代，现代传媒高度发达，改革开放带来效率、公平等价值观念的同时，也带来了个人主义、利己主义的价值观。随着中西文化不断交融，西方价值观念、意识形态的输入，再加上某些西方国家推行文化霸权主义，增加了青少年成长过程中的不利文化影响，因此，坚持社会主义核心价值观，是高中生生涯规划的重要内容。

一方面，可以通过高中政治历史课程使学生学习理解中国特色社会主义理论体系，引导学生全面看待国家民族的发展过程。另一方面，在高中开办中学生业余党校也是十分重要的途径。开办业余党校可以使学生系统地学习党的基本知识和我国国情，并通过讨论、实践活动等多种形式加强对中国特色社会主义道路的认知和实践，不仅对于加强中学生关于党的知识的教育和理想信念的培养至关重要，更是为党组织培养输送优秀建设者和接班人的有效途径。

案例

中学生业余党校

高中开办中学生业余党校要将理想信念教育与提高学生综合素质教育相结合，有稳定健全的组织机构，完善规范各项制度，建设稳定的、有专业功底的多领域的师资队伍，教学计划、学习资料和活动方案详尽完整，有固定的实践教育基地，保障教育效果，并逐步摸索自己的办学特色。

在组织机构方面，中学生业余党校由校党委统筹规划部署，校团委组织实施，由校党委书记担任党校校长，校德育副校长担任党校副校长，校团委书记担任党校办公室主任，共同构成党校校务委员会。又下设教学处和组织处，聘请党委书记、校长以及校内外优秀党员教师和党务工作者担任党校主讲教师，形成了党政工团分工负责、齐抓共管的组织管理机制。每学期召开一次工作会议，听取团委书记党校工作报告，并对党校常规管理、教学计划等工作进行研讨和沟通，推进党校工作的稳定发展。

中学生业余党校要有一整套完整可行的管理和考核制度。通过《中学生业余党校工作条例》、《中学生业余党校管理办法》、《中学生业余党校结业考核标准》等制度和准则以及建立详细的学员档案，对每一期党校学员严格把关，规范管理，保证党校工作的制度化、规范化，确保学员培养的质量。

在教学内容方面，中学生业余党校的讲座和社会实践内容要做到三个结合，即理想信念教育与提高学生综合素质教育相结合，集体教育与自我教育相结合，课堂教学与社会实践相结合。认真制订并合理安排教学计划，以纪念改革开放30周年、建国60周年、建党90周年、党的十八大等重要历史时刻为契机，根据党建理论创新成果和全面拓展学员素质的需要，不断丰富教学内容，体现时代特色。

在教学方式上，中学生业余党校注重根据学生的认知水平和特点不断创新，采用讲座、讨论、研究性学习、小组评议、知识竞赛和社会实践等多种方式，注重教学互动，调动学生积极性，启发学员积极动脑、认真思考，运用多媒体教学和网络平台丰富教学内容，通过各种社会实践活动培养学生理论联系实际的能力，以达到良好的教学效果。

具体来说，每期党校应包括正式的开学典礼和结业仪式，组织6次以上集体授课、2次以上学员讨论、2次以上社会实践活动和1次党史知识竞赛或拓展活动。

集体教学的内容主要包含三个方面：

第一方面是讲授党的基本理论。比如，以“党的基本知识和青年发展”、“共产党的宗旨”、“共产党员应有的世界观”等主题对学生进行理论指导。

第二方面是随着党建理论创新成果的产生和在特殊的历史时刻举行专题报告，并请经济、政治、外交、国防等各领域的专家来授课。比如，以“新时期党的执政能力建设”、“十八大报告解读”、“追忆长征”、“改革开放30年”、“祖国60年”、“建党90年”等为主题，结合时事进行讲座，通过不同领域专家的引领为学员们打开广阔的视野。

第三方面是结合本校实际进行学校文化方面的专题报告，充分挖掘身边的优秀共产党员老师和学生代表，请已经入党的优秀校友返校与学生进行交流。

学员自我教育与同伴教育也十分重要，可由学生组织学习小组对科学发展观、社会主义核心价值体系等内容进行学习和展开讨论活动，学员以“作为中学生怎样从思想上和行动上积极向党组织靠拢”为主题展开讨论，党校学员优缺点自评与互评，观赏爱国主义影片并交流，开展党史知识小组竞赛，等等。

此外，还可以编印若干学习资料，并向学员们指定部分学习书籍，如《共产党宣言》、《论共产党员的修养》、《党章》、《十八大报告》、《六个为什么》、《七个怎么看》等。也可以组织观看有教育意义的影片，如《紫日》、《南京大屠杀》、《建国大业》、《建党伟业》，以及电视剧《人间正道是沧桑》等。

实践教育的形式丰富多彩，例如，学员采访身边的优秀共产党员，实地参观革命烈士陵园和抗日纪念馆，参观博物馆，参加春季植树等公益活动，通过走进社会的调研活动增强对社会生活的了解和理解，还可以利用本地和本校的各种教育资源，设计具有本地和本校特色的理论和实践活动，并开发本校的社会实践基地。

二、爱国主义教育，让成长更有担当

“为什么我的眼里常含泪水，因为我对这土地爱得深沉。”艾青的诗句仍然能激发我们的深深情怀。英国作家萧伯纳说过，“爱国主义就是你确信：这个国家比所有其他的国家都要出色，只因为你生于斯”。这个说法也许并不准确，但在诠释希望国家好、国家强的那份情感上，又是确切的。

爱国主义是中华民族精神的核心，爱国主义教育是高中生生涯规划的重要组成部分。在新的时代，面对90后的年轻人，高中爱国主义教育包含哪些内容，又需要采取什么样的方式呢？

爱国主义教育不是抽象的，而是具体化的，爱国主义作为情感、理智和行动三者交融的有机整体，是爱国之情、强国之志和报国之行的统一。真正触发了学生深刻爱国情怀的教育和学生在一定情境下自然生发出来的爱国主义情怀才是真诚的。在高中生涯规划过程中，通过中国历史教育、国情教育、国防教育、优秀传统文化教育、公民道德教育等来激发学生的爱国情感，使学生树立爱国意识、忧患意识，从而激发学生为祖国而努力学习工作、维护国家利益的社会责任感和历史使命感。

近些年，国内高中与国外高中的交流日益增多，学生们与不同国家青年人之间的交流日益深入，学生们的视野也在不断扩大。以下摘录一段学生的文章——

今年1月底2月初时，我校组织的三组交流生分别赴法国巴黎，美国华盛顿特区和夏威夷檀香山交流访问。我们的旅程充实而富有意义，不仅拜访了当地名胜，更是吃住在当地接待交流生家庭中，并与当地同学共同上课，成为当地学校的热点。文化的碰撞与交融在我们眼前铺开，在年轻时多去远方走一走，总会有良多收获。

我与我的另外八个同学和两位老师一同在华盛顿展开了两周的访问行程。美国人民的乐观自信，当地环境的清洁为我们留下了深刻的印象。在当地波多马可（Potomac）学校的最后一晚，我在依依惜别的众人前发表了我此行最深的感受。我用英语说："我们来到这里，并非是寻找我们之间的差异，而是寻找我们的共同点。在这里，我发现我的家庭与我的接待家庭有那样多的共同点，我们两个国家有那样多的共同点。而这其中最重要的共同点，就是我们都以开放的胸襟拥抱世界，我们对外界的世界充满好奇而非防备。那是因为我们的自信。因为我们都拥有辽阔的国土、富有创造力的人民和充满光辉的历史，我们都热爱自己的国家。而只有这样，我们才能以那种自信的目光认识世界。"发言结束后，我的美国朋友纷纷上前与我握手，我们为我们之间拥有的共同的感受而感到无比的欣慰。

……

回国后，我常常想，当前乃至未来的中国，已然在经济上站立起来，而在更多方面，比如文化上，我们也需要更多的开放与自信。唯有认识外界，才能重新发现自己。也唯有发现自己，才能自信地在世界舞台上发出中国的声音。让我们共同努力成为引领下一个时代潮流的世界公民。

在字里行间，我们能看到当代中国青年的自信和担当。当代青年有自己的开阔视野和独立思考。所以用灌输的方式和单纯的说教进行爱国主义教育显然事倍功半，不可能取得很好的效果，还可能会损害教育者在学生心中的形象。具体来说，进行爱国主义教育有以下三个途径。

（一）抓住教育契机，紧扣爱国主题

进行爱国主义教育是高中生生涯规划的重要内容，而抓住教育契机往往会事半功倍。比如2008年北京奥运会成功举办、纪念建国60周年、纪念五四运动、纪念建党90周年、2012年“神州九号”飞船成功升空、纪念一二·九运动、抗震救灾等都是比较好的教育契机。

（二）继承传统与创新发展相结合

爱国主义教育传统的方式有宣传栏、主题班会、报告会、优秀影片观影、参观爱国主义教育基地等，在此基础上还可采用更多创新的方式，比如纪念“一二·九”革命短剧演出、端午节诗会等。

（三）实践中进行体验式教育

行胜于言。爱国主义教育中实践应与理论并重。寓教育于实践体验中，充分利用爱国主义教育基地，进行实地参观访问。例如，有的学校在开展中学生业余党校工作中，带学员参观西柏坡、雨花台等爱国主义教育基地，都收到了非常好的效果。

案例

纪念“一二·九”革命短剧演出

1. 活动背景

1935年的12月9日，北平（北京）大中学生数千人在中国共产党的领导下举行了抗日救国示威游行，反对华北自治，反抗日本帝国主义，掀起全国抗日救国新高潮，史称“一二·九”运动。这是中国共产党领导的一次大规模学生爱国运动。

2. 活动意义

开展纪念“一二·九”运动的相关活动是非常好的爱国主义教育，比如举行纪念“一二·九”运动革命短剧演出就是一种非常好的活动形式。同学们通过亲身参与革命短剧的编剧、排练和演出，再现我国革命和建设的伟大历程，在准备演出的过程中也可以深刻了解中国革命和时代发展的历程，从而激发学生的爱国主义情感和自强不息的民族精神。

3. 活动过程

演可分为追忆—礼赞—祝福三大篇章。第一篇章中主持人用深情的朗诵追忆中国的近现代历史和建国以后中国发展的历程。第二篇章是多个剧目的演出，也是整个活动的重点。在第三篇章“祝福祖国”的诗朗诵中，展望未来，思考把“一二·九”精神和心怀天下的责任结合起来并落实在行动中。把自己的成长和祖国的命运联系在一起，让自己的理想融入到民族复兴的伟大进程。

各班演出的短剧不仅可以表现自虎门销烟以来中华民族不断抗争的历程和不断涌现出来的民族英雄们，也可以展现建国以后中华民族建设和发展的伟大历程。比如《虎门销烟》演绎了林则徐不畏列强的凛然正气；《李大钊》表现了共产党员的坚定信念和为共产主义献身的精神；《干粮袋》讲述了在长征途中一位老班长把生的机会留给年轻战士的故事；《巨浪》再现了“一二·九”运动的场景，爱国青年们在国家和民族的紧急关头因为共同的信念聚集到一起，用凛然大义与英勇无畏向危在旦夕的中华民族发出振聋发聩的呐喊；《英雄叶挺》回顾了叶挺将军的赫赫功名和他坚韧不屈、至死不渝的精神；《红岩魂》再现了江姐等共产党人坚定的共产主义信念；《永不消逝的电波》通过抗日烽火中默默敲击着的电波声表达了共产党员对党和革命事业的忠诚。

演出中还有一些剧目是回顾建国以后中华民族建设和发展的伟大历程。比如，《小岗村》展现了改革开放过程中小岗村人两次创业的小岗精神；《袁隆平》展现了“杂交水稻之父”袁隆平献身科学、矢志追求的精神；《任长霞》再现了这位一身正气、鞠躬尽瘁的好局长；《铁人》演绎了王进喜和王启明两代铁人对祖国石油事业的执著；《钱学森》展现了科学伟人钱学森心系祖国，献身科学的伟大精神。每年的活动还可以在传承的基础上进行创新，与时俱进，加入新的时代元素。

“成长—责任—追求”高三成人仪式

1. 活动意义

在高三举行主题为“成长—责任—追求”的高三成人仪式是高三公民教育的集中体现，也是为高三学生加油鼓劲的一次重要活动。

2. 活动过程

（1）“迈入成人门”仪式

在成人门前，高三各班班主任老师为高三同学们颁发成人纪念册和家长信，并与学生和家长一一合影留念，同学们带着老师和家长的祝福迈入成人门。（注：成人纪念册和家长信是提前一个月进行准备的。成人纪念册内容包括校长寄语、学生个人基本信息、老师寄语和家长寄语。家长信是提前请家长给学生写一封信并寄到校团委，当天迈入成人门的时候交给学生。）

（2）活动暖场

当学生和家长进入报告厅时，会场大屏幕配合《童年》等歌曲滚动播放的是全年级所有同学的童年照片，这是提前由各班收集并由团委制作的题为“童年记忆”的短片。同学和家长在观看短片时笑声不断，营造出了欢快和谐的现场氛围。

（3）成人仪式共五个篇章

在第一篇章《十八岁畅想曲》中，主持人伴随着音乐和图片资料，回顾同学们从出生、成长到迈入学校的经历和三年的高中时光。

在第二篇章《责任追求》中，校长用精彩的演讲为同学们阐述了责任和追求的意义，并鼓励同学们坚持梦想，勇于并学会承担更多的家庭责任、社会责任和对自己的责任。

在第三篇章《成长感恩》中，请高三学生家长代表从家长的角度深情讲述了父母对孩子们的爱和期望，同时表达了对学校和老师的感激之情。校友代表讲述了自己的成长故事，从学长的角度分享了他对"时间"、"经验"和"思想"这三个"构成人生的长度、宽度和高度"的关键词的理解，勉励同学们心怀感恩，承担责任。

在第四篇章《励志祝福》中，学校合唱团的高三同学们一起演唱歌曲《我相信》（或《真心英雄》），精彩的表演调动了现场的气氛，让同学们感受到了对信念的执著和对未来的希望。

第二至第四篇章中穿插高三老师的致辞和各班的短片。可采用请高三老师们为每个班颁奖的方式，由老师宣读各班获奖致辞并播放由各班精心制作的短片。这些短片记录了同学们三年的高中生活和成长经历，并体现了同学们对青春、责任、理想等主题的思考，风格可以多元化，通过观看短片引发大家美好的回忆和对未来的展望，引出一个又一个小高潮。

在第五篇章《希望远航》中，各班学生代表集体朗诵《我们去远航》，表达了对未来的美好梦想以及"成长—责任—追求"的信念。

最终，高三全体同学集体进行成人宣誓。同学们朗诵成人宣誓词：

我是中华人民共和国公民，
在十八岁成人之际，
面对国旗，庄严宣誓：
我立志成为
有理想，有道德，有文化，
有纪律的社会主义公民。
遵守宪法和法律，
热爱社会主义祖国，
拥护中国共产党的领导，
正确行使公民权利，
积极履行公民义务，
自觉遵守社会公德，
服务他人，
奉献社会，
崇尚科学，

追求真知，
完善人格，
强健体魄，
为中华民族的富强、民主和文明，
艰苦创业，
奋斗终生！
宣誓人：×××

庄严的集体宣誓会带给现场所有同学、老师和家长们强烈的震撼，也将“成长—责任—追求”成人仪式推向了高潮。

庄严、热烈又充满快乐回忆的成人仪式为即将参加高考的高三同学加油鼓劲，并成为他们永生难忘的记忆！

××校长在高三成人仪式上的讲话

尊敬的各位家长、老师们、高三的同学们，下午好！

首先，我要代表学校感谢我们在座的各位家长。因为今天还是工作日，你们请假专门来参加这样一个仪式，我非常感动，也非常感谢。在过去三年的时间里，你们对学校给予了充分的支持，充分的理解，并且提供了很多的帮助。正是因为有你们的帮助和老师们的努力，我们的孩子才能成长成今天这个样子，所以我要献上我们的感谢。我尤其是要感谢的是我们高三的全体老师，他们为孩子付出了无数的心血，花了无数的时间和精力，在孩子们的成长过程中，他们应该是第一功臣，所以我提议让我们的家长和孩子们把最热烈的掌声献给我们高三可敬可爱的老师们。

每一届成人仪式都是我最激动的时刻，也是我心情最复杂的时刻。我非常喜欢同学们，舍不得每一届学生的离开，但是我又不得不让他们离开，否则的话他们就得留级了，（笑）所以我非常非常感动，也非常非常激动。今天我想和大家说说关于责任和追求。

同学们，在我的眼里，在老师们的眼里，你们的确还是一个孩子。在家长的眼里，也许你们永远都是一个孩子。但是我们今天举行这样一个庄严而又隆重的仪式，就是要让你们意识到从 18 岁的这一时刻起，从今天这样一个庄严的仪式之后，你们就不再仅仅是一个孩子，你们就要有自己的责任，有自己的责任心，而且要意识到自己的责任，承担起自己的责任。在过去的岁月里，更多的时候，你们承担起了自己作为一个学生的责任，努力地学习，努力地培养自己的全面素质，努力地培养自己的道德品质，你们承担起了自己作为一个家庭成员一个孩子的责任。但是在未来，你们要承担起自己作为一个中华人民共和国公民的责任，承担起国家的责任、民族的责任。人生在许多时候就是一个承担责任的过程，我们不仅要承担起祖国、人民、母校、家长赋予我们的责任，我们甚至还得承担起自己因为过失、过错而造成损失的责任。我希望你们在走出校门之后，能够勇敢地承担起自己应该承担的一切责任。等你们能勇敢地面对责任的时候，你才真正成为一个成人。我相信你们能做到这一点，未来能够成为优秀的公民，让母校，让祖国为你们自豪吧。

说到追求，我想你们都知道它的重要性。我不指望你们每一个人都有杰出的成就，都能成就伟大的事业，因为每个人的天赋不同，他过去的努力程度不同，过去的积淀不同，所以指望每个人都辉煌那是不现实的。我能容忍你们不伟大、不杰出、不辉煌，但我不能容忍你们没有追求，不能容忍你们不努力。一定要努力，一定要有追求，这是我作为校长在今天这样一个成人仪式上对你们提出的要求。有追求就有希望，有努力才能走向成功，所以我希望在座的高三的同学们能记住我的要求。

你们过不了多久就要面临最大的挑战，那就是高考。我知道在座的许多孩子最烦的就是这两个字，但是我们要勇敢地面对。其实只要你们努力了，考到哪个学校又有什么关系呢？只要你们坚持了，只要你们有追求，迟早会成功。

刚才我说人生就是追求责任的过程，现在我来说人生就是一场马拉松，永远都不要中途放弃，暂时的领先永远都不能代表最后的成功，暂时的失利也不能代表最后的失败。所以对待考试的结果一定要淡定，但是我们绝不能不努力，绝不能轻言放弃。所以今天有这样一个机会我用自己的简单的经历给大家一个勉励。我相信你们未来的起点都要比我高得多，我相信你们总有一天会回到母校告诉自己的老师，我成功了。

同学们，只要我们努力，一切皆有可能，谢谢大家。

第二节　自我探索和兴趣发现的舞台

杨振宁先生是著名的物理学家，诺贝尔奖获得者。2010 年 10 月，杨振宁先生作为清华附中校友参加了清华附中 95 周年校庆并发表演讲。

年轻人要培养和发展自己的偏好

——摘自杨振宁在清华大学附属中学 95 周年校庆上的讲话

崇德中学不但规模小，设备也很差，幸好还有一个只有一间屋子的小图书馆。现在回想起来，这个小图书馆对我有相当大的影响。那时有一本杂志，叫做《中学生月刊》，开明书店办的，这个杂志办得相当好，每一期我都从头看到尾。印象尤其深刻的是当时有一位老先生，叫做刘新宇（音译），他从前大概是念数学的，不时写一些简单的关于数学观念的文章，我对这些文章非常感兴趣。

各位同学都知道，中学数学里有个基本的知识点，叫做排列和组合。关于这个知识点，我第一次吸收就是从刘新宇在《中学生月刊》上所写的一篇文章，我想，科学跟整个社会和人类的发展有着密切的关系，科普工作也是越来越重要，这一点在座的年轻同学们要格外注意。

总而言之，从这个杂志对我的影响可以看出，给中学生看科普文章是非常重要的一个工作。另外，我还记得当时看了一本《神秘的宇宙》，也是在图书馆看的，原文叫做《Mystery Universe》，是英国著名物理学家亚瑟·艾迪顿写的。这本书对我有很大的影响，它用通俗的语言，讲了20世纪头几十年物理学的重大革命，包括狭义相对论、广义相对论、量子力学等，我了解了一下，这本书现在还在出版。

我相信，现在清华附中的图书馆里，可能就有这本原文书，我相信也一定有翻译的《神秘的宇宙》。这本书里边所讲的东西我当时看了以后不是完全懂，可我对当时正在产生的物理学的观念性的一些革命有了非常深的印象，这与我后来走进物理学领域做一生的研究有密切的关系。

当时，我在图书馆看的书，也不只是跟数学和物理有关系，我记得我看的另外一本书，是当时非常向往的，一个叫做斯文·赫定的瑞典人写的一个本书，他到了新疆探险，穿过了塔克拉玛干大沙漠，写了《亚洲腹地旅行记》。看完这本书后，我也是非常好奇，那么大的沙漠，他在历史上第一次带领一个队伍从大沙漠的北边库车一直到沙漠的南边……因为这本书，以至于到今天，我对于新疆还是非常有兴趣。

我想，每一个人因为他的天分不同、背景不同、环境不同，或多或少还都有一些偏好，而我个人认为，每一个年轻人，要想法发现自己的偏好，能够发现自己的偏好，培养这个偏好，将来发展这个偏好，我想这对于每一个人的一生都是一个非常重要的教训。

杨振宁先生在讲话中回忆了自己少年时代阅读的兴趣给他带来了无穷的乐趣和科学的启蒙。杨振宁先生用的“偏好”这个词，其实也就是我们常说的兴趣爱好，人应当在年轻的时候发现并发展自己的兴趣爱好，有的人因此走上了自己的未来发展之路并取得了成功。

兴趣是成功的催化剂，做有兴趣的事，常常事半功倍，反之则常常事倍功半。如果能把兴趣和职业结合起来，是十分幸福的。同时，青少年培养自己的兴趣爱好可以发展自己的多方面能力。

进行自我探索并发现自己的兴趣是高中生生涯规划的重要内容。在前面的章节中，我们已经从能力培养和填报志愿的角度论述了兴趣发展的重要性和重要途径，本章将从学校为学生搭建自我探索和兴趣发现的舞台的角度进一步展开论述。

一、职业兴趣的发现

职业兴趣简单来说就是兴趣和职业的有机结合。学校和教师如果在高中阶段能够为学生搭建各种兴趣发展的舞台，帮助学生发现自己的兴趣，不仅能够使学生在兴趣的舞台上展示自我，提升自我，增加自信，而且能够为学生高考填报志愿选择发展方向和未来的职业生涯奠定良好的基础。

不同的人职业兴趣取向不同，有的人喜欢与人打交道，是社交型；有的人对有深度、有难度的事情好奇，是研究型；有的人对数字、结果很敏感，是经营型，等等。

第一章中已经详细介绍了美国著名的职业指导专家约翰·霍兰德先生提出的兴趣类型理论和兴趣量表测量的方法，此处不再赘述。老师可根据相关理论和方法帮助学生明确自己的兴趣方向并进行发展。

二、学校活动设计

（一）色彩斑斓的校园生活

根据霍兰德职业兴趣理论，学校可以组织各类丰富多彩的活动，为学生搭建兴趣发展的舞台。例如，各种科技研究小组（如航模小组、机器人小组）和研究性学习为研究型的学生提供平台；志愿者活动为社会型的学生提供平台；经济学校本课程、财商训练为企业型的学生提供平台；文娱活动、体育活动为艺术型的学生提供平台。在这个过程中，学生也会通过学校丰富多彩的活动来帮助自己深化其自我认知，同时还可以利用和他人的合作来促进自己的发展。

在活动组织方面，可以充分激发学生的想象力和创造力，放手让学生自己策划组织活动，在发展兴趣的同时还可以提升沟通合作和组织协调能力。在硬件建设方面，学校应尽量为学生提供图书馆、图书室、运动场、音乐教室等活动场所。

在面向社会的实践方面，学校还可以为学生搭建各种校外平台，例如，与知名企业联系使学生有机会参加职业体等。兄弟学校之间也可以组成活动联盟，为学生提供各种实践机会，如北京市启动了“社会大课堂”的活动，将很多博物馆、教学研究机构、企业等单位作为资源单位联系起来，为学生提供更多的免费参观和实践机会。

案例

校园十大歌手比赛

举办校园十大歌手比赛可以展示同学们的音乐才华，丰富校园课余生活。

比赛分为初赛、复赛、决赛三轮，决赛即是正式演出，并评选出十位校园歌手。全校非毕业年级都可以参加，由校学生会文娱部组织，校艺术中心老师担任评委。文娱部准备活动海报、宣传片、报名表、评选标准、评选表等，并安排初赛、复赛和决赛的时间、场地和评委。活动一般持续一个月时间。

首先是宣传报名阶段，接着对报名选手按年级分组进行初赛，初赛选手自行准备一首歌曲，并进行背谱演唱，评选出部分选手参加复赛。复赛在一周后举行，每位选手有2分钟时间进行有伴奏演唱。评选出15—20位选手参加决赛。决赛前做好充分宣传，召集决赛选手开会确定比赛顺序和具体要求，并提前进行彩排。可邀请校园中的部分艺术社团参加演出。

校园电视台

高中学校可开办校园电视台制作和播放校园节目。作为校园媒体，校园电视台关注学生，关注校园生活，由同学们自主开展活动，校团委和网络中心进行指导。校电视台可每周或每两周播放一次校园节目，内容包括校园新闻、专题节目等，还可以参与学校大型活动的拍摄，如运动会、校庆等。

校园电视台硬件建设包括演播室和编辑室，人数规模可在20人左右，分为两组轮流制作节目，每组10人左右，分为主持、记者兼编辑、摄像和后期四小组。每组由高二同学担任组长，同时对高一同学进行传帮带。每期节目要开选题会进行策划，对下一阶段的校园新闻进行梳理、分工，节目播出后及时进行反馈和总结。

校园电视台是学生自主活动、自主管理的良好载体，不仅可以为有新闻采访和制作兴趣的同学提供广阔的舞台，而且可以锻炼学生的策划力、沟通力、合作力和执行力。

（二）丰富多彩的社团活动

学校还可以积极推动学生社团的建设，为学生兴趣发展提供广阔的空间。近年来，社团在各学校发展迅速，《国家中长期教育改革和发展规划纲要（2010—2020年）》中也指出，要“加强学生社团组织指导，鼓励学生积极参与志愿服务和公益事业”。

高中阶段社团活动设计方面可根据各校实际情况将本校社团分为校级社团和学生自主社团两类。校级社团可以包括由学校艺术中心直接负责的校内影响力较大的社团，如民乐团、合唱团、舞蹈团、电视台、校红十字会、天文社、模拟联合国等。学生自主社团是由学生自己创建并发展的社团，大致可分为科技类、人文类、艺术类、体育类、公益类，如音乐剧社、定向越野社、劲舞社、哈格电台、德赛学社、推理社、国学社、杂谈书会、辩论社、公益社、绿色家园等。这些丰富的社团也为不同职业兴趣的学生提供了广阔的舞台，例如，公益社——社会型；经济学家俱乐部——企业型；推理社——研究型；文体社团——艺术型；

等等。

在社团管理方面，校团委可在学生会中设置社团部，指导学生社团的申请注册、新学期招新、日常管理、社团文化节展示等活动。校团委向社团活动提供地点和经费支持。

社团小天地　成长大舞台

为了找到绝佳的位置进行观测，天文社的同学们总是扛着设备，不辞辛苦，到郊区，甚至到外省市开展天文科普活动；为了追求剧目的原汁原味，音乐剧社的同学们可以整天带着 mp3 听英文或法文版的台词和对白；为了“以道会友，以思立言，以点带面”，国学社的同学们吹箫抚琴、吟诗作画、登高远游。

这是一群年轻而又充满求知欲的学生，他们因为共同的爱好走在一起，雄心勃勃、意气风发。上周四，记者走进××附中，感受这里的社团小天地，成长大舞台！

十几个小“福尔摩斯”

“我们不是玩游戏，我们很专业！”李同学在记者看来长得很有些名侦探柯南的味道，带着一幅黑边眼睛，说起话来不紧不慢，眼神镇定而又不失睿智。据他介绍，学校里像他一样十几个喜欢推理的同学成立了推理社，一般隔周的星期五他们就会聚在一起活动，比如探讨最新的推理小说、一起观看探案电影、还有就是玩“杀人游戏”。

“其实，广义的推理涉及多门学科，它囊括了数学、逻辑学、哲学、心理学甚至文学等多个领域。”李同学告诉记者。推理，从来都是被笼罩着神秘色彩。一个数独游戏，一场具有探险色彩的定向越野？不得不说，当“动脑”已经成为当下人们新的娱乐时尚时，那么摆脱了枯燥乏味的“快乐动脑”则成为推理社吸引学生参与的“金色招牌”。

而事实上，推理社所研究和探讨的确实比较专业，比如他们现在正在学习犯罪心理学和毒药学。即使是“玩游戏”，他们也玩得比较“智慧”。目前，推理社的同学们酷爱在一起切磋“狼人游戏”，这款游戏是“杀人游戏”的升级版本，角色更多，关系更复杂，当然也更加锻炼大家的观察能力和逻辑思维能力。在游戏中，每个角色都“潜伏”着，故弄玄虚地“将水搅浑”，使本来就扑朔迷离的案情更加复杂。当然，同学们乐在其中。

眼观六路　耳听八方

王同学终于如愿以偿“爬”到了学校电视台台长的位置，“一路走过来很艰辛！”想当年在初中的时候，王同学就梦想着加入电视台队伍，但当时没有任何专业基础的他“海选”之后就没有再接到任何面试的通知。于是，利用业余时间，王同学苦练基本功，除了学习有关视频拍摄、剪辑等方面的理论知识，他还亲自“操刀”，做了几个像样的短片。高一时，王同学光荣地成为了校园电视台的小记者。

学校对于电视台的支持力度很大。电视台有演播室、剪辑室，小记者们有摄影摄像专用器材。而且，在隔周的周一，各班都会组织学生观看早7：40到8：00的校园电视台早间新闻。20分钟的播放时间里，既有新闻，又有专题，内容极其丰富。良好的平台、宽广的空间造就了像王同学这样的校园电视台领导和业务骨干。

“我们可以根据兴趣做专题节目。”王同学高兴地告诉记者。比如，他们从策划、报选题、拍摄、采访到编辑、制作了《探秘》栏目之《工地里的沙》和《地铁里的风》等节目，很受同学们的欢迎。在实战中，小记者们的眼界开阔了，各方面能力有了很大提升。

公益社要去敬老院服务，舞蹈社要排练新节目？这些，王同学都了如指掌。而如今，王同学则把主要精力放在了培养选拔新人上，如策划“小主持人”选拔赛。还有就是选拔合格的电视台小记者，60多位同学前来应聘，最终有机会留在电视台的只有50%。这时，王同学对于自己当初的应聘有所感悟：机会总是留给有准备的人！

穿梭在七个社团之间

龙同学在同学们眼中是个“牛人”。他兴趣广泛，古道热肠，平日里手拿着一把折扇，文质彬彬的样子，一张嘴却妙语连珠。现在，他有好几个头衔：校刊《云栈》的四大主力之一、专栏文字编辑；国学社副社长，主管财务和重大活动策划；杂谈书会会员，热心于专题探讨和学术交流；同人堂cosplay道具兼创作组组长；音乐剧社道具制作及舞美；德赛学社社长；以及电影社道具。

穿梭于这么多的社团之间，忙得过来吗？龙同学不以为然。“这些都是我的兴趣所在，只要合理安排，很多事情是可以协调的”，“当然，也会有社团活动冲突实在排不开时间的时候，这时只有在权衡后有所取舍，放弃一个心爱的社团活动有时还是会让人心痛。”

同样占据了时间和精力，却没有让龙同学的学习吃紧。相反，通过社团活动，龙同学的眼界更加开阔、思维更加缜密。广泛的爱好也使得龙同学多了许多志同道合的朋友。

其实，仔细分析便可发现。龙同学一是喜欢文字，二是学过一些材料学方面的知识，可以胜任道具制作等方面的工作。这些是爱好，也是特长，再加上龙同学偏好创造，使得他在几个社团中游刃有余。而后，记者发现，像龙同学这样身兼好几个社团之职的同学并不在少数。

小天地大舞台

老师介绍说，目前学校社团主要是两类，一类是学校级的社团，比如金帆民乐团、合唱团、舞蹈团、校电视台、天文社等，一类是学生自主社团，比如国学社、音乐剧社、劲舞社等。目前，学校共有大小各类社团30余个，涵盖了人文类、科技类、艺术类、体育类、公益环保类等项目。学生社团已成为广大青少年的精神乐园、校园文化建设的亮点、实施素质教育的重要阵地。

“同学们有兴趣、有特长，都可以在社团中有所作为。社团不仅是好的平台，更是孵化器。”刘老师说，“比如，有的同学毕业后由于有在电视台活动的经验，最后报考中国传媒大学、北京电影学院等，力争将爱好发展成职业。有的同学则经过在社团中的锻炼，步入大学后直接在校学生会担任学生领导职位。孩子们喜欢社团活动，他就希望有一个机会、一个平台展示给大家，我们不能只喊‘素质教育’的口号，孩子综合素质的教育和培养需要丰富多样的载体。”（摘自《城市周刊》）

第三节 综合能力提升的舞台

一、综合能力面面观

能力培养是高中生生涯规划的重要方面，学习能力、实践能力、创新能力的培养和综合能力的形成是一个长期的过程。具体来说，综合能力分为很多方面，如理解力、沟通力、合作力、协调力、决策力、执行力、批判力、创新力等。世界范围内青少年教育中十分重视对学生综合能力的培养和考查，这些能力的考查虽然还没有在我国的选拔性考试——高考中充分体现，但在国内一流大学自主招生测试和国外优秀大学的申请中已经有了十分充分的体现。近年来很多已经得到广泛共识的活动如模拟联合国活动、领导力培养、新闻发言人大赛等也都是侧重对学生综合能力的培养。

关于综合能力包含哪些内容，很多专家都有自己的解读，下面介绍佛罗里达州立大学的生涯剖面图系统中列出的九种能力。

生涯剖面图系统中列出的九种技能是在佛罗里达州立大学职业研究中心的教职人员、其他员工以及与大学有联系的雇主的共同认可下所总结出的技能。这九种技能是能转化到任何特定工作中的一般技能，它们能从一种工作中迁移到另一种工作中，或是从一种生活角色中迁移到另一种角色中。

（一）沟通

沟通技能包括阅读、书写、编辑、倾听、陈述和人际关系等方面的能力。这些技能非常重要，因为它们涉及的是人们之间的信息传递。

（二）创造力

创造力是指产生新思想，发现和创造新事物的能力，包括许多不同领域的技能，与你所学习的学科和将要从事的工作领域有关，例如，文学、科学、法律等领域。

（三）批判性思维

批判性思维包括诸如在某种情境或组织中找到问题，全面思考问题，通过研究收集证据，评估解决问题的各种方法，最终得出结论，找到解决办法。核心批判性思维技能包括：解释、分析、评估、推论、说明和自我校准。

（四）领导能力

领导能力是指为团体制订目标并指明方向的能力。比如提出某种计划或方法来达成团体目标，或在某件事情上进行提议以使团体采取行动，还包括给他人委派任务或权力的能力，以及激励他人的能力，等等。

（五）生活管理

生活管理能力包括诸如时间管理这类能力，既指长期的项目、活动，也指日常生活的时间管理（例如，完成课程，每周有效地应对学习和工作要求），包括准时、为行动作好准备。生活管理还包括适应变化的能力、管理财务的能力（例如，做预算、评估收入与支出、保留详细的记录）。

（六）社会责任

社会责任方面的技能包括尊重个体和文化差异，发现他人身上令人钦佩的品质。社会责任与良好的公民身份相联系，具备社会责任的人会定期积极参与社会活动。

（七）团队合作

团队合作能力包括在团队中开创某种观点，或是使得团队成员互相合作、彼此协商。有效的团队合作行为是指承担与他人一起达到目标的责任，还包括认识自己和他人的优劣势，鼓励团队利用优势，最小化弱点。

（八）技术/科学

技术/科学技能与社会科学、生物学和物理科学等领域的经验有关。最为常见的技术/科学技能是计算机的运用，例如为研究及相关活动使用互联网。

（九）研究/项目开发

研究/项目开发技能包括为解决问题发现和使用信息的技能和决策技能。在对某个问题进行研究时，个体阅读并评估先前的工作报告，收集新数据并在书面或口头报告中进行总结，以提供新的信息。除研究问题，个体还为项目提出一系列合理行动措施的计划。

APEC（亚太经济合作组织）亚洲太平洋地区教育部长会议2000年就提出了中心议题，即21世纪的学生必须具备的核心能力是什么。2008年6月通过大会决议，各个经济体领导人一致认为21世纪每个学生必须掌握的核心能力如下：一是批判性思维，对一个问题不能被动地接受知识，要批判地思维；二是要有创新能力，要独立判断、独立思考，不是简单地重复所学的知识；三是分析和解决问题的能力；四是终身学习的能力；五是团队工作的合作能力；六是自我管理和学习能力。

二、在实践中成长

从以上的介绍中我们大致了解了学生综合能力所包含的主要内容。在高中阶段，学生可以通过学习、参加学生活动和社会实践来努力提高自己的综合能力，为自己的高中生涯规划增添几分色彩。

对于学生来说，在班级中担任班级干部，在学生会和社团中承担一份责任，积极参加学校丰富多彩的课外活动，都可以提高自己的综合能力。学校应为学生提供充分展示自己的广阔舞台，并可组织一些旨在提高学生综合能力的主题活动。例如，学生领袖训练营是提高学生领导力的舞台，模拟联合国是培养学生国际视野的舞台。

1. 为学生搭建从课内到课外，从班级到年级到学校，从学生会到社团的多层次的提高综合能力的舞台。

在班级中担任班干部，为班级工作尽一份责任，可以增强学生的责任心，学生在具体工作中和同学进行沟通，组织同学去共同做好一件事情，能提高学生的组织协调能力、决策力和执行力。

学校可以针对性地对学生进行学生活动的指导，比如开展学生干部培训，组织领导力提升的课程，但更重要的是，让学生在做事情的过程中提高能力。

近几年学生领导力课程得到了很多学校的关注和重视，领导力课程主要是通过学生组成团队进行公共政策改进的活动项目，对身边的某些现象（比如本校、本社区、本市）进行研究，提出改进方案并实施，在项目开展过程中学生各方面能力都能得到了很好的锻炼。

2. 在活动过程中，保护学生的积极性和创造性，鼓励学生自主策划并组织活动。

相信学生的能力，放手让学生自己策划并组织活动，往往会带来惊喜。比如在团委学生会干部的管理上加大学生的自主管理，让团委学生会工作真正成为学生干部们深入参与和自主管理的工作。学期末召开总结会议，学期开始前召开部长级工作研讨会，制订工作计划，在开学前的团委学生会全体会议上，改变老师讲大家听的方式，而由学生干部进行宣讲和组织讨论。

活动进行过程中，不是简单的学生执行传统的做法和老师的想法的过程，学生有自己的理解和思考，也许会提出创造性的活动方案和执行方案。

案例

学生领袖训练营

一、培养目标

学生领袖训练营是提高学生领导力的一种培养模式。通过专家讲座、课外活动、读书交流、小型讨论、项目设计和外出参观等系列课程和活动，培养学生的公民意识、创新精神和领袖气质，使学生在责任意识、优秀能力和多元文化视野方面得到全面的提升。

具体目标如下：

1. 公民意识

真正成功的未来领袖不但拥有卓越的才能，还必须首先具有关心国家的心灵和强烈的社会责任感。本计划希望学员能够通过运用自己的智慧，施展自己的才能，更好地在社会大舞台上表现，实现“人人为我、我为人人”的美好理念。

2. 创新精神

创新是生活与事业的原动力，希望通过本计划来引导学生提高其学术素养，并且学会批判性和建设性地进行思考和创造，从而提高对自身和社会敏锐的观察力和积极的创造性。

3. 领袖气质

当今社会，具备领袖气质是成为支撑未来社会发展栋梁的必备条件。对领袖能力的培养渗透在各个环节——着力于培养他们的领袖意识、领袖才能和领袖气质，在今后的个人、学术和事业生涯中起到引领的作用。

二、学员选拔标准和面试方案

1. 主题写作

主题：创新、领袖气质、中美、公益、环保……（现场给主题）

要求：15 分钟现场写作，写一篇短文或一个活动方案

2. 主题演讲

(1) 个人与国家

(2) 全球化

(3) 竞争与合作

(4) 科学之美

要求：提前准备，演讲主题现场抽签确定，时间 1 分钟。

3. 讨论和活动

主题 1：青年责任

主题 2：为未来的准备

主题 3：信仰与生活

主题 4：可持续发展与我们的生活方式

形式：分为四个团队进行，每两个团队就一个问题进行讨论，8 分钟讨论，2—3 分钟两个团队之间呈现讨论结果。

三、课程安排

1. 专家讲座

邀请社会各界精英和专家进行演讲，并和学生进行交流，主题包括：

(1) 青年责任和个人成长;

(2) 未来领袖所应具备的素质，如视野、胸怀、创新、行动能力等;

(3) 社会对青年人的期待和要求，全球化背景下对领袖人物新的要求。

拟安排2—3次专家讲座。

2. 课外活动

组织外出参观和课外拓展活动来拓宽学生的视野，并让学生在行动中感悟和成长。拟安排两次课外活动。一次课外拓展，一次外出参观。

3. 读书和小型讨论

开展系列的读书推荐和交流活动，通过读书会的方式，将推荐书目和学生自选读书的方式结合起来，让学生从读书开始，不断提高自身的人文、科学等综合素养。读书活动持续进行，分为推荐和自选、阅读思考、交流总结三个阶段。课程结业时需提交一份读书心得作为课程作业。

4. 研究项目设计

学生在结业时进行毕业活动方案设计或某个研究项目的设计。这个活动方案设计或某个研究项目作为课程作业6月中旬提交。

5. 开营式和闭营式

11月份举行开营式，请校长进行演讲，并为学员一一颁发营员证和营员手册，学员与校长合影。6月份举行闭营式，分小组汇报学习成果，校长颁发结业证书，赠送训练营活动期间影像资料等。

6. 暑期举行外省市考察（学校组织，营员自费、自愿参加）。

第一部分：清华附中王殿军校长在清华附中首届学生领袖训练营上的演讲

努力提高竞争力，为领袖人才奠基

——写给清华附中首届领袖训练营员的话

各位营员：你们好!

首先祝贺你们通过自己的努力，通过竞争，成为清华附中首届学生领袖训练营的正式成员。

走入中学，走入清华附中以来，我一直有一个想法。希望在我们这样一所具有悠久的历史、深厚的文化底蕴、强大背景的学校里，能培养出一批热血青年，这批青年能有不同的信念、不同的追求。这批青年除了关心排名、分数和考入什么样的大学之外，还能关心身边的人和事情，他们关注社会，关注世界，忧国忧民；这批青年能立志成就大业，立志成为影响未来时代潮流的人，立志成为未来社会发展的一个引领者。也许他们不一定能成为领袖，但是他们是具有领袖品格和领袖素质的人。而中学阶段对于这种优良品格的养成是非常关键的，具有奠基性的作用。这就是我们开办这样一个领袖训练营最重要的初衷。

作为学校，作为校长，我们有责任创造这样的锻炼平台和成长机会。我曾经担心，这样的想法得不到同学们的响应，因为这需要占用一些时间，这与高考几乎毫无关系。现在我知道我的担心是完全多余的，同学们的踊跃参加，让我很感动。我要谢谢大家，是你们让我的想法得到实现。

这个训练营对我和学校都是一个挑战。我们会尽最大努力为大家创造条件，提供成长和发展的机会。我们会安排大师引领的讲座，会安排同伴合作、团队训练；我们会给大家创造走入社会的机会，会让大家有机会设计完成自己的项目；我们会关注每个领袖营员的进步和发展。通过这些活动，你们能得到充分的锻炼和成长。希望这个训练营能给你的中学生活留下印记，对你的一生产生积极的影响，更希望你们未来能对中华的崛起产生影响。

尽管领袖训练营的活动和时间是有限的，但是，只要你们心中装着领袖训练营的宗旨，处处都是学习机会，时时都有成长机遇。无论何时、无论何地，校长都是营长，现在学校影响大家，将来大家影响世界！

下面我进入我今天演讲的主题："努力提高竞争力，为领袖人才奠基"。

有勇气和气魄，敢于追求大理想，立志成就大事业——这是我第一个希望。

小到一个小组、一个班级，大到一个领域、一个国家，领袖和大师的作用都是非常关键的。不可能每个人都成为杰出人物，但是，每个人都应该有勇气去努力成为杰出人物，努力使自己具备成为领袖的素质。身处这样一所名校，我们必须树立这样的勇气，要追求大理想，成就大事业。不要在乎一时之成败，人生就是一场马拉松，谁赢在终点才最重要，就算你一开始落后了，也没关系，小的失败不足以成为成功大路上的障碍！

如果在我们这样的学校，如果你们这样优秀的学生，都没有这样的勇气和气魄，我们的国家和民族的未来靠谁来引领？我们要树立起这样的信心和勇气来！

人的智商和智力也许与天赋有关，但是，人的情商和思想理念是完全可以培养的。在商界和政界经常流传一种说法，智商 140 的往往受智商 100 的人来领导。那是因为后者的情商与智商的综合比较强。他们在自己受教育的重要阶段，综合能力得到了充分的锻炼和成长，自然会具备成为领袖的素质和潜力。

重视规则，尊重规律，让自己更具创造力——这是我第二个希望。

每个人未来都是一个社会人，都有经过自己努力，追求更好的社会地位和体面生活的欲望，这是社会进步和发展的基础。在这个奋斗过程中，要想在社会上成功，有两个词我们必须牢牢记住：规则和规律。要平衡这两个词，规律是本质，规则是基础，要了解和尊重规律，也要懂得规则，不懂规则就会处处碰壁，要用智慧去寻找规律与规则的平衡。

一个社会有各种各样的规则，上到法律，下到日常行为的道德准则和习惯，我们都必须充分了解。对于不科学的、不健康的事情、不符合规律的事情，你可以不去做，但是，你必须了解。如果你有能力，可以去影响和改变那些不符合规律的事情。但是，一定要尊重规则，重视规则，不要轻视规则。而规律，就是事物发展的本质，从理论上而言，不以人的意志为转移，是客观存在，所以人们常常用客观规律这个说法。规律属于绝对真理的范畴，人们对规律的认识只能停留在一个相对符合的层面，而且不同的人或者同一个人在不同的情况下，对规律的认识也会不同，因此，认识和遵守规律永远是相对的。如果用数学的语言来描述：真理好比一个极限值，而人们的行为就是趋近和收敛于极限的一个过程。

我们所学习的一切知识，都是前人对自然和世界规律的总结，是前人智慧的结晶，我们必须尊重。但是，为了更好地锻炼自己的创造力，必须抱着怀疑的心态去对待已有的知识和结论，尤其是那些自己看起来极其不自然的东西和难以置信的东西，一定要尽最大努力，用自己的方式搞清背后的道理，去认识规律，而不是简单地接受和记住。

这里我特别想强调的有两点：一是要平衡好规则与规律的关系。现实当中，许多规则不符合规律，如何去办？一定要有智慧，有策略地去应对。不要由此而变成“愤青”，严重影响自己的心态。现实和理想之间的差异，在走向社会的时候，必须有充分的准备。这是人类永远要面对的一个挑战。二是要有挑战权威的勇气。尊重规则不等于不去挑战，不去改变。必须运用智慧，去思考规则不符合规律的情况，创造条件，牢记“天时、地利、人和”的古训，在关键的时刻，去改变它！只有这样，才能改变现实，趋于科学，更加符合规律。

创造力对于一个要成就大业者是必不可少的基本素质。作为引领者，必须想在别人前边，具有超前意识，具有战略眼光。要具有创造力，首先要保护好自己的兴趣、好奇心和想象力，这是人类天生最宝贵的财富。但是，产生兴趣的东西，必须要坚持做下去，不能浅尝辄止，否则也没什么意义。当然，你的兴趣必须是健康的、有益的、富有创造性的。其次，不要对创新过于迷信。其实，创新就是比别人多走一步、早走一步、再走一步而已。但是，创新不能急功近利，这种素质必须经过长期的锻炼和培养才能养成习惯，成为一种品质。对于一个结论，一个习题，可以想一想，是否可以改进，是否可以推广，是否还有更简单的方法。对于做事，想一想能否有更好的方式。反思、对比、归纳、演绎，锻炼创造力的机会无处不在，就看你是否能抓住。

不怕竞争，学会合作，善于沟通，能够发挥团队作用——这是我第三个希望。

联合国科教文组织提出了现代教育培养学生的四个支柱：学会认知、学会做事、学会合作、学会生存。这里我想特别强调的就是沟通与合作。一个人仗剑走天涯的时代已经过去了，要学会借用身边的资源帮自己完成目标。中国的教育和独生子女政策，导致同学们的成长过程没有很多的机会与同伴相处，从小缺乏与人沟通的机会，这种与别人沟通的能力可以说先天不足。这就必须有意识地锻炼和培养。那么如何才能搞好与别人的沟通呢？以我的经验，无论你处于什么样的位置上，平等、尊重、自尊、耐心、真诚对于沟通是十分重要的，而这些都是很难做到的。尤其是面对你不欣赏的人、不喜欢的人，甚至感到难以相处的人，你仍然能够沟通，那才是一个真正的领袖！这种沟通是发自内心的，不是表面装出来的。能够与这样的人沟通得好，是一种重要的能力。

沟通是合作的前提和基础。要成为一个引领者，就是要善于与别人沟通，达到彼此理解和尊重。当然，沟通与合作，不是不要竞争，而是为了更好地竞争，取得竞争的优势。好比篮球比赛，没有竞争就没有比赛，没有比赛你的能力和水平就无法得到展示和锻炼，而缺乏本队的队员之间的合作，这个竞争就变得毫无意义。其实，纵观世界各国，合作与竞争是永久的主题。大家要注意观察和思考，注意捕捉合作与竞争处理得非常好的历史和现实的典范。从中得到启发，学习那些领袖们、政治家和大师们处理竞争与合作的智慧。

让兴趣和激情引领我们不断前行——这是我第四个希望。

在前面谈到创新力培养的时候，我就提到了兴趣的问题。有兴趣才能有激情，有激情才能成功。一个人要具有创造力，就必须做自己有兴趣的事情，有激情和热情的事情。一个人很难在自己不感兴趣、缺乏激情的事情方面取得大成就、干出大事业。

我要强调，这个感兴趣的事情，一定是要有意义、有情趣、有格调，能体现创造性。而不是如网络游戏之类的重复性娱乐活动。网络游戏是开发和创作者的创造，不是你的创造。正如，路是设计者和建设者的创造，而不是行路者的创造。

我们现在的教育环境，更多的时候你们只能做该做的事情，而不能做感兴趣的事情。虽然目前的环境不是很好，但是，并不妨碍在你的思想深处留存一个有兴趣、有激情的爱好，利用一切机会和闲暇时间，去收集信息，去思考琢磨，去尝试解决问题。即使今天什么也做不了，留存这样一个有激情的事情，将来总是有机会去创造一番事业的。将来希望你们能尊重自己的兴趣，从事自己有激情的事业，这是成就大业的关键所在。

成为有品位的人，有境界的人——这是我第五个希望。

美国著名管理大师斯蒂芬·柯维有一句名言："思想决定行为，行为渐成习惯，习惯塑造品格，品格决定命运。"我觉得这句话说得非常好，这说明人的命运掌握在自己手中。谁也无法改变你，只有你自己能改变自己。我们也不能塑造你，只有你自己能塑造自己。我们所能做的，就是要你意识到你能做到的事情，就是为你自己改变自己、塑造一个全新的自我创造条件、提供平台。

作为一个未来的领袖，高尚的情操、良好的品格是不可或缺的，是具有崇高境界和宽阔视野的前提和基础。有些东西不是想要就能有的，俗话说的好，习惯成自然。高尚品格内涵极其丰富，我无法展开与大家讨论。真诚、善于学习、善于反思、学会尊重、具有社会责任感、付出而不要求回报、善于控制自己的情绪、能够自律等都是很重要的。不能干什么事情都是热情那么一阵子，那将会一事无成。

努力地使自己具备领导力——这是我第六个希望。

我现在才提到领导力的问题，并不是领导力不重要。而是，领导力不是一种技巧和方法，是一种修为和境界，更多地需要靠感悟。只要你的修养和能力达到一定水准，也许领导力就无师自通了。当然，如果我们在中学阶段有机会全面提高素质，得到充分锻炼，对于我们具备领导素质也是非常有益的。

领导力是一个很学术化的提法。我今天按照自己的理解给大家一个通俗的解释。我想领导力至少包括：影响力、凝聚力、号召力。而要具备这些能力，至少要处理好以下三个关系。

一、处理好与自己的关系。我们一定要思考和认识生命的意义和价值，理解生命的责任和使命。从某种意义上而言，我们的生命不是我们自己的，是人类的，是世界的。我们必须要尊重自己、肯定自己、接纳自己，平衡好积极进取与自我控制的关系，要有选择地追求卓越，培养一种做有意义的事情，并把有意义的事情坚持到底的良好习惯。

二、处理好与同伴间的关系。一定要善于接纳和容忍别人，要像维护自己的尊严一样维护同伴的尊严。只有你首先能接纳别人，别人才能接纳你，只有你能接纳所有的同伴，所有的同伴才会接纳你，你才有可能成为凝聚核。需要强调的一点，就是要给团队付出，尤其是那种不求回报的付出。

三、处理好与上下级的关系。这方面，包括老师、长辈、领导等。最好的做法就是尊重与平等交流，不傲慢，也不过于谦卑。但是，一定要敢于和善于表达自己的思想和观点。顺便说一声，一定要锻炼自己的表达能力，包括书面的和口头的，要有一定的演讲才能。美国总统奥巴马就是一个典型的例子。为什么大多数美国总统都是著名的演说家？

我的最后一个希望是：希望你们行动起来！

我今天讲的已经很多了。我们不仅要有远大的追求，更要有脚踏实地的作风。不但要学会规划自己的人生，规划自己的未来，而且要学会规划自己今天的生活和学习，学会规划好自己宝贵的时间。让善于规划和能够落实规划变成自己一个良好的习惯，成为自己一种美好的品格。

我们要不断找出自己的坏习惯和坏毛病，然后一个一个去克服，锻炼自己的坚韧性格，学会自我塑造的能力。

我们要努力寻找机会，多接触人，多接触社会，敢于尝试一些自己的新想法，做有个有胆识、有勇气的人，做个有冒险精神和进取心的人。比如，从今天开始，把我们的理想和追求勇敢地告诉你的同学、朋友和父母，尤其把你的决心和信心告诉你自己，然后付诸行动。

最后，我想用梁启超先生的一句话结束我今天的演讲："进取冒险精神，人有之则生，无之则死，国有之则存，无之则亡。"

同学们，让我们行动起来，共同进取吧！

第二部分：部分学生领袖训练营学生的感想

当强烈的灯光照在每一个人的脸上，当会场上的所有目光都聚焦在王校长的身上，当我们一次又一次在心里为他激情幽默的演讲鼓掌时，我的笔尖始终在纸上不停的旋转，记下一句句触动人心的话语，写下一个个短暂停留的想法以及每一个片刻的思考。与此同时，也有一根无形的笔始终在我脑海里描绘着一幅幅蓝图，在我心里一次次留下深深的印迹。在那里，在那时，梦想被照得透亮。

——摘自连×《梦想起航》

我想"领袖"这个词离我们有些远，我们更应该做的是如付老师眼中的凤凰在国际传媒产业中找到了自己确切的位置一样，在一群龙盘虎踞的群英之中找到自己确切的位置。而为了成为一个领袖，这个位置，必然是越高越好。我非常同意付老师所说的建立"世界人，全球观"的问题。做到这个的首要方面我认为是要心系世界，这个世界的纷冗复杂的问题我们都要关心，要做一个世界的孩子。全球观更多的是指不应该只以中国的眼光看待问题，多听听不同的声音。就比如同一个新闻事件的报道，外国媒体和中国媒体的角度必有差异，而找到这种差异并能正确分析，评判适合与不适合（并非绝对的对错），这便是跨区域的以全球化的视角，以一个世界人的身份看待问题。

——摘自陈××《戴着镣铐跳舞》

白教授学识渊博，谦虚求真，是一位学术派经济学家，绝非一般的政策派经济学家。他从实证数据出发，以事实为根据，推断经济现象背后的重重原因。由此可信。他的诸多政策性建议更是令人支持和信服。因为，经济政策，应当是有利于经济发展，同时，也是有利于民生的。

——摘自孟×《我们需要什么样的经济学家》

财商就是一个人投资理财的能力。这次财商训练活动非常直观，比我们直接去看相关的书让人更有兴趣，我能够在游戏中感受到金钱的作用，钱是怎么来的，还有一些财富观念，比如通过储蓄、投资从财富的"慢车道"进入"快车道"，实现自己的财富自由。

——摘自张××《我对财富的认识》

这一年一路走过，从最初正式加入到营里，丰富多彩的活动，到现今迎来闭营式，时间过得简直飞快。C座心理活动教室，B102会议室，摩托罗拉总部大楼……这一年，许多地方都留下了属于我们自己的身影。阅读《真北》，我感受到了作为领袖的艺术与魅力；参观摩托罗拉总部，让我领略了一个大公司的风采；让“队长”做俯卧撑的那个心理“游戏”，使我的心受到了巨大冲击……这一年，有探究，有沟通，有创新，有感动。我在想，这一年的领袖训练营究竟带给了我们什么？平心而论，不是原先预想的方法论，而是一种世界观。不是怎样去指挥、安排别人，不是学会了领袖的技能，更多的，是磨炼我们的心灵，濯洗我们的品质，为以后能够在荆棘路的方向上坚强前行，作好准备。

——摘自张××《走过这一年》

模拟联合国

第一部分：模拟联合国简介

模拟联合国是指模仿联合国及相关国际机构，依据其运作方式和议事原则，围绕国际上的热点问题而召开会议。学生们扮演不同国家的外交官，作为各国代表，参与到“联合国会议”当中。代表们按照大会规则，通过演讲阐述“自己国家”的观点，维护国家利益。

一、课程目标

通过模拟会议的形式增进学生对联合国的了解，更加关心世界，扩展国际视野。

通过角色扮演提高学生的责任感和领袖气质。

通过具体议题的讨论，锻炼思考问题、分析问题、综合运用各学科知识的能力。

通过中英文的演讲和辩论提高学生的表达能力。

通过地球村活动锻炼学生创新能力，艺术文化底蕴，人际交往和沟通的能力。

二、课程体系

1. 选修课系列：教师为主导，固定时间、地点、人员、学分，掌握模拟联合国活动的基本知识。

第一讲：会议流程

第二讲：联合国

第三讲：国际政治热点分析

第四讲：地球村

第五讲：文件写作

第六讲：外交礼仪

第七讲：国际政治的意义

第八讲：英语强化课

第九讲：结业课

2. 社团活动系列：学生为主导，以活动、讲座为主要形式，实践运用中学习。

第一阶段：确定本届校内会的议题及人员，社团招新

第二阶段：具体技巧培训演练

第三阶段：校内模拟联合国会筹备，开幕，总结

3. 正式会议系列：正式会议为主题。通过和各地各校学生正式演练切磋实现课程目标。

（1）校内模拟联合国会

（2）北京大学中学生模拟联合国大会

（3）复旦大学中学生模拟联合国大会

第二部分：论文

在模拟中学习，在体验中成长

田敏

论文摘要：模拟联合国活动以其独特的活动形式，富有挑战性的培养目标，充分进入角色体验的培养模式，让体验者自主探究，在合作与妥协中求共赢，在模拟中学习，在体验中成长，为我们当前的教育教学模式改革提供了良好的借鉴。

主题词：模拟，体验，多元智能

一、什么是“模拟联合国”？

由美国联合国协会（UNA-USA）发起的模拟联合国（MUN）活动是由各国模拟联合国协会主办，青年学生模拟（扮演）各国驻联合国外交官，以联合国大会及联合国其他多边会议模式为流程，以当今国际热点为议题，通过阐述观点、政策辩论、投票表决、作出决议等亲身经历熟悉联合国的运作方式进行的国际学生论坛。

“模拟联合国”活动又被称之为“世界领袖训练营”（MUNGLO）。所谓“领袖训练营”，在于它提供的独特机会，能使每一位参与者用更独特的视角来观察世界，有更广泛的空间去思考问题，用更严密的逻辑去阐述观点，更灵活的方式去解决问题。它不仅仅意味着短短几天的模拟联合国大会，更意味着从第一次接触的那刻起，同学们不断积累的经验和培养起的领袖才能。MUNGLO 项目通过内容广泛的综合性课程（又被称之为环球课堂），向参加模拟联合国活动的老师和同学们提供阶段性抑或长期的支持，以帮助来自不同国家的年轻人进一步发展

重要的技能和洞察力，来形成全球性思维。

在由各级模拟联合国协会每年组织召开的“模拟联合国”大会上，团队可代表任何一个国家或地区组织。学生们扮演成所代表国（地区组织）的外交官，在会议之前，学生们要做大量的资料收集工作。了解所代表国的一切国情背景，以及在所需解决的问题上的利益和观点。然后通过整理，分析和总结，获得该国在具体问题上的方针政策及措施。完成大会要求的“纪要”（position paper）、“工作文件”（working paper）、“决议草案”（resolution paper）等文件的撰写。和真正联合国会议一样，“模拟联合国”会议也以各专门委员会为单位，讨论不同问题。例如：环境问题，人口及可持续发展问题；裁军及世界和平问题，等等。具体问题涉及控制地雷、知识产权的保护与共享、艾滋病预防、克隆人与伦理道德、世界贸易规则的制定、高等教育的发展、扶贫问题的国际合作等。

在会议上，学生们便是联合国成员国的外交大使，他们通过演讲和辩论陈述自己的观点，通过会后讨论与友好国联盟，与异己国谈判，达成协议，形成决议草案。再按照正式规则通过投票形成正式决议案。决议案最终呈交真正“联合国”。

二、“模拟联合国”的教育学意义

“模拟联合国”自创办至今已有50多年，今天全世界有40多万个高中、大学在从事此活动。每年在全球五大洲35个国家举办有近400个模拟联合国会议。每年的四月在纽约召开的“模拟联合国”大会是一次国际大会。全世界各地的学生团队，近2 500名学生，飞往纽约，聚集在联合国会议中心，探讨和分析当今的世界复杂局势、决策当今世界亟待解决的问题。置身于此，不同文化，不同肤色，不同观点的学生了解别国文化、见识别样观点，学会合作、学会沟通、学会求同存异，达成相互得益并最终有益于全球人类的协作。

同时这一活动正以其新颖的形式、丰富的活动内容、富有挑战性的培养目标和充满生态体验理念的培训模式在很短的时间内吸引了一批又一批的中国大中学生的激情参与，在大中学校特别是重点大中学校师生中引起强烈反响。这一活动所蕴含的创新教育理念和模式对我们当今学校教育教学改革有着巨大的借鉴意义。

（一）多元智能的培养目标

美国著名教育家加德纳教授创立的多元智能理论强调，一个人的智能结构不光是语言智能和逻辑思维智能代表的以智商作为评价指标的智能，更有以空间智能、身体运动智能、音乐感悟智能、人际交往智能和道德内省智能为基础的情商智能。人与人的差异首先表现在人的智能结构的差异，那么在教育方法与模式的选择上就要针对不同的智能结构采取不同的方法和模式。同时多元智能理论中的智能迁移理论告诉我们，可以从不同的切入点去唤醒一个人潜在的具有发展性的智能，从而培养学生健全的人格与和谐的智能结构。模拟联合国活动对参与者的训练和培养正体现了多元的智慧和能力培养目标。因为每位学生要参加模拟联合国活动都要过五关斩六“将”。

一是语言运用关。在绝大多数模联活动中使用的都是英语作为官方语言，对于非英语母语国家的选手来说，熟练运用英语进行交流对每一位参加者来说是最起码的要求。一方面在文件信息收集过程中大量资料将是英文形态，这就需要快速的英语阅读能力；在大量文件写作中需要有准确的书面表达能力；在会议举行期间需要有圆熟的听力能力；在阐述观点时需要有熟练的口头表达能力。另一方面是对于一些专业性很强的话题，有大量的专业词汇需要学习掌握。在完全的英语环境下，学习英语，提高表达能力，成为一件自然而然和水到渠成的事情。过了语言关，所斩获的就是语言神速进步之“将”。对于参加过模联活动的同学来说，语言智能的进步可以用突飞猛进来形容。

二是知识积累关。每一次参加模联活动，所代表的国家和需要讨论的话题都是由组委会指定的。而这些话题大都是当今人类正面临着具有复杂性、前瞻性和全球性的问题，有些议题是非常专业和枯燥的，如巴以冲突、同性恋者的人权问题、打击贩卖妇女儿童犯罪问题、网络恐怖主义问题等几个话题。要在每一话题上表达所要代表国家的外交立场，必须对这一问题作深入的了解和研究，搜集大量的相关专业知识和国家背景资料。从历史到当代，从政治到文化，从经济到军事，从国内到国外。只有对一个问题进行深入的课题式研究性学习，从问题的提出，到问题的解决，你才能对讨论的问题作出自己独到的判断和分析，并提出有见地的解决方案。过了知识积累关，所斩获到的将是博古通今的博学之“将”。

三是国家立场关。从选手明确所代表国家之日起，选手就必须彻底忘记自己的“祖国”，将自己从外形到内心武装成为你所代表国家的“外交官”，选手所表达的观点、发表的言论不能再是“个人认为”，而应该是“我所在的国家认为”。在对于一个具体问题的讨论中，你要为自己代表的国家争取最大的利益，即使你所代表的是一个你曾经“最不喜欢”的国家，但在大会期间，你必须忠实于你所代表的国家。同时你还要了解不同国家的价值观和文化背景，最终确立本国的外交策略和立场。过了这第三关，你将斩获换位思考对多元文化包容之“将”。

四是现场经验关。与正式联合国大会一样，参加模拟联合国会议也要学会运用规则和技巧。在与各国代表讨论、辩论和会下的交流中，需要学会倾听，学会观察，学会从对方的角度考虑问题，学会适时适度的妥协与让步，随着会议的进程向前推进，选手要迅速判断会议的形势并及时对本代表团的策略进行调整。在会议中，选手要充分运用规则，适时与主席沟通，用好手中的“纸条”（page），适时提出自己的动议（motion），利用一切有主持核心和无主持核心磋商机会进行结盟、游说。除了少数同学通过多次参加活动获得经验以外，更多的同学需要吃透组织者制定的规则。规则的存在和运用也正是这项活动的重要魅力之所在。过了这一关，你将收获作为真正的外交家所具备的外交智慧之“将”。

五是能力素养关。这一关不是在比赛现场短时间能够通过的，它需要平时的积累和修养。作为一个国家的代表，需要从他身上表现出这个民族最优秀的品质。儒雅的风度、端庄的仪态、自信的气质、积极的心态，是一个外交人员最基本的素养。同时还包括层次分明、重点清晰的思维能力以及现场感极强的鼓动和说服的能力。概括地说，模联活动需要和培养参与者的九大能力：一是自我反思和管理能力（包括计划与监控）；二是客观认识和评价自我的能力；三是自我调整心态反思总结的能力；四是独立学习自主学习的能力；五是主动获取信息并分析总结筛选信息的思维能力；六是演讲、辩论说服等方面的表达与沟通能力；七是处理好工作、学习、家庭等关系的能力；八是与人交往的能力；九是寻求帮助完成任务的能力。

如果这五关能够全部通过，你将斩获的第六“将”，那就是作为“领袖训练营”的训练初衷，首先是培养参与者深入关注国际时事的全球意识。这一活动能让大中学生们在模拟联合国活动的了解和参与中，认识自己祖国之外的广大的世界，关注世界面临的全球性问题，通过直接参加模拟联合国，要求参与者学会解决争端、解决问题的方法。同时增强同学们对于联合国组织的结构、程序和功能的认识，促进他们对于当前的重大国际议题的理解以及对于围绕着这些议题的全球进程的参与精神；其次是培养学生对多元文化的理解和包容力。模拟联合国会议中各代表模拟（扮演）他国外交官。通过了解所代表国国情，通过从所代表国立场审视和分析国际时事，打破狭隘的视野局限，寻找分析问题新视角，理解和包容世界多元文化。再次是培养学生的领导和组织才能。“模拟联合国”活动的开展有利于增进同学们组织、策划、筹款和财务管理的能力，以及研究和写作、发言和辩论、求同存异解决冲突、与他人沟通交往等多方面能力。

模拟联合国活动是一项综合性的活动，对参与者多元能力的要求和对参与者多元智能的训练和培养是校园内其他任何一项教学活动都难以超越的。

（二）生态体验下的培养模式

体验，唤醒了我们潜在的智能。

模拟联合国活动是一种由组织者设立主题，创设情境，由参与者扮演国家代表，针对特定话题，围绕国家利益和人类共同利益而展开模拟交流与合作、斗争与妥协的活动过程。委员会的指导不是通过手把手的教导，而是给出一个范围比较广，且具有现实思考价值的题目，让学生在一定的指导下独立找资料，搜集信息，结合实际情况和历史文献，作出结论。团队指导者也不会像教师的课堂教学那样把既定的教学内容消化分析综合之后灌输给学生，而是让学生对一个特定而陌生的问题进行自主研究和学习。指导者最多只是一个建议者、共同学习者、活动导引者，在这个过程中，培养了学生的独立学习能力和初步的独立研究能力。

在这一活动过程中，学生以特定国家的外交官、进行专业研究的学者的身份体验着全新的角色意识。这一体验活动从范围上完全突破了传统教学方式的封闭性而走向开放式学习，从教学目标上突破单科教学的单一目标而走向多学科综合性培养目标，在学生智能形成机理上从外部强制学习知识转为通过创设情境唤醒潜在智能的和谐持续发展。作为体验者的学生在体验过程中，不仅有自主的探究学习，还有团队的指导者与学生之间的共同学习与成长，更有与其他体验者之间的互惠共生的相互学习。在会议前的结盟和会议向前推进过程中以及会议后的回味期，学生不断地进行着生命感动的累积、情感的宣泄、反思性的表达和反思后的调整。朱小蔓教授指出："情感体验不是对当前刺激物、当前情景的瞬时、单一的体验，而是个体用自主的、全身心的经验参与的一种全方位、全历程、全情景的整体性体验。"很多同学在模拟联合国大会结束以后很长时间仍然沉浸在自己的角色中，在现实生活中仍然自觉不自觉地用模联的规则和精神指引着自己的思维和行动。

设身处地考虑问题，最大的收获是责任感和学会了妥协。

一位参加过模拟联合国活动的中学生认为自己参加环球课堂的最大收获是体验到了什么叫联合国精神，"那是一种追求和平、追求合作的积极精神"。

通过体验，有的同学在模联活动中学会了在众人面前如何从容地表达自己的观点，"以后即使面对更多的人作即兴演讲，也都可以从容表达自己的观点了。而在社交方面的收获是，克服了过去人际交往中的胆怯心理，锻炼了说服别人的能力，学会了如何让自己成为一个使人印象深刻又有风度和亲和力的人，并通过这种魅力拉到更多的拥护者。"

有的同学当初只是为了想提高一下自己的语言能力，但通过参加活动，他意识到更宝贵的是在活动中培养学生们的相互配合的团体意识，统帅全体、感召全体的组织能力以及面对问题采取正确决策的能力。

组织者说，"学会妥协可能是他们的重要收获，因为在联合国，很多时候是实行多数国家赞成就达成协议的规则，所以在我们的中学生模拟联合国大会上，很多'外交官'都忙着递纸条。他们知道了如果在一个问题上妥协，有可能在别的问题上得到回报。而所有这些东西都是在书本上学不到的。"

老师们说，"这是最好的激发爱国情感、培养民族自豪感的活动。中国学生带着本土的文化走向国际，他们会感受到外国学生对中国的赞叹，对中国文化的敬佩和喜爱，而产生强烈的自豪感。现实的差距又会给予他们一种使命感，一种从我做起的责任感去改善中国。面对对中国的误解学生们会以天然的爱国心予以辩驳。并且，通过参加活动，更是我国学生们体验和积累西方文化经验的机会。

只有真正走进西方文化，你才能了解西方文化的内涵和魅力。”

很多同学参加了模拟联合国会议后回到自己的学校，都积极推动将模拟联合国活动引进自己的校园，成立模联协会，开展模联活动，丰富着各个学校的校园文化。这些都源于同学在体验中获得了深刻而又持久的生命感动。

(三) 对学校教育活动的借鉴意义

参加模拟联合国不仅使这些参与活动的学生获得了深刻的生命的感动，对于参与指导和组织的教师而言，同样有着深刻而持久的生命体验。也为我们学校的教育教学改革提供了新的思路。

环球课堂中学生模拟联合国活动为中国的青年一代开阔视野、接触国际事务提供了良好的平台，是当前推行素质教育的生动体现。我们提倡素质教育，但素质教育一定要有实现的渠道，一种不同于以往老师站在讲台上讲，学生坐在下面听的方式。环球课堂中学生模拟联合国活动正是这样一个渠道，它把学生们带进了外交官的角色中，也把学生带进了自主学习自主探究的体验场中。

首先，模拟式探究学习为学科教学找到一条更有亲和力、更有参与性的新途径。

特别是对英语教学而言，模拟联合国活动的开展，语言的学习变得不再是一种为考试而要完成的任务，它首先给我们的学生提供了一种完全的语言环境，这对非英语母语国家的学生而言，没有比这种环境更能激发学生学习外语的语言情境了。在美国，许多大学及高中的英语教学，都是使用“模拟联合国”教材，通过“模拟联合国”活动，训练学生阅读、分析、归纳总结、撰写成文、演讲辩论的综合水平。这也是我国外语教学应该尝试的新课题。对于高中学生而言，在英语背景下进行专业的课题研究和探究性学习和交流也可以成为英语教学模式改革的选择之一。

对于政治学科和历史学科来说，模拟联合国活动所涉及的话题涵盖了人类面临的所有全球性问题，所有问题的提出与解决，绝不是我们政治和历史课本中的原理和教条能够解决的。抽象的中学政治教材中经济学原理、哲学原理、政治学原理特别是国际政治知识，以及历史教材中离我们很远的历史风云图景，在这里以一种最形象最真实而又具体的形式呈现在我们的学生面前，国与国之间为了自己国家和人民的利益，进行着一场持久永恒的斗争、妥协与合作的博弈，学生在模拟中用活生生的例子学习到“国家利益和国家力量决定国际关系”，学到“主次矛盾双方在一定条件下可以相互转化”。政治课堂上模拟办公司，模拟国际贸易，模拟一场关于存在与虚无的辩论，模拟解决当前的国际纷争。在历史课上模拟第二次世界大战前后的历史画面，美苏争霸下的古巴导弹危机……如果学生心目中枯燥的政治课和历史课是以这样的面目出现在学生面前，那将是一幅多么动人的画面！

还有生物学科、地理学科以及其他人文知识学科的学习，如果能将传统的灌输式教学转变为由导引者推动的自主体验和探究，将极大地调动学生的积极性和创造性。

其次，为相互割裂的学科教学找到了一条天然综合的捷径。

模拟联合国的活动形式和内容决定了这一活动的综合性，它不仅涉及工具性的语言，更涉及伦理道德、历史文化、人文地理、政治、经济、军事、外交以及相关的自然科学。在全国推行的高考综合科目的考试，其实已经为我们中学学科教学上打破隔离，进行综合探究学习指明了方向。通过综合让我们的学生学到的不是支离破碎的知识片断，而是丰满完整的知识体系。希望将来不仅有社会科学和自然科学内部的综合，更有社会科学知识与自然科学知识有机结合相互渗透的综合。

最后，领袖是可以训练出来的。

当今的大中学生是将来世界的决策人，培养他们的全面综合素质，有助于为中国培养未来的世界领袖。模拟联合国活动对学生领袖才能的培养为学校开展主题教育活动提供了很好的借鉴。通过创设情境，提供探究体验的平台，通过模拟不同角色的体验，培养学生的责任感、社会适应能力和管理组织能力，以及团结合作、平等交流、追求完美的学术精神和关爱、服务和奉献的情操。多数参加环球课堂的学生是班上的干部，他们渴望通过参加这个项目锻炼自己，提升自己的管理能力。从这一点来讲，提升我们的学校主题教育活动，首先要考虑到学生的智能需求，根据学生的需求组织相应活动。例如，在拓展训练中培养学生的合作意识，在成人仪式和志愿者活动中培养学生的公民意识，在对外交往中培养学生的国家意识和世界公民意识。其次，要努力创设更丰富的情境和体验平台，让学生在体验中成长。丰富的社会实践和主题教育活动必将促进学生领袖全面素质的提高。

当然，要真正发挥模拟联合国活动的示范效应，需要正确处理以下关系。

一是正确处理真实与模拟的关系——越接近真实越能够体验强烈的刺激感。只有最大程度地接近联合国会议的真实性，才能更充分地实践联合国精神。

二是正确处理自主与导引的关系——充分发挥自主性，但也不能忽视组织者的导引。只有自主，才能最大程度地发挥参与者的潜能。只有自主，才能让参与者更好地进入角色体验之中，实现多元智能的发展。但同时在准备和会议进程中，指导者需要及时发现问题，给予适当帮助。在会议过程中，会议的组织者和推进者需要根据学生的状况，及时运用规则推动会议的进程，调控会议的方向。有效的导引，对于确保会议的顺利进行和引导参与者潜能的有效发挥是很有必要的。

三是正确处理过程与结果的关系——具体的某些量化成果无论如何都难以与

多元体验的过程相提并论。单纯重视结果，是与模拟联合国活动在角色体验中培养人的综合素质的初衷背道而驰的。重视过程，就是重视过程性体验。要通过过程性评价和发展性导引，及时调整自主探究学习、推动会议前进的策略都是很有必要的。

联合国前秘书长科菲·安南致模拟联合国大会的贺电中说："联合国依靠世界上每个人的努力而存在，尤其是像你们这样的青年。这个世纪，不久就会是你们的。"让我们一起去体验模拟联合国活动的无限快乐吧！

【问题与思考】

1. 高中阶段如何进行理想信仰教育和爱国主义教育？
2. 高中阶段如何根据霍兰德职业类型测试帮助学生认识自己、发展自己？
3. 高中阶段如何帮助学生根据自己的情况制订能力提升的计划？
4. 如何平衡教师指导学生和学生自主参加活动的关系？
5. 设计一项有意义又有意思的学生活动。

参考文献

1. 金树人. 生涯咨询与辅导［M］. 北京：高等教育出版社，2007.

2. 吴芝仪. 我的生涯手册［M］. 北京：经济日报出版社，2008.

3. 黄天中，吴先红. 生涯规划——体验式学习（中学版）［M］. 北京：北京师范大学出版社，2010.

4. 计桥（北京）国际教育文化中心，北京易迈步潜能科技开发院. 高考生如何科学填报志愿——考得好，还要填得好［M］. 北京：华艺出版社，2006.

5. 雪颖，张贵良. 高考生心理调节及应试策略［M］. 北京：气象出版社，2005.

6. 杨敏毅，鞠瑞利. 学校团体心理游戏教程与案例［M］. 上海：上海科学普及出版社，2006.

7. 陈丽云，樊富珉，官锐园. 身心灵互动健康模式：小组辅导理论与应用［M］. 北京：民族出版社，2003.

8. 梁启超. 理想与气力［M］. 呼和浩特：内蒙古人民出版社，1999.

9. 斯塔普斯. 像赢家那样思考［M］. 刘祥亚，译. 海口：南海出版公司，2001.

10. 北京纽哈斯国际教育咨询有限公司. 高考胜经：学习方法篇［M］. 北京：机械工业出版社，2005.

11. 郭兆年. 高中生涯发展指导［M］. 上海：华东师范大学出版社，2010.

12. 里尔登. 职业生涯发展与规划［M］. 侯志谨，译. 北京：中国人民大学出版社，2010.

13. 鲍利斯，克里斯汀，布卢姆奎斯特. 你的降落伞是什么颜色（学生版）［M］. 柏静静，译. 北京：中信出版社，2010.

14. 陈春花. 从现在出发——大学生的七项修炼［M］. 北京：机械工业出版社，2011.

15. 李开复. 世界因你不同：李开复自传［M］. 北京：中信出版社，2010.

16. 李开复. 与未来同行［M］. 北京：人民出版社，2006.

17. 阮次山. 阮次山：与世界领袖对话［M］. 上海：上海人民出版社，2009.

18. 乔治，西蒙斯. 真北［M］. 刘翔亚，译. 广州：广东经济出版社，2008.

19. 麦克斯韦尔. 领导力 21 法则［M］. 路卫军，宋碧澄，徐斌，译. 北京：中国青年出版社，2010.

20. 柯维. 杰出青少年的 6 个决定［M］. 王军，王亦兵，王建华，译. 北京：中国青年出版社，2011.

21. 柯维. 杰出青少年的 7 个习惯［M］. 陈允明，译. 北京：中国青年出版社，2012.

图书在版编目(CIP)数据

生涯发展与辅导 / 杜毓贞主编. －北京: 开明出版社, 2012. 10（2020.11 重印）
（新世纪心理与心理健康教育文库）
ISBN 978－7－5131－0834－8
Ⅰ. ①生… Ⅱ. ①杜… Ⅲ. ①心理健康－健康教育－中小学
Ⅳ. ①G479

中国版本图书馆 CIP 数据核字(2012)第 217892 号

责任编辑: 范英　何妍　王桢　肖维玲

书　名: 生涯发展与辅导
出品人: 焦向英
出　版: 开明出版社
（北京海淀区西三环北路 25 号 邮编 100089）
经　销: 全国新华书店
印　刷: 天津行知印刷有限公司
开　本: 700 × 1000 1/16
印　张: 16
字　数: 220 千字
版　次: 2012 年 10 月 北京第 1 版
印　次: 2020 年 11 月 第 4 次印刷
定　价: 42. 00 元

印刷、装订质量问题, 出版社负责调换货　联系电话:(010)88817647